Wir hoffen, dass Sie Freude an diesem Buch haben und sich Ihre Erwartungen erfüllen. Ihre Anregungen und Kommentare sind uns jederzeit willkommen. Bitte bewerten Sie doch das Buch auf unserer Website unter **www.rheinwerk-verlag.de/feedback.**

An diesem Buch haben viele mitgewirkt, insbesondere:

Lektorat Ariane Podacker
Korrektorat Petra Bromand, Düsseldorf
Herstellung Kamelia Brendel
Typografie und Layout Mai Loan Nguyen Duy
Einbandgestaltung Mai Loan Nguyen Duy
Kapitelillustrationen Mai Loan Nguyen Duy
Satz weiss.design / zienke.design
Druck Media-Print Informationstechnologie GmbH, Paderborn

Dieses Buch wurde gesetzt aus der TheAntiquaB (9,25 pt/12,5 pt) in InDesign CC. Gedruckt wurde es auf chlorfrei gebleichtem Offsetpapier (100 g/m^2). Hergestellt in Deutschland.

Das vorliegende Werk ist in all seinen Teilen urheberrechtlich geschützt. Alle Rechte vorbehalten, insbesondere das Recht der Übersetzung, des Vortrags, der Reproduktion, der Vervielfältigung auf fotomechanischen oder anderen Wegen und der Speicherung in elektronischen Medien.

Ungeachtet der Sorgfalt, die auf die Erstellung von Text, Abbildungen und Programmen verwendet wurde, können weder Verlag noch Autor, Herausgeber oder Übersetzer für mögliche Fehler und deren Folgen eine juristische Verantwortung oder irgendeine Haftung übernehmen.

Die in diesem Werk wiedergegebenen Gebrauchsnamen, Handelsnamen, Warenbezeichnungen usw. können auch ohne besondere Kennzeichnung Marken sein und als solche den gesetzlichen Bestimmungen unterliegen.

Bibliografische Information der Deutschen Nationalbibliothek:
Die Deutsche Nationalbibliothek verzeichnet diese Publikation in der Deutschen Nationalbibliografie; detaillierte bibliografische Daten sind im Internet über *http://dnb.d-nb.de* abrufbar.

ISBN 978-3-8362-4555-5

1. Auflage 2018
© Rheinwerk Verlag, Bonn 2018

Informationen zu unserem Verlag und Kontaktmöglichkeiten finden Sie auf unserer Verlagswebsite **www.rheinwerk-verlag.de**. Dort können Sie sich auch umfassend über unser aktuelles Programm informieren und unsere Bücher und E-Books bestellen.

Liebe Leserin, lieber Leser,

als Kreativer setzen Sie nicht nur Ihre Arbeitskraft, sondern Ihre ganze Persönlichkeit ein. Mancher Auftrag begleitet Sie in den Feierabend hinein und küsst Sie morgens wieder wach. Und dennoch lieben Sie Ihren Beruf. Mit all seinen Schattenseiten.

Doch wer immer 110% gibt, kennt es, dieses Gefühl der schleichenden Erschöpfung. Und gerade dann, wenn es besonders wichtig ist, kreativ zu sein, tun sich Blockaden auf, die die Arbeit erschweren oder gar die Freude am Job verleiden. Spätestens jetzt ist es Zeit, etwas zu ändern.

Aber wie kommt man zu einem ausgeglichenen und produktiven Verhältnis zwischen strukturierten Terminplänen und kreativem Denken, aber auch zwischen Arbeit und Freizeit, investierter Zeit und Vergütung? Um die Kreativität am Leben zu halten, müssen wir immer wieder Neues wagen, ausprobieren, uns selbst entdecken und alte Gewohnheiten ablegen. Dazu gehört auch, Zeitmanagement und Arbeitsorganisation selbst als eine Gestaltungsaufgabe zu begreifen. Dieses Buch hilft Ihnen dabei. Finden Sie die typischen Zeitfresser und Hemmnisse und nutzen Sie die eigenen Ressourcen gezielt zur Erkundung neuer Wege. Damit Sie nicht nur jetzt kreativ sind, sondern es auch bleiben. Und das wünsche ich Ihnen.

Dieses Buch wurde mit viel Herzblut geschrieben und mit großer Sorgfalt geprüft und produziert. Sollten Sie Anregungen, Fragen oder Kritik zum Buch haben, so freue ich mich über Ihre Nachricht.

Ihre Ariane Podacker
Lektorat Rheinwerk Design

ariane.podacker@rheinwerk-verlag.de
www.rheinwerk-verlag.de
Rheinwerk Verlag · Rheinwerkallee 4 · 53227 Bonn

Inhalt

Seite 6 | Vorwort

Seite 8 | **Kapitel 1**
Entdecken Sie Ihr kreatives Potential neu

Seite 40 | **Kapitel 2**
Die Zeit und sich selbst im Griff haben

Seite 70 | **Kapitel 3**
Fliegenfallen der Kreativität entkommen

Seite 104 | **Kapitel 4**
Projekte managen: Heute dürfen Sie wieder machen, was Sie wollen

Seite 140 | Kapitel 5
Die Kunst, immer ein gutes Ende zu finden

Seite 176 | Kapitel 6
Zündstoff: Damit Ihre Ideen wieder fließen

Seite 206 | Kapitel 7
Blockaden und Schaffenskrisen: Wer besser designen will, muss seine Seele einladen

Seite 236 | Anhang
Tools, die Ihren kreativen Alltag leichter machen

Seite 241 | Index

Vorwort

Jeder Kreative ist anders, hat andere Ziele und Vorstellungen von seinem Beruf. Trotzdem gibt es Gemeinsamkeiten, oder besser gesagt, es gibt Herausforderungen, die für alle Designer gleich schwierig sind. Die Frage, wie man es schafft, nicht nur kreativ zu sein, sondern es auch im Arbeitsalltag zu bleiben, ist eine von ihnen.

Dabei klingt es doch ganz einfach. Grafiker, Webdesigner, Illustratoren, Produktdesigner, Infografiker, Kommunikationsdesigner ... – sie alle haben es sich zum Beruf gemacht, kreativ zu sein und neue Ideen zu entwickeln. Das ist immerhin ihre Aufgabe. Aber so einfach funktioniert das nicht. Kreativität ist nichts, was ganz selbstverständlich in unbegrenzter Menge zur Verfügung steht und beliebig eingesetzt werden kann – auf Knopfdruck, immer und zu jedem Zeitpunkt. So entstehen keine guten Designs. Vielmehr braucht Kreativität Herzblut, Begeisterung, Freiraum, Muße und Leidenschaft für die eigene Arbeit und das eigene Potenzial. Dieser Spagat zwischen den täglichen Herausforderungen und den eigenen Bedürfnissen fordert Kreative immer wieder von Neuem. Klassische Ratgeber zum Thema Selbstorganisation, Zeitmanagement oder Projektorganisation gibt es viele. Aber mit klassischen Tipps ist Kreativen wie Ihnen und wie mir nicht unbedingt geholfen, weil wir nicht klassisch denken. Wirklich gut und nützlich ist nur das, von dem wir inspiriert und begeistert sind.

Für mich war und ist es genauso. Jeden Tag. Schon während meines Designstudiums hatte ich eine genaue Vorstellung davon, wie ich arbeiten wollte: eigenverantwortlich, mit tollen Projekten und kreativen Designs. Also hab ich mich auch gleich nach meinem Abschluss selbstständig gemacht. Wohlgemerkt ohne Berufserfahrung, ohne einen Plan und ohne Aufträge. Rückblickend betrachtet war das völliger Irrsinn. Ich hatte keine Ahnung, wie ich an Jobs kommen sollte, was Auftraggeber von mir erwarteten und was es bedeutet, als Designerin zu arbeiten. Aber ich war voller Elan, hochmotiviert und bereit, meine ganze Energie und Kraft in meine Kreativität zu stecken. Leider reicht Motivation alleine nicht, und so kam recht schnell der Punkt, an dem ich mir eingestehen musste, dass ich mit meiner Selbstständigkeit gescheitert war.

Es folgten mehrere spannende und sehr lehrreiche Jahre als angestellte Infografikerin bei einer großen deutschen Nachrichtenagentur. Für mich ein echter Glücksgriff und eine Zeit, in der ich viel über effektives und kreatives Arbeiten gelernt habe. Doch der Reiz, selbstständig und eigenverantwortlich zu arbeiten, blieb. Also habe ich 2010 ein zweites Mal das Abenteuer kreative Selbstständigkeit gewagt und arbeite seitdem als Designerin mit dem Schwerpunkt Infografik und Visualisierung. Und ich bin sehr froh über diese Entwicklung. Wer weiß, ob ich sonst all die tollen und spannenden Projekte umsetzen würde, die heute zu meinem Job gehören. In den letzten sieben Jahren habe ich eine ganze Menge ausprobiert. Mein Wissen und meine Erfahrungen gebe ich weiter, damit andere Designer es leichter haben. Erst waren es Sessions auf Barcamps oder Vorträge. Dann habe ich aus diesem Gedanken heraus meinen Blog »Achtung Designer« gestartet, um andere Grafiker, Designer und Illustratoren dabei zu unterstützen, sich ein Design-Business aufzubauen, das sie kreativ, zufrieden und erfolgreich macht. Ich gebe all die Erfahrungen weiter, die ich mir selbst so mühevoll im Laufe der Jahre angeeignet habe, weil ich davon überzeugt bin, dass wir Kreativen immer wieder voneinander profitieren können.

Mit diesem Buch möchte ich Ihnen neue Impulse geben und Ihnen Möglichkeiten aufzeigen, wie Sie sich die Liebe und Begeisterung für Ihre Kreativität auch im Alltag bewahren. Sie selbst sind Ihr wertvollstes Gut, darum ist es so wichtig, dass Sie auf Ihre eigenen Ressourcen achten. Lassen Sie sich inspirieren, verwenden Sie jede Anregung, die Sie begeistert, und machen Sie sich meine Tipps und Erfahrungen zu eigen. Aber hören Sie auch auf Ihre eigenen Bedürfnisse. Nicht jedes Thema in diesem Buch wird genau zu Ihrer individuellen Herausforderung passen. Ändern Sie ab, was nicht zu Ihnen passt, und ignorieren Sie bewusst, was Sie nicht weiterbringt. Kreativität heißt ja auch, eigene Wege zu suchen und zu finden. Ich wünsche Ihnen dabei von Herzen viel Erfolg! Zum Schluss noch ein großes Dankeschön an meine Familie, die mich bei meinen Projekten und Ideen immer wieder unterstützt. Ohne Euch wäre dieses Buch nicht möglich gewesen.

Ihre Gudrun Wegener

KAPITEL 1
Entdecken Sie Ihr kreatives Potential neu

Haben Sie sich je gefragt, wohin Sie Ihre Talente führen können, wenn Sie alle Energie in Ihre Kreativität stecken? Das klingt richtig gut, oder? Neue Ideen entwickeln, eigene Wege gehen und dabei ständig den Blick für Innovationen offen, die auf Sie warten, wenn Sie nur ein bisschen um die Ecke denken.

Kreative wissen um ihre Stärken und das Potenzial, das in ihnen schlummert. Aber sie kennen auch die Herausforderungen, die zu diesen vielen Talenten und Fähigkeiten dazugehören. Anders zu ticken und seine Umwelt anders wahrzunehmen, hat nicht nur Vorteile. Aber wer entscheidet eigentlich, ob ein kreatives Durcheinander unproduktiv ist? Oder ob es negativ ist, wenn Sie parallel an vielen unterschiedlichen Projekten und Themen arbeiten? Kommen Sie mit und entdecken Sie Ihr kreatives Potenzial mit allen seinen vielfältigen und kreativen Seiten neu!

Kreative sind irgendwie anders – oder?

Ein schnelles Doodle beim Telefonieren, ein chaotischer Arbeitsplatz oder unzählige vollgekritzelte Post-its mit Ideen und spontanen Gedanken, die quer durch das Büro oder die Wohnung verteilt sind. Sicher, das alleine ist noch kein Hinweis darauf, dass der Urheber dieses Chaos ein kreativer Mensch ist. Aber die Spur führt häufig schon in die richtige Richtung – zumindest, wenn man den gängigen Klischees glaubt, die Kreativen nachgesagt werden.

Aber stimmt das überhaupt? Wohl kaum. Zum einen bedeutet eine vollgeräumte Arbeitsumgebung nicht automatisch, dass dieser Bereich auch unstrukturiert ist. Vielmehr folgt die Anordnung den individuellen Bedürfnissen des Designers. Zum anderen gibt es auch genügend andere Beispiele aus den verschiedensten Berufsgruppen, die zeigen, dass diese Art der Pauschalisierung nicht zwingend richtig ist. Die Verallgemeinerung, dass Kreative immer chaotisch und strukturierte Berufsgruppen, wie Buchhalter zum Beispiel, immer ordentlich sind, tut beiden Seiten Unrecht. Der Schriftsteller und Nobelpreisträger Thomas Mann beispielsweise ist nicht nur einer der bedeutendsten Erzähler des 20. Jahrhunderts, sondern war auch bekannt für seine stets festen Schreibzeiten und seine disziplinierte Arbeitsweise.

Es gibt eine Vielzahl von Eigenschaften, die kreativen Menschen zugesprochen werden. **Es heißt, sie seien impulsiver, visueller, neugieriger und innovativer als die meisten ihrer strukturierteren Mitmenschen**. Man sagt, Kreative finden immer dann einen neuen Lösungsansatz, wenn andere schon nicht mehr weiterkommen. Sie erfinden Prozesse und Herangehensweisen neu und trauen sich, die Dinge so zu machen, wie es noch keiner vor ihnen getan hat. Auch auf die Gefahr hin, damit zu scheitern oder von ihrem Umfeld missverstanden zu werden. Das gilt selbst für erfolgreiche Kreative wie beispielsweise den Amerikaner Walt Disney. Heute kennt jeder den Erfinder von Mickey Mouse und Co. Doch auch ein

Walt Disney war nicht sofort erfolgreich. Zu Beginn seiner Karriere wurde Disney von einem Zeitungsherausgeber gefeuert, weil es ihm angeblich an Fantasie und Vorstellungskraft fehlte.[1]

Kreativität hat aber nicht nur offensichtliche und praktische Vorteile. Auf der steten Suche nach neuen Ideen und Ausdrucksformen rücken so profane Dinge wie übermäßige Ordnung im Arbeitsalltag, von jedem nachvollziehbare Strukturen oder rein logische Analysen schnell in den Hintergrund. Statt nach jedem Telefonat alle Informationen zum laufenden Designauftrag ordentlich abzulegen, werden die Notizen einfach außen auf dem Schreibtisch oder irgendwo digital auf dem Desktop abgelegt. Geht es später darum, den Auftrag weiterzubearbeiten, ist das Suchen der Notizen nahezu vorprogrammiert.

Natürlich wäre es sehr viel praktischer, die Notizen gleich ordentlich abzulegen und dem Kundenauftrag zuzuordnen, so dass jedes Teammitglied gleich weiß, wo und wann die neuesten Änderungen hinzugekommen sind. Doch Kreative denken in der Regel nicht so strikt organisiert und abgeklärt. Die Ideen sprudeln und suchen ihren Weg nach draußen. Da kann die Ablage warten.

> KREATIV ZU SEIN HILFT MIR, MEIN INNERSTES MIT DER WELT ZU TEILEN.
> BRENÉ BROWN

Verglichen mit einer neuen Idee erscheint das strukturierte Abschließen der vorhergehenden Tätigkeit nicht mehr so wichtig und wird auf später verschoben. Während Kreative dieses Verhalten und auch die damit verbundene Wertigkeit der Aufgaben völlig normal finden, ist es vor allem für strukturiertere Menschen und Teammitglieder nur schwer nachvollziehbar. Hier gibt es ständig Streitpotenzial zwischen den strukturiert-ordentlichen Mitmenschen und den Kreativen, wenn sich Aufgabenfelder und Räumlichkeiten überschneiden.

---

1 www.starline-seminare.de/perlen/eine-liste-von-versagern.php

Kann man Kreativität messen?

Viele Menschen haben schon versucht, der Kreativität auch wissenschaftlich auf die Spur zu kommen. Doch anders als bei der Intelligenzforschung lässt sich Kreativität nicht so einfach abrufen und nach klinischen Rahmenbedingungen vergleichen und untersuchen. Man kann einen Menschen ja schlecht einer MRT-Untersuchung (Magnetresonanztomographie) unterziehen und ihm sagen: »Seien Sie jetzt kreativ«, um so die Aktivitäten im Gehirn und im Körper zu erforschen. Kreativität braucht Freiraum und folgt anderen Regeln.

Trotzdem will die Kreativitätsforschung seit den 1950er Jahren die Vorgänge erklären, die zu kreativen Ideen führen. Die Ansätze sind dabei ganz verschieden. Zu Beginn der Untersuchungen gingen die Forscher davon aus, dass sich die Kreativität auf die zwei unterschiedlichen Gehirnhälften zurückführen lässt. Dabei soll die rechte Gehirnhälfte für die rationalen und analytischen Entscheidungen stehen. Der linken Hälfte hingegen wurden die emotionalen und kreativen Eigenschaften zugesprochen. Aktuelle Studien,[2] wie die der Neurowissenschaftlerin Lisa Aziz-Zadeh von der University of Southern California, haben aber aufgezeigt, dass sich Kreativität so einfach nicht erklären lässt. Laut den Studienergebnissen braucht es beide Gehirnhälften und viele unterschiedliche Hirnareale, um kreativ zu sein.

Vermissen, was es noch nicht gibt, macht kreativ.
Kersten Kämpfer

Wenn sich Kreativität also nicht auf rein anatomische Besonderheiten zurückführen lässt, dann vielleicht auf psychologische. Der Kreativitätsforscher und Psychologe Gregory Feist[3] von der San José State University hat dazu im Jahr 1998 kreative Köpfe aus den Bereichen Kunst und Wissenschaft untersucht. **Festgestellt wurde, dass es eine Reihe von typischen Merkmalen gibt, die hochgradig kreativen Menschen zu eigen sind.**

---

2 www.dasgehirn.info/wahrnehmen/schoenheit/im-kopf-des-kuenstlers-6707

3 www.tagesspiegel.de/wissen/kreativitaetsforschung-was-geniale-persoenlichkeiten-auszeichnet/1354818.html

Feist bringt die typischen Eigenschaften kreativer Menschen dabei wie folgt auf den Punkt: *Sie sind offen für neue Erfahrungen, weniger konventionell als andere, weniger gewissenhaft, selbstbewusster, getrieben, ambitioniert, dominant, feindselig und impulsiv.* Interessanterweise hat diese Untersuchung auch gezeigt, dass sich diese Eigenschaften nicht gleichmäßig verteilen. So sind zwar sowohl Künstler als auch Wissenschaftler bei ihrer Arbeit kreativ, doch die Künstler waren im Vergleich emotional instabiler und weniger gruppenkonform, während sich die Wissenschaftler durch ihre Gewissenhaftigkeit auszeichneten.

Die Kreativitätsforschung ist ein noch sehr junges Forschungsgebiet, in dem noch viele spannende Erkenntnisse zu erwarten sind. Doch unabhängig von diesem wissenschaftlichen Hintergrund ergeben sich für Ihren persönlichen Alltag aus Ihrer Kreativität ganz andere Herausforderungen und Ziele.

Den Kreativen gehört die Zukunft

Wir leben in einem Informationszeitalter, in dem wir immer und von überall aus auf Wissen, Inhalte und Technologien zugreifen können. Es gibt eine schier unfassbar große Menge an Daten und Inhalten, und jeden Tag werden es mehr. Die heutige Herausforderung besteht also nicht mehr nur darin, Informationen zu erstellen, sondern vielmehr darin, die wirklich wichtigen Teile davon für die passende Zielgruppe sichtbar und nutzbar zu machen. **An die Stelle von linearem Denken und alleinigem Wissen rücken Kreativität, Erfindungsreichtum und Innovationen.** Das Verständnis von Gesamtzusammenhängen und Ideen, wie diese Zusammenhänge nutzbar gemacht werden können, sind für unseren heutigen Alltag wichtiger denn je.

Genau diese Wandlung ist es, die dafür sorgt, dass Kreativität und Innovationen als Motor und Antrieb für die Wirtschaft immer mehr Bedeutung bekommen. Unternehmen müssen neue Wege finden, um sich auf einem globalisierten und sich schnell entwickelnden Markt zu etablieren und zu behaupten. Das beeinflusst natürlich auch die Arbeit von Kreativen und beeinflusst und entwickelt die Aufgabengebiete und Funktionen, die Designer und Designs erfüllen müssen, weiter.

Selbstredend braucht ein Unternehmen gute und hochwertige Produkte oder Leistungen, wenn es seine Kunden überzeugen will. Doch das alleine reicht nicht mehr. Die angebotenen Produkte und Leistungen müssen auch die passenden Kunden erreichen und genau im richtigen Moment ansprechen. Die Vielzahl an weltweiten Alternativen lässt hier wenig Raum für Fehler. Sie kennen dieses Verhalten aus Ihrem Alltag: Wenn Sie den Laserdrucker von der einen Herstellerfirma nicht bekommen können, weil beispielsweise die Bestellbedingungen im Onlineshop kompliziert und umständlich sind, dann nehmen Sie einen anderen Hersteller, der Ihnen ein vergleichbares Produkt zu besseren Konditionen liefert. Reine Daten und Fakten reichen schon lange nicht mehr, um Kunden zu überzeugen.

Auf der anderen Seite sind Kunden sehr treu, wenn es ein Unternehmen geschafft hat, mit seinen Ideen und Innovationen einen bleibenden Eindruck zu hinterlassen. Rein formal betrachtet, ist ein Smartphone von Apple nicht in allen Bereichen besser oder innovativer als die Modelle anderer Marken wie Samsung oder Sony. Trotzdem ist die Kundenbindung, die Apple zu seinen Nutzern hat, beeindruckend. **Um aber diese Verbindung zu den Kunden zu erreichen, brauchen Unternehmen und die Industrie innovative Ideen, übergreifende Konzepte und Erfindungsreichtum – kurzum, sie brauchen Kreative!**

Wie man die eigenen Kompetenzen erkennt

Chaos auf dem Schreibtisch? Ein Ablagesystem auf dem Rechner, das kaum noch diesen Namen verdient, und dann die vielen Stapel mit unerfüllten Aufgaben und Designprojekten, die alle auf ihre Umsetzung warten. Kein Frage: Diese und viele andere Eigenheiten, die kreativen

Menschen nachgesagt werden, haben einen schlechten Ruf. Doch warum eigentlich? **Wer hat denn bestimmt, dass Ihre vermeintlichen Ecken und Kanten wirklich negative Auswirkungen haben?** Schaut man sich das Zusammenspiel von kreativen Menschen und ihrem Umfeld an, so fällt auf, dass viele Schwächen in Wahrheit gar keine sind. Wie so oft kommt es nur auf die Betrachtungsweise an.

Außerdem verdanken wir der sprichwörtlichen Unordentlichkeit kreativer Köpfe einige sehr wichtige Erfindungen wie zum Beispiel die des Penicillins 1928. Dessen Entdeckung beruht nämlich auf genau so einem Fall von kreativer Unordnung. Der Bakteriologe Alexander Flemming, der am Londoner St. Mary's Hospital arbeitete, vergaß eine Nährbodenplatte, auf die er Staphylokokken – eine bestimmte Art von Bakterien – gegeben hatte, und begab sich in den Urlaub. Bei seiner Rückkehr bemerkte er, dass sich inzwischen auf der vergessenen Platte ein Schimmelpilz gebildet hatte, der das Wachstum der Bakterien verhinderte. Flemming nannte den Pilz »Penicillin«. Auch wenn es bis zur flächendeckenden Nutzung des Medikaments noch fast 20 Jahre dauern sollte, war doch die Grundlage entdeckt – dank kreativem Chaos.

Diese kleine Anekdote über das Penicillin zeigt sehr gut, wie groß der Unterschied zwischen kritischer Selbstwahrnehmung und den eigentlichen Tatsachen ist. Nur weil Sie ein eigenes System haben, das Außenstehende nicht nachvollziehen können, heißt das nicht, dass Ihre Methode falsch ist. Sie ist nur anders.

Das Schöne am kreativen Durcheinander

Dinge infrage zu stellen, Ideen zu haben und neue Wege zu finden, hört aber nicht bei der Arbeit auf. Nein, diese Eigenschaft von Kreativen zieht sich durch alle Lebensbereiche. Unglücklicherweise hat dies immer wieder zur Folge, dass Kreative auch sich selbst und ihre Designs infrage stellen.

- Sind meine Entwürfe gut genug?
- Müsste ich nicht viel ordentlicher und strukturierter sein?

- Warum komme ich ständig zu spät? Meinen strukturierteren Kollegen passiert das doch auch nicht.
- Warum kann ich nicht länger bei einer Sache bleiben und springe ständig von einem Projekt zum nächsten?

Kommen Ihnen diese Gedanken bekannt vor? Genauso wie das schlechte Gewissen, das mit diesen Gedanken verbunden ist? Ein schlechtes Gewissen ist aber nicht nötig. **Viele Kompetenzen, die Kreative auszeichnen, haben eine große Kraft in sich, wenn Sie sie für Ihre Zwecke zu nutzen wissen.** Die eigenen Arbeiten immer wieder infrage zu stellen, führt dazu, dass Sie ständig an sich arbeiten und besser werden. Viele unterschiedliche Interessen zu haben, bedeutet nicht, dass Ihnen der Fokus fehlt. Auch wenn Sie scheinbar ganz viele Talente und Fachgebiete haben, gibt es bei genauerem Hinsehen übergeordnete Eigenschaften, die sich wie ein roter Faden durch Ihr Leben und Ihre Arbeit ziehen. Sie können sich und Ihre Arbeit immer wieder neu erfinden und erweitern.

> KREATIVITÄT FÄNGT DA AN, WO DER VERSTAND AUFHÖRT, DAS DENKEN ZU BEHINDERN.
> UNBEKANNT

Dabei stellen Kreative nicht nur sich selbst und die persönlichen Eigenschaften und Denkweisen infrage. Auch in der direkten Art und Weise, wie Sie ihre Ideen gestalten und umsetzen, zeigt sich, dass gute Designs oft auf Umwegen und inmitten von kreativem Input entstehen. Was dabei genau förderlich ist, kann sehr verschieden sein. Manch ein Designer arbeitet am liebsten auf einem ganz leeren Schreibtisch, weil die Ordnung das passende Gegengewicht zu den vielen Ideen im Kopf gibt. Bei anderen wiederum ist es genau umgekehrt: Mit jeder Skizze und jeder Notiz, die aufgezeichnet und somit greifbar und sichtbar gemacht wird, erscheint der Kopf klarer und das richtige Design kristallisiert sich immer mehr heraus. Dass der Schreibtisch dabei voller Zettelberge ist, stört überhaupt nicht. Da ist es dann, das wunderbare kreative Chaos. Es gibt berühmte Kreative und Künstler wie den englischen

Maler Francis Bacon, dessen Ateliers nicht nur als unordentlich, sondern als völlig chaotisch beschrieben wurden. Bacons Biograf Michael Peppiatt beschreibt seinen Eindruck vom Atelier des Malers wie folgt:

»Alles war winzig, auch das Atelier. Bacon hielt es da mit Leonardo da Vincis Diktum, dass ‚kleine Räume den Geist konzentrieren'. Die Tür zum Atelier war schon, sozusagen als Einstimmung, von außen voller Farbkleckse und Pinselstriche. Den Raum selbst kann man nur als Farbuniversum bezeichnen – Wände, Fußboden, alles war mit Farbe bekleistert. Auf dem Holzboden Fotos, Bücher, zerfetzt, ebenfalls mit Farbe bekleckst, dazu Pinsel, leere Blechdosen, pigmentgetränkte Lappen. Ganz selten wurde ein Teil davon in Müllsäcke gesteckt, doch wie durch ein Wunder tauchte nach kurzer Zeit alles wieder in anderen Konstellationen auf.«[4]

Dem Erfolg und den großartigen Bildern hat das jedoch keinen Abbruch getan, ganz im Gegenteil. Intuitives Verhalten und das Zulassen von Unordnung und eigenen Strukturen fördern sogar Kreativität. Neues entsteht nicht im leeren und sortierten Raum. Ideen brauchen Input. Indem Sie ein gewisses Durcheinander zulassen, sorgen Sie für Abwechslung, und diese wiederum kann zu zündenden Gedanken führen. Denn unser Gehirn arbeitet immer. Es stellt in Momenten der Ruhe oder Ablenkung unterbewusst Verbindungen her. So entwickelt Ihr Kopf neue und überraschende Entdeckungen an Dingen, nach denen Sie ursprünglich gar nicht gesucht haben, indem er zufällig gemachte Beobachtungen und Reize mit einbezieht. In der Kognitionsforschung bezeichnet man diesen Prozess als Serendipität.

Oder die Eigenart entweder sehr früh oder sehr spät zu arbeiten. Das mag für Ihr Umfeld befremdlich sein. Für Sie aber ist es so effektiv? Dann nur zu, lassen Sie sich nicht aufhalten, und versuchen Sie Ihre Arbeitsweise so weit wie möglich an Ihre Bedürfnisse anzupassen. Dank Gleitzeit und anderen Arbeitsmodellen, wie Homeoffice für Angestellte, profitieren nicht nur Selbstständige von der Möglichkeit, flexibler zu sein.

---

4 www.art-magazin.de/kunst/kunstgeschichte/16863-rtkl-das-atelier-von-francis-bacon-schlachtfeld-kunst

BEI DER SACHE BLEIBEN
Eine kleine Anleitung

Sie wissen, dass Projekte und Aufgaben Sie nicht lange begeistern können? Ständig unterbrechen Sie laufende Prozesse und beginnen mit einer neuen Sache? In einem Moment befassen Sie sich voller Begeisterung mit einem neuen Webdesign, kurze Zeit später recherchieren Sie Hintergründe für eine Reportage, und schon eine Stunde später beantworten Sie eine Frage zur Logogestaltung auf einem Ihrer Social-Media-Kanäle? Jetzt können Sie auf drei Arten mit der Situation umgehen:

— 1. —

Sie hadern weiter mit dieser Arbeitsweise und der Unzufriedenheit, die daraus resultiert. Vielleicht versuchen Sie auch in regelmäßigen Abständen das Problem zu lösen, indem Sie Ihre Arbeitsweise mit empfohlenen klassisch-strukturierten Organisationsmethoden oder künstlichen Systemen neu anpassen. Bis Sie wieder in die alten Muster zurückfallen und erneut von leisen Selbstzweifeln geplagt werden.

— 2. —

Sie hinterfragen ehrlich, ob diese unterbrochene Arbeitsweise wirklich einen Nachteil für Sie hat. Nicht, ob Ihre Mitmenschen dieses Verhalten richtig finden oder ob diese Arbeitsweise den geltenden Empfehlungen entspricht, sondern wirklich nur, ob es einen greifbaren Nachteil für Sie hat, wenn Sie Ihrem intuitiven Arbeitsstil folgen. Arbeiten Sie beispielsweise unkonzentrierter durch den häufigen Projektwechsel? Oder werden Projekte nicht rechtzeitig fertig? Kommt es zu unnötigen Korrekturschleifen, weil Ihnen Änderungswünsche am Design entfallen oder durchgerutscht sind? Wenn Sie feststellen, dass Ihre Arbeitsweise zwar ungewöhnlich, aber für Sie sehr passend ist, dann gibt es keinen Grund, diese zu ändern. Anscheinend entspricht diese Arbeitsweise Ihrer Art zu denken und zu gestalten. Akzeptieren Sie das einfach als Teil Ihrer kreativen Persönlichkeit – ohne schlechtes Gewissen.

— 3. —

Sie leiden unter der Situation und sind unzufrieden, können sich aber nicht dazu überwinden, die Umstände aktiv anzugehen und zu verändern. In diesem Fall hilft es Ihnen noch nicht weiter, wenn Sie die verschiedenen Organisationsmodelle kennen und verstanden haben. Vielmehr sollten Sie sich bewusst machen, wie viel Sie trotz der belastenden Situation jeden Tag erreichen. Hören Sie auf, in angefangenen und unvollständigen Projekten zu denken. Die ellenlange To-do-Liste weist Ihnen keinen Weg aus dem Problem heraus – es ist die Done-Liste, die Sie dabei unterstützt, langfristig eine bessere Arbeitssituation herbeizuführen. Indem Sie Ihre Wahrnehmung bewusst auf das Erreichte lenken, können Sie persönliche Eigenheiten wie das häufige Wechseln zwischen Projekten viel besser akzeptieren.

Sie können diesen Grundzug sogar noch unterstützen und ausbauen, indem Sie Techniken und Methoden anwenden, die Ihnen dabei helfen, trotz des häufigen Wechsels den Überblick zu bewahren und fokussierter an den einzelnen Aufgaben zu bleiben. Die Pomodoro-Technik, bei der in einem festen Wechsel von Arbeitszeit und Pause Aufgaben bearbeitet werden, eignet sich dafür besonders gut. Auf 25 Minuten konzentrierte Arbeit folgen 5 Minuten Pause (vgl. auch Kapitel, »Projekte managen: Heute dürfen Sie wieder machen, was Sie wollen«, Seite 136). Der Überblick bleibt, wenn Sie sich Ihre Aufgaben nach dem Kanban-Prinzip in kleine Einzelschritte einteilen (vgl. auch Seite 123). So sehen Sie Ihre Fortschritte unmittelbar. Diese positive Bestätigung führt zu mehr Zufriedenheit und damit auch zu besserer Produktivität, die genau Ihren eigenen Kompetenzen entspricht.

Konzentrieren Sie sich auf Ihre Stärken, nicht auf die Schwächen

Ihre Kreativität begleitet Sie durch den ganzen Tag und nicht nur durch die Arbeit. Darum ist es umso wichtiger, dass Sie sich auf Ihre Stärken konzentrieren. **Ihre Einstellung zu Ihren Arbeiten und zu Ihrer Persönlichkeit beeinflusst alles, was Sie machen.** Wenn Sie ständig darauf bedacht sind, Schwächen nicht zu zeigen oder diese zu ändern, dann liegt Ihre ganze Konzentration auf dem Teilbereich Ihrer Kreativität, mit dem Sie unzufrieden sind. Das ist sehr schade, denn dieses Verhalten nimmt Ihnen den Raum für Ihre Stärken. Ja, vielleicht sind Sie im Moment noch nicht so gut darin, Illustrationen von Hand zu zeichnen, wie Sie es gerne wären. Aber müssen Sie das denn sein? Gibt es nicht auch eine Vielzahl anderer Stilmittel, die Sie nutzen können und die Ihnen viel besser liegen? Illustrationen müssen nicht immer Handzeichnungen sein. Sie können stattdessen Collagen machen, Grafiken am Rechner entwickeln oder aus Knete ganze Szenen nachbauen und diese dann fotografieren.

Indem Sie nicht länger versuchen, sich auf Ihre vermeintliche Schwäche, das Zeichnen von Hand, zu konzentrieren, sondern stattdessen nach anderen Ausdrucksmitteln suchen, finden Sie ganz neue Ideen, deren Umsetzung Ihnen vielleicht viel besser liegt und auf die Sie sonst gar nicht gekommen wären. Machen Sie die Dinge, in denen Sie wirklich stark sind und die Ihnen Freude bereiten. Den Rest können Sie vernachlässigen.

Finden Sie Ihr »Warum«

Die Kultur- und Kreativbranche ist in Deutschland groß, vielfältig und sie wächst stetig weiter. Waren es zu Beginn der 2000er Jahre noch etwa 200.000 Kreativunternehmen, so waren es 15 Jahre später schon 250.600 Unternehmen mehr.[5] Tendenz weiter steigend. Keine Frage, der Kreativmarkt wächst. Und das sind nur die Zahlen für Deutschland. Nimmt man auch den internationalen Markt hinzu, wird die Anzahl der Kreativen ungleich höher. Viele der Kreativen, die Sie auf dem nationalen und internationalen Markt antreffen, sind richtig, richtig gut. Sie sind erfahren, haben erfolgreich Projekte umgesetzt und tolle Designs vorzuweisen. Und es gibt Sie. Egal, auf welchen Bereich Sie sich mit Ihren Designs spezialisiert haben, es ist sicher, dass sich bereits ein anderer Kreativer genau da befindet, wo Sie hinmöchten.

Aber das macht nichts. Denn es gibt einen wichtigen Faktor, der Sie immer einzigartig und unterscheidbar macht. Das ist Ihre Persönlichkeit, Ihre Motivation und Ihr Ansporn – kurz gesagt, Ihr Warum. Selbst wenn Sie sich sehr stark spezialisiert haben, weil Sie beispielsweise fotorealistische Illustrationen für naturwissenschaftliche Fachbücher in Aquarelltechniken zeichnen, gibt es noch mindestens einen anderen Illustratoren, der im gleichen Fachbereich arbeitet. Aber er tut es nicht aus den gleichen Gründen wie Sie. Indem Sie für sich selbst erkennen, was Sie antreibt und motiviert, können Sie dieses Warum als Basis für Ihre kreative Außendar-

---

5 *https://de.statista.com/statistik/daten/studie/165755/umfrage/anzahl-der-unternehmen-in-der-kultur-und-kreativwirtschaft-seit-2003*

stellung und Ihr Selbstmarketing nutzen. Sie können Kunden so verdeutlichen, was Sie auszeichnet und von anderen Designern unterscheidet. Ein enormer Vorteil, wenn Sie ihn zu nutzen wissen. **Denn Kunden buchen Ihre Arbeiten nicht nur für das, was Sie machen, sondern auch dafür, *warum* Sie es machen.**

Ihr Warum ist der rote Faden für Ihre Kreativität

Es gibt viele offensichtliche Dinge, die Sie beachten müssen, wenn Sie mit Ihrer Kreativität erfolgreich sein wollen. Hochwertige und technisch gut gemachte Designs sind selbstverständlich die wichtigste Grundlage. Sie müssen Ihr Handwerk können und verstehen. Das alleine reicht aber noch nicht. Sie müssen Ihre Designs auch gut präsentieren, Marketing betreiben und mit Ihren Kunden und Ihren Kollegen in einem regen und konstruktiven Austausch stehen. Wenn Sie selbstständig sind, kommen noch alle organisatorischen und betrieblichen Aufgaben hinzu, die zu einem florierenden Design-Business gehören. Das alles sind wichtige Dinge, keine Frage, aber sie sind nicht das Wichtigste, wenn es darum geht, kreativ zu sein und es zu bleiben. Langfristig am Markt etablieren können Sie sich nur, wenn Sie einen roten Faden für Ihre Kreativität haben, wenn Sie motiviert sind und wenn Sie mit einem klaren Ziel vor Augen arbeiten. **Kreativität ist ein Marathon, kein Sprint.** Das gilt insbesondere dann, wenn Sie auf diesem Wege Ihren Lebensunterhalt bestreiten.

> *Mein Antrieb, meine Motivation war immer meine Liebe zum Publikum.*
>
> Ella Fitzgerald

Wenn Sie sich Unternehmen, Agenturen oder auch Einzelunternehmer in der Kreativbranche anschauen, dann fällt Folgendes auf: Jeder Anbieter sagt Ihnen, welche Leistungen er anbietet, ein kleiner Teil der Unternehmen sagt Ihnen, wie sie diese Leistungen oder Produkte anbieten, aber kaum einer sagt Ihnen, warum die jeweilige Firma ihre Designs verkauft.

Dieses Vorgehen erscheint im ersten Moment absolut geläufig und üblich. Es hat aber einen sehr großen Nachteil, der auffällt, wenn Sie aus Kundensicht auf den Entscheidungsprozess gucken, der zur Auftragsvergabe führt. Indem die Unternehmen nur in den Mittelpunkt stellen, was sie anbieten, machen sie sich leicht austauschbar. Es gibt hunderte Designagenturen, die sich auf Branding und Markenbildung spezialisiert haben. Diesen Schwerpunkt nur zu nennen, gibt potenziellen Kunden noch keinen Grund, sich für die eine bestimmte Agentur zu entscheiden. Mit dem »Was« alleine schaffen Sie es nicht, Kunden von sich und Ihren Designs zu überzeugen.

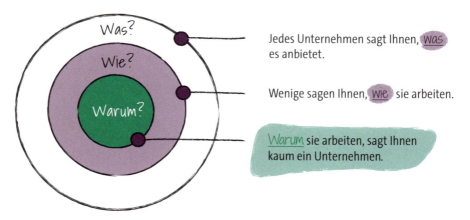

Wenn Unternehmen nicht kommunizieren, warum sie ihre Produkte und Leistungen anbieten, verpassen sie die Chance, ihre Kunden zu inspirieren und nachhaltig zu begeistern (Golden Circle nach Simon Sinek).

Also suchen die Kunden nach weiteren Kriterien, um eine Entscheidung zu fällen. Das kann der Preis sein, die Auszeichnungen, Empfehlungen oder die Art und Weise, wie die Agentur nach außen ihre Ansprüche und Werte kommuniziert. Das »Wie« gibt potenziellen Kunden ein weiteres Kriterium an die Hand, um die Entscheidung für einen passenden Designer einzuschränken. Faktoren wie Erreichbarkeit, Arbeitsabläufe, Erfahrungen oder auch die Wahl des Arbeitsstandortes können hier entscheidend sein. Doch noch immer stehen mehrere Kreativunternehmen zur Auswahl.

Das, was die verschiedenen Kreativen wirklich voneinander unterscheidbar und damit auch einzigartig macht, ist ihr »Warum«. Also der Grund, warum sie die Dinge so machen, wie sie sie machen.

- Was motiviert die einzelnen Kreativen?
- Was treibt sie an?
- Wieso stecken sie so viel Liebe, Aufwand und Energie in ihre Designs?

Natürlich gibt es noch andere Designer, die sich auf das Branding für Selbstständige aus der Medizinbranche spezialisiert haben, aber nur Sie machen es aus Ihren ganz individuellen Gründen. Nur Sie haben Ihre ganz persönliche Geschichte, Motivation und Zielsetzung. **Ihr Warum beeinflusst die Art, wie Sie Ihre Website aufziehen, wie Sie mit Kunden kommunizieren, wie Sie nach außen auftreten und wie Sie sich präsentieren.** Es macht Sie einzigartig. Wenn Sie es schaffen, dieses Warum klar und nachvollziehbar nach außen zu kommunizieren, sprechen Sie genau die Kunden an, die zu Ihnen passen und mit denen Sie gerne zusammenarbeiten.

Bekannt geworden ist dieser »Golden Circle«, also die Unterscheidung zwischen »Warum«, »Wie« und »Was«, durch den englischen Marketingspezialisten und Buchautor Simon Sinek. In seinem Buch »Start always with why« zeigt Sinek einen einfachen, aber sehr kraftvollen Weg auf, wie Sie sich mit einem überzeugenden Warum von Ihren Mitbewerbern abheben und gleichzeitig Ihre Auftraggeber mit Ihrer Arbeit inspirieren können.

> DIE KUNST IST DER NATÜRLICHE FEIND DER NORMALITÄT.
> PETER RUDI

Die intensive Auseinandersetzung mit den eigenen Beweggründen und dem eigenen Warum hat noch einen weiteren Vorteil für Ihre kreative Arbeit. Sie zeigt Ihnen Brücken und Gemeinsamkeiten in Ihrem Leben und in Ihren Interessen auf, die Sie so vielleicht noch gar nicht wahrgenommen haben. Ihr Warum gibt Ihnen die Möglichkeit, verschiedene lose Enden zu einem roten Faden zu verknüpfen. Ihre Liebe zum Reisen oder Ihr Fachwissen über Gitarren beeinflussen Ihre Interessen und Ihre Persönlichkeit – lassen Sie das in Ihre kreative Arbeit mit einfließen. Das eröffnet Ihnen neue Möglichkeiten und lässt Sie Ihr kreatives Potenzial neu entdecken.

WER BEKOMMT DEN AUFTRAG?
Ein Beispiel

Stellen Sie sich vor, Sie sind der Geschäftsführer eines Unternehmens, das Futtermittel herstellt. Bei Ihrer Arbeit legen Sie besonderen Wert auf hochwertiges Futter, das in Bioqualität in Deutschland hergestellt wird. In Kürze soll ein neues Hundefutter auf den Markt kommen, für dessen Verpackung Sie einen Designer suchen. Sie haben viel Zeit, Mühe und Geld in dieses neue Produkt gesteckt und möchten darum, dass sich diese Sorgfalt auch in dem Design wiederfindet.

Zur Auswahl stehen drei Kreative, die sich durch ihre hochwertigen und schönen Verpackungsdesigns auszeichnen. Das »Was« ist also bei allen dreien vergleichbar. Auch das »Wie« ist bei allen drei Designern ähnlich. Sie machen einen kompetenten Eindruck, haben einen vergleichbaren beruflichen Hintergrund und eine ähnliche Arbeitsweise. Aber nur einer der drei Designer sagt Ihnen, »warum« er in diesem speziellen Designbereich arbeitet. Nachhaltigkeit, ein respektvoller Umgang mit der Natur und der Gesellschaft sind ihm wichtig. Darum möchte er auch, dass seine Designs diesen Schwerpunkt widerspiegeln, und er arbeitet vor allem im Bereich Umwelt, Nachhaltigkeit und Ernährung. Was denken Sie, wer kriegt den Auftrag?

Ganz neutral betrachtet gibt es keinen Grund, den Designer mit dem Engagement im Bereich Nachhaltigkeit zu bevorzugen. Dass der Designer ein klares »Warum« hat, das sich als roter Faden durch seine Arbeiten zieht, sagt ja nichts über die Qualität seiner Arbeit aus. Aber wir Menschen entscheiden nicht neutral. Wir wollen mit Leuten zusammenarbeiten, die die gleichen Ideen, Ideale und Vorstellungen haben wie wir. Auftraggebern geht es ganz genauso. Sie möchten ihre Projekte in professionelle Hände geben und gleichzeitig sicher sein, dass der Designer den eigenen Schwerpunkt verstanden hat und weiß, wie man diesen im Design widerspiegelt. Das ist natürlich viel einfacher, wenn Auftraggeber und Kreativer die gleichen Ideen und Werte verfolgen.

Behalten Sie Ihre Ziele im Auge

Das Warum hilft aber nicht nur dabei, Auftraggeber von den eigenen Designs zu überzeugen. Es gibt auch Ihnen selbst Halt und Orientierung. **Indem Sie sich bewusst machen, was genau Sie anspornt und motiviert, haben Sie einen Wegweiser, der Sie durch Ihre ganze kreative Arbeit leitet.** Es hilft Ihnen auch dabei, zu entscheiden, welche Aufträge, Kunden, Projekte oder Vorhaben Sie Ihren Zielen näher bringen und welche nicht.

Die Anfrage, ein umfassendes, aber sehr klassisches Webdesign für einen Kunden aus der Transportbranche zu gestalten, mag im ersten Moment reizvoll erscheinen. Wenn Sie aber im Kern viel lieber Ihre Kenntnisse nutzen möchten, um Kindern auf interaktivem Wege Wissen und Bildung näherzubringen, dann bringt Sie ein Auftrag aus dem Transportwesen nicht näher an Ihr eigentliches Ziel. Ausprobieren gehört zur Kreativität ohne Frage dazu. Genauso wie das Fehlermachen. **Doch gerade in Momenten, in denen Sie Ihre Arbeit und Ihre Fortschritte infrage stellen, ist es wichtig, dass Sie sich auf Ihr Warum zurückbesinnen und sich mit dessen Hilfe erneut ausrichten.**

Wer »alles für alle« macht, wird scheitern

Mit einem klar definierten Warum haben Sie einen wichtigen Grundstein für Ihren kreativen Erfolg gelegt. Sie kennen nun Ihre Motivation und wissen, was Sie jeden Tag aufs Neue begeistert und antreibt. Die Frage, die sich jetzt stellt, ist nur, was Sie mit diesem Wissen am besten anfangen. Motivation alleine macht noch keine Designs.

Selbstverständlich können Sie alle Designs umsetzen und jeden Auftrag annehmen, der Sie erreicht. Vor allem wenn Sie in vielen Bereichen Erfahrungen gesammelt haben, ist die Verlockung groß, auch alle Anfragen umzusetzen. Auf die Dauer stoßen Sie mit der Taktik, »alles für alle« zu gestalten, aber an Ihre Grenzen. Zum einen ist es schlichtweg unmöglich, in allen Designbereichen auf dem aktuellen Stand der Technik und Entwicklung zu sein, und zum anderen werden Sie nicht an den Projekten arbeiten, die Sie haben wollen. Auch der zehnte Flyer wird Sie nicht zufrieden machen, wenn Sie viel lieber Websites programmieren möchten.

Spezialisten kommen weiter

Was sind Ihre ersten Gedanken, wenn Sie an die Themen Positionierung und Spezialisierung denken? Denken Sie an Einschränkung Ihrer Designs? An langwierige Zielkundenanalysen und seitenweise Marktforschung? Oder an langweilige Hintergrundarbeit, fernab von jeder Kreativität? Dann liegen Sie grundsätzlich richtig. Ja, Beschränkungen, Recherchen und Analysen sind Teil einer guten Positionierung. Aber das ist längst nicht alles. Denn glücklicherweise muss Positionierung nicht automatisch langweilig und trocken sein. Sie ist auch keine Pflichtaufgabe, die Sie möglichst schnell hinter sich bringen sollten. **Vielmehr liegt in Ihrer Spezialisierung auf einen bestimmten Designbereich eine große Chance und Qualität.** Indem Sie Ihr kreatives Potenzial nicht mehr ziellos in irgendwelche Projekte stecken, sondern genau wissen, welche Designs Sie für welche Art von Kunden anbieten möchten, sind Sie fokussierter und erreichen schneller und besser Ihre Ziele.

Oft trifft man wen, der Bilder malt, viel seltener wen, der sie bezahlt.

Wilhelm Busch

Wie Sie sich als Kreativer definieren und wie speziell oder allgemein Sie sich aufstellen, liegt dabei ganz bei Ihnen. Sie können Hochglanzmagazine layouten, Brandings für Firmen aus dem Finanzbereich entwickeln, Kinderbücher illustrieren, Mode entwerfen oder mit handgemachter Papeterie Hochzeiten unvergesslich machen. Sie können alles sein und alles machen. Theoretisch zumindest. Doch wenn Sie sich nie für eine bestimmte Richtung entscheiden, kommen Sie nicht voran. Es ist, als würden Sie versuchen, von einem Startpunkt aus mehrere Wege gleichzeitig zu erkunden. An einem Tag laufen Sie zum Meer, am zweiten in Richtung Berge und am dritten gehen Sie im Flachland spazieren. Aber immer nur ein kleines Stück, weil Sie sich nicht entscheiden können und wieder zum Startpunkt zurückmüssen. Spezialisierung heißt, eine Entscheidung zu treffen – sprich einen Weg zu wählen und den dann auch gerne zu gehen, mit allen Umwegen, Sehenswürdigkeiten und Überraschungen.

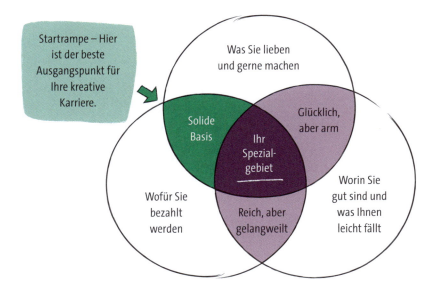

Ihr Spezialgebiet ergibt sich nicht völlig frei, sondern ist im besten Fall die Schnittmenge aus Ihren Vorlieben, Ihren Fähigkeiten und dem, was Auftraggeber suchen.

Sie sind noch auf der Suche nach dem Designschwerpunkt, der zu Ihnen und Ihren Designs passt? **Im besten Fall ergibt sich Ihre Spezialisierung aus dem, was Sie gut können, dem, was Sie leidenschaftlich gerne machen und dem, wofür Auftraggeber gut bezahlen.** Das ist der ideale Fall, auch wenn es erfahrungsgemäß eine Weile dauert, diesen zu finden. Suchen Sie nach Ihrer Nische in einem Bereich, in dem sich Ihre Talente mit den Anfragen überschneiden, für die Auftraggeber gut und gerne bezahlen. Dieser Bereich ist eine solide Basis für Ihre weitere Spezialisierung.

Fehlende Spezialisierung ist auch der Grund, warum die wirklich tollen Aufträge ausbleiben. Auftraggeber arbeiten gerne mit Experten zusammen. Sie wollen wissen, dass ihr Projekt bei Ihnen in den bestmöglichen Händen liegt. Das geht nicht, wenn Sie von allem ein bisschen was anbieten. Erst wenn Sie sich auf einen Designschwerpunkt spezialisieren und mit Ihren Designs gezielt eine bestimmte Zielgruppe ansprechen, werden Sie auch die Aufträge erhalten und umsetzen, die Ihnen besonders wichtig sind.

Selbstständige Designer haben hier naturgemäß sehr viel Einfluss auf ihren Schwerpunkt und die Aufträge, die sie umsetzen. Trotzdem lohnt

AUFTRÄGE ABLEHNEN UND SICH SPEZIALISIEREN
Aus eigener Erfahrung

Schon während meines Studiums habe ich festgestellt, dass mich das Gestalten von Logos und Markenauftritten nicht besonders anspricht. Es gab von Anfang an andere Designbereiche, die mir deutlich mehr Freude gebracht haben und bis heute bringen. Trotzdem bin ich am Anfang meiner Selbstständigkeit nie auf die Idee gekommen, Logoaufträge abzulehnen, wenn ich eine entsprechende Anfrage bekommen habe. Ich habe Designaufträge angenommen, unabhängig davon, ob sie zu meinen Lieblingsbereichen gepasst haben oder nicht. Meine Auftraggeber waren mit meiner Arbeit und den gestalteten Designs zufrieden, das war nicht das Problem. Aber mich hat diese Arbeit nicht glücklich gemacht. Nicht beim ersten Logodesign und auch nicht beim zehnten.

Irgendwann habe ich dann für mich festgelegt, dass damit Schluss sein muss. Ich wollte keine aufreibenden und für mich unpassenden Projekte mehr umsetzen, die mich nicht voranbringen. Zunächst hatte ich Befürchtungen, dass ich durch die Spezialisierung, also die Reduzierung meiner Leistungen, Aufträge und Einnahmen verlieren würde. Stattdessen ist genau das Gegenteil passiert. Seit ich mich auf Infografiken und Visualisierungen spezialisiert habe, bekomme ich mehr Aufträge, setze spannendere Projekte um, bin kreativer und werde besser bezahlt. Rückblickend stelle ich mir die Frage, warum ich das nicht schon viel früher gemacht habe.

sich auch für angestellte Kreative die intensive Auseinandersetzung mit den eigenen Fähigkeiten und Vorlieben. Zum einen, weil sie sich so ganz gezielt in Agenturen und Unternehmen bewerben können, die zu ihren Fähigkeiten passen. Zum anderen aber auch, weil sie so ein Unterscheidungsmerkmal zu ihren Kollegen haben. Nutzen Sie Ihr Fachwissen, um Projekte weiterzuentwickeln, übernehmen Sie Verantwortung, oder schlagen Sie neue Wege und Möglichkeiten vor. Nutzen Sie Ihre Spezialisierung und Ihr Know-how, um Ihre Karriere positiv zu verändern.

Spezialisieren Sie sich so schnell und so genau wie möglich. Suchen Sie sich eine Nische aus, die perfekt zu Ihren Vorlieben, Fähigkeiten und Designs passt, und positionieren Sie sich dort als Experte. Machen Sie sich genau klar, welche Designs Sie für welche Art von Kunden umsetzen wollen. Richten Sie Ihren Außenauftritt, Ihr Marketing und alle kreativen Aktionen auf diesen einen Schwerpunkt aus. Haben Sie auch keine Scheu davor, unpassende Projekte abzulehnen, sondern behalten Sie immer Ihr ganz persönliches kreatives Ziel im Auge. Dann finden Sie nicht nur die passenden Auftraggeber, sondern Sie werden kreativer, zufriedener und erfolgreicher werden, als Sie es als Generalist hätten sein können.

Es gibt nicht nur den einen Weg

Einer der riesigen Vorteile für Kreative liegt darin, dass ihre Kreativität nicht an eine bestimmte Art der Umsetzung gebunden ist. Der Rechner hängt in einem Update fest – macht nichts, dann nehmen Sie eben einen Zettel und machen erste Scribbles mit einem Bleistift.

Anders als zum Beispiel klassische Büroangestellte, die an die immer gleichen Abläufe oder eine bestimmte unumgängliche Software gebunden sind, haben Sie in der Regel selten festgelegte Außenumstände, ohne die Sie nicht arbeiten können. Sie sind in der Umsetzung Ihrer Arbeit viel flexibler. Ganz anders sieht es aber aus, wenn man sich die äußeren Umstände anschaut, unter denen viele Kreative arbeiten.

Kreative Arbeit hat viele Gesichter

Egal, ob Sie in einem Angestelltenverhältnis oder als selbstständiger Designer arbeiten, die klassische Arbeitsweise sieht so aus: Ein Auftraggeber kommt mit seinem Projekt und seinen Vorgaben auf Sie zu. Daraufhin gestalten Sie ein passendes Design.

Diese Form der Zusammenarbeit ist die häufigste und auch geläufigste Art, um mit der eigenen Kreativität Geld zu verdienen. Aber sie hat auch entscheidende Nachteile. Zum einen lassen sich Kundenanfragen nicht vorhersehen und planen. Mal häufen sich die Anfragen, so dass Sie nicht wissen, wie Sie die ganze Arbeit fristgerecht umsetzen sollen, und dann folgt eine Ruhezeit, in der es kaum Anfragen gibt. Zum anderen können Sie auch auf das Arbeitsvolumen nur begrenzt Einfluss nehmen. Darum kommen Sie trotz guter Planung in Schwierigkeiten, wenn sich laufende Aufträge verzögern und sich so mit anderen Jobs überschneiden. Dieses ständige Auf und Ab kann auf die Dauer sehr zermürbend sein.

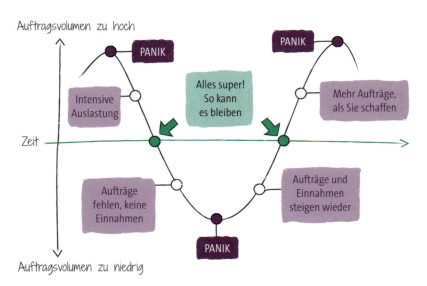

Ein ständiges Auf und Ab: Wenn Sie nur im Kundenauftrag arbeiten, haben Sie viel weniger Möglichkeiten, auf Ihre Auslastung Einfluss zu nehmen, als wenn Sie eigene Designprojekte verwirklichen.

Da ist es nur logisch und nachvollziehbar, dass angestellte und selbstständige Kreative auf der ganzen Welt nach alternativen Möglichkeiten suchen, um mit ihren Designs Geld zu verdienen. Ihnen allen gemeinsam ist der Ansatz, ohne einen externen Auftraggeber zu arbeiten und stattdessen die eigenen Ideen direkt umzusetzen.

> *Menschen, die kreativ sind, sind auch kreativ in ihrem Arbeitsstil.*
>
> Hans-Jürgen Quadbeck-Seeger

Bedeutete das früher noch, dass sich die Kreativen mit ihren Arbeiten auf Handwerksmärkten oder bei Ausstellungen direkt den Endverbrauchern vorstellten, so haben diesen Platz heute zahlreiche Onlineplattformen eingenommen. **So können sich Designer, Künstler, Maler und Illustratoren von jedem Ort der Welt aus ein zusätzliches Standbein aufbauen, mit dem Sie unabhängig von der regulären Auftragslage Umsätze erwirtschaften.** Alles, was die Kreativen brauchen, sind eine gute Idee, ein Internetanschluss und Fleiß, um die eigenen Designs zu vermarkten. So vielfältig wie die Ideen sind auch die Umsetzungsmöglichkeiten. Ihrer Kreativität sind da keine Grenzen gesetzt, und mit jeder technischen Neuerung ergeben sich weitere Möglichkeiten, an die Sie jetzt vielleicht noch gar nicht gedacht haben.

Es gibt Plattformen und Anbieter, die Sie dabei unterstützen, Ihre handgemachten und fertigen Designs direkt an den Endverbraucher zu verkaufen. Diese haben sich darauf spezialisiert, es den Kreativen so einfach wie möglich zu machen, ihre Produkte anzubieten: Sie verfügen nicht nur über eigene Onlineshop-Lösungen, sondern haben auch vorgefertigte Templates, um auf der eigenen Website Shops zu integrieren. Plattformen, um Kreatives direkt an den Endverbraucher zu verkaufen, sind zum Beispiel folgende:

- Dawanda
- Etsy
- Hello Handmade

Mit Hilfe von Drittanbietern und Plattformen können Sie Ihre Designs als digitale Datei direkt hochladen und weiterverwenden lassen. Dazu zählen die verschiedenen Anbieter von Stockfotografien, Grafiken oder Templates, aber auch Anbieter, bei denen die Endverbraucher ein Design wählen und es zum Beispiel auf Laptophüllen, Shirts oder Tassen drucken lassen können. Drittanbieter, um Designs, Fotografien und Grafiken zu verkaufen, finden Sie beispielsweise hier:

- iStockphoto
- fotolia
- Spreadshirt
- Society6
- Zazzle

Wenn Sie eine eigene Website oder einen eigenen Onlineshop haben, können Sie Ihre Designs auch selbst vertreiben. Das kann in Form von digitalen Produkten wie E-Books oder Grafikdateien sein oder aber als reguläres Produkt, das Sie dem Käufer direkt zusenden.

Je nach Designschwerpunkt können Sie auch Workshops und Schulungen über das Internet anbieten und verkaufen. Entsprechende Anbieter stellen Ihnen nicht nur eine passende Plattform zur Verfügung, sondern unterstützen Sie auch bei der Vermarktung der Angebote. Anbieter für Workshops und Kurse sind unter anderem:

- Udemy
- Skillshare
- Teachable

Diese Aufzählung könnte man beliebig erweitern – seien Sie neugierig, und probieren Sie aus, welches zusätzliche Standbein sich für Ihren Designschwerpunkt eignet und Ihnen Freude bereitet. Natürlich wird nicht jeder Onlineshop automatisch ein durchschlagender Erfolg, und der Verkauf einiger Grafiken über einen Stockfotoanbieter genügt noch nicht, damit Sie Ihren Lebensunterhalt auf diesem Weg bestreiten können. Doch Sie haben hier die Chance, Neues auszuprobieren und Ihr Potenzial auszutesten. Das Spiel mit kreativen Ideen und Möglichkeiten inspiriert und gibt Ihnen neue Impulse – unabhängig davon, ob Sie sonst angestellt oder selbstständig arbeiten.

Erkennen Sie den Wert Ihrer Arbeit

Es gibt ein paar Dinge, die jeden Kreativen zur Weißglut bringen. Und die leider auch jeder schon einmal erlebt hat. Sätze wie »Sie sind Grafikdesigner? Oh schön, meine kleine Nichte hat auch letzte Woche einen Flyer für uns gemacht.«, »Bilder malen? Das ist Ihr richtiger Beruf?« oder »Wieso wollen Sie für ein Logo so viel Geld? Es sind doch nur ein paar Striche!« gehören auf jeden Fall dazu.

Es scheint, als gäbe es ein grundsätzliches Missverständnis, wenn es darum geht, kreative Arbeit wertzuschätzen. Einmal von außen, wenn es gilt, den Wert der gestalteten Arbeit zu erfassen. Aber leider auch immer wieder im Kreativen selbst, wenn es darum geht, den Wert der eigenen Arbeit zu erkennen und klar zu kommunizieren. Woran liegt das?

Ihr Design ist Geld wert

Kreativität hält sich nicht an Uhrzeiten oder daran, wie lange ein Projekt dauert. Wenn Sie kreativ sind, hat das nicht nur Einfluss auf die Art und Weise, wie Sie Ihre Umwelt wahrnehmen und wie Sie handeln, sondern auch auf Ihre Berufswahl. **Zum Glück, denn wir alle verdanken den Querköpfen und den um die Ecke denkenden Ideengebern wichtige Entwicklungen und Fortschritte.** Unglücklicherweise leben wir in einer Welt, die zwar Ideen und Innovationen braucht, die jedoch den Kreativen dahinter im Alltag wenig entgegenkommt. Es gibt für alles allgemeingültige und anerkannte Regeln, Vorschriften und Formulare. Schon in der Schule lernen Sie, dass nicht neue und individuelle Ansätze Erfolge bringen, sondern das organisierte, strukturierte und messbare Umsetzen der geforderten Leistungen. Diese Art zu denken setzt sich in der Berufsausbildung und dem ganzen späteren Leben fort. Die Krux an der Kreativität ist aber, dass sie so nicht funktioniert. Manchmal braucht es viele Fehler und Umwege, um zu dem besten Ergebnis zu kommen. Und nur in den seltensten Fällen sieht man es dann dem fertigen Design an, wie lange und zeitaufwendig Sie an ihm gearbeitet haben.

INNOVATION IST KREATIVE GESTALTUNG MIT ZUKUNFTSBLICK.

JOACHIM NUSCH

Design bedeutet nicht, Sachen, Produkte oder die Ideen Ihrer Kunden und Auftraggeber einfach nur ein bisschen bunter und hübscher zu machen. Stattdessen stellt gutes Design einen elementaren Teil des gesamten Erfolgs dar. Sie als Designer wissen das. Sie wissen, wenn Sie das Verpackungsdesign für ein neues Kosmetikprodukt ästhetisch und hochwertig gestalten und wenn Sie auf ein schönes und haptisch ansprechendes Papier achten, dann wird sich dieses Kosmetikprodukt besser verkaufen. Der Hersteller wird durch Ihre Arbeit mehr Geld mit seinem Produkt verdienen. Gutes und ansprechendes Design wird von Konsumenten beachtet und wahrgenommen. Schlechtes nicht. **Durch Ihre Designs bekommt Ihr Auftraggeber einen eindeutigen Mehrwert, den er ohne ein gutes Design nicht gehabt hätte.** Sei es in Form von Mehreinnahmen, neuen Kunden oder ganz allgemein dem schnelleren Erreichen seiner Ziele. Das ist ganz einfaches betriebswirtschaftliches Rechnen. Darum werden Sie mit neuen Designs beauftragt. Behalten Sie das immer im Hinterkopf, wenn es darum geht, den Wert Ihrer Designs zu ermitteln und zu verhandeln.

Eine unzureichende oder schlechte Bezahlung wirkt sich nämlich nicht nur negativ auf Ihren Kontostand aus, sondern auch auf Ihre gesamte Zufriedenheit. Dass die eigene kreative Arbeit und all das Herzblut, das Sie in ein Projekt gesteckt haben, nicht anerkannt werden und vor allem nicht entsprechend entlohnt werden, baut Frust auf und nimmt Ihnen die Motivation. *Warum sollten Sie sich so viel Mühe geben, wenn es dann doch von keinem entsprechend bezahlt wird?* Langfristig wird die Qualität Ihrer Designs unter diesem Zustand leiden. Schlechte Stundensätze führen bei Selbstständigen dazu, dass sie häufiger Überstunden und Mehrarbeiten machen müssen, um ihre Kosten zu decken und Umsatzeinbußen aufzufangen. Das geht zu Lasten Ihrer Freizeit, Ihrer Erholungszeit und damit letztendlich auch Ihrer Kreativität. Dass sich dieser Umgang mit Ihren kreativen Ressourcen negativ auswirkt, liegt auf der Hand. Bei einer Festanstellung verringert sich nicht Ihre Entlohnung, doch Ihr Selbstwertgefühl und Ihre Kreativität leiden unter der mangelnden Anerkennung. *Wieso sollten Sie all Ihr Herzblut und Ihr Fachwissen einbringen, wenn es nicht wertgeschätzt und honoriert wird?* Und nein, Worte alleine reichen nicht aus, um wertvolle und hochwertige Kreativarbeit zu honorieren – dafür braucht es auch eine angemessene Bezahlung.

Zwischen Selbstverwirklichung und Selbstausbeutung

Eigene Ideen entwickeln und umsetzen – das ist der Wunsch vieler junger Kreativer, wenn sie sich für den Beruf des Designers entscheiden. Es folgen viele Jahre ambitioniertes Lernen, freudiges Ausprobieren und fleißiges Üben. Mit den ersten Jobs kommt dann aber allzu oft Ernüchterung. Überstunden sind in vielen Kreativbereichen selbstverständlich, die Bezahlung für Designer liegt hinter den eigenen Erwartungen zurück, und längst nicht jedes Projekt ist so kreativ und spannend wie erhofft. Von dem ursprünglichen Wunschtraum ist nicht mehr viel übrig.

Selbstständigen Designern geht es oft nicht anders. Nur mit dem Unterschied, dass sie selbst für den Umfang und die Art ihrer Arbeit und den Gewinnen daraus verantwortlich sind. Niemand zwingt Selbstständige, am Wochenende zu arbeiten und regelmäßig Aufgaben zu übernehmen, die ursprünglich gar nicht verabredet waren. Trotzdem ist genau das in vielen Fällen an der Tagesordnung. Ja, Kreative arbeiten anders und machen keinen Dienst nach Vorschrift, wenn es gilt, gute Designs zu erstellen. In jedem Entwurf und jeder Idee steckt immer auch ein Stück von ihrem Herzblut und ihrer Persönlichkeit, da können und wollen sie nicht halbfertige oder halbherzige Arbeit abliefern. Das kennen Sie sicher auch. Der Anspruch an die eigene Arbeit und die eigene Kreativität ist hoch, weil Kreative ihre Ideen und Vorstellungen verwirklichen möchten. **Es ist aber ein schmaler Grat zwischen Selbstverwirklichung und Selbstausbeutung, wenn Sie nicht aufpassen und auf sich achten.** Grund dafür ist ein hartnäckiger Irrglaube, den man so in keinem anderen Berufszweig findet: Wenn Ihre Arbeit Ihnen Spaß macht, dann darf sie nicht so viel kosten beziehungsweise ist nicht so viel wert. Immerhin machen Sie das

> *Gestaltung ist Haltung.*
> Helmut Schmid

ja gerne. Es würde nie jemand auf die Idee kommen, einen Anwalt zu fragen, ob er schon mal vorab eine Verhandlungsstrategie erstellen und präsentieren kann, damit der Kunde einen besseren Eindruck von dem Endergebnis bekommen kann. Oder einen Klempner zu fragen, ob er das neue Waschbecken schon einmal anschließen könne, damit man sehen kann, wie es im Raum wirkt. Designer hingegen werden regelmäßig gefragt, ob sie nicht schon mal ein paar Entwürfe machen können, damit sich der Kunde vor der Auftragszusage ein besseres Bild vom finalen Design machen kann. Immerhin handelt es sich ja um ein Design, bei dem man nie genau wisse, wie das Endergebnis ist – anders als bei formaleren Berufen, bei denen sich Arbeitsergebnisse durch Regeln und Vorgaben viel einfacher greifen und vorhersehen ließen.

> *Wer sich mit der Kunst verheiratet, bekommt die Kritik zur Schwiegermutter.*
> Hildegard Knef

In vielen Fällen reagieren Kunden und Vorgesetzte aber nicht so, weil sie die Arbeit von Designern bewusst nicht wertschätzen wollen. Unsicherheit und Unwissen sind sehr viel häufiger die Ursachen. Immerhin vermitteln überall erhältliche Grafiksoftwares und Onlinetools den Eindruck, ein Design lasse sich einfach und schon fast auf Knopfdruck erstellen. **Es ist von außen nicht einsehbar, wie viel Mühe, Erfahrung, Wissen und Talent hinter einem guten und hochwertigen Design steckt, das die Ziele und Anforderungen des Kunden erfüllt.** Ihr Gegenüber kann nicht in Ihren Kopf schauen und ist darum auf Ihre Aufklärungsarbeit und klare Richtlinien angewiesen. Erklären Sie genau, welche Informationen Sie brauchen, um ein passendes Design zu erstellen. Machen Sie Ihrem Auftraggeber oder Vorgesetzten deutlich, warum ein Design besser wird, je genauer der Kunde diese Hintergrundinformationen liefern kann. Indem Sie selbstbewusst die Rahmenrichtlinien für die gemeinsame Zusammenarbeit festlegen, geben Sie Ihrem Kunden Sicherheit und zeigen, welchen Wert Sie Ihrer Arbeit und Ihren Arbeitsabläufen beimessen.

Was für angestellte Designer schon gilt, ist für Selbstständige noch viel entscheidender. Sie müssen nicht nur darauf achten, dass Ihre Designs so gut wie möglich werden, sondern auch darauf, dass sich Ihre Arbeit aus unternehmerischer Sicht lohnt. **Seien Sie Designer, mit Leib und Seele, aber verhalten Sie sich wie ein Unternehmer. Kennen Sie Ihren Wert**

und Ihre Preise. Ständige Wochenendarbeit, unbezahlte Änderungen und nicht einkalkulierte Zusatzleistungen bringen Ihre Selbstständigkeit, Ihre Gesundheit und damit auch Ihre Designs auf die Dauer in Gefahr. Sie selbst sind Ihr wertvollstes und wichtigstes Gut. Achten Sie darum nicht nur auf Ihre kreativen Möglichkeiten, sondern auch darauf, sich selbst wertzuschätzen.

INFORMATIONEN EINHOLEN
Eine kleine Anleitung

Sie sollen die Website für ein mittelständisches Unternehmen gestalten. Schon beim ersten Kontakt wird Ihnen klar, dass der Kunde wenig Erfahrung mit dem Umgang mit Designern hat und nicht genau weiß, welche Informationen Sie brauchen, um einen guten und für die Ziele des Kunden passenden Entwurf zu machen.

Hören Sie an dieser Stelle auf Ihr Bauchgefühl, und erarbeiten Sie zusammen mit dem Kunden einen genauen Überblick über die Anforderungen, die an die Website gestellt werden. Machen Sie das alles, bevor Sie überhaupt mit dem Design beginnen. Das erspart Ihnen unnötige Korrekturschleifen, Nachtschichten, Änderungen und im schlimmsten Fall finanzielle Verluste. Denn für das Design, die Funktionalität und die Ästhetik einer Website macht es erfahrungsgemäß einen großen Unterschied, ob der Endnutzer zwischen 20 und 30 Jahre oder zwischen 50 und 60 Jahre alt ist. Zum einen brauchen Sie diese Informationen, um ein realistisches Angebot zu erstellen. Zum anderen überzeugen Sie Ihren Kunden von Ihrem Fachwissen und Ihrer Erfahrung, wenn Sie ihm mit Rat zur Seite stehen und gezielt nachfragen.

Klären Sie auch vor Auftragsbeginn ab, wer wann welche Informationen und Materialien zu liefern hat. Indem Sie das vorab besprechen, machen Sie Ihrem Kunden auch noch einmal deutlich, wo die Grenzen Ihrer Arbeit liegen, wo Ihr Schwerpunkt ist und wo Ihr Kunde weitere Fachleute zu dem Projekt hinzuziehen muss. Mit der klaren Vorgabe: »Ja, ich kann ein Konzept für die Inhalte der neuen Website planen und koordinieren«, gekoppelt an ein »Nein, diese Leistungen sind nicht in der aktuellen Kalkulation des Designs inbegriffen«, weiß ein Auftraggeber besser umzugehen, als wenn es im Verlauf des Auftrags zu Unstimmigkeiten kommt, weil nicht klar ist, was in der Kalkulation inbegriffen war.

Kreative finden andere Wege

Kreative sind anders und finden andere Wege, um sich ihren Alltag, ihr Umfeld und ihre Arbeitsweise zu strukturieren – und das ist auch gut so. Denn Kreativität ist nichts, was sich auf Knopfdruck und unter Zwang erzeugen lässt. Viel mehr braucht es Freiraum und die Möglichkeit, Ideen zu verfolgen, zu verwerfen und dann wieder neu anzufangen. Design kann und soll sehr viel mehr leisten, als nur das optische Erscheinungsbild und die Bedienbarkeit von Produkten positiv zu beeinflussen. Gutes Design spiegelt immer auch das Herzblut, das Fachwissen und die Kreativität des Designers wider. Genau dieser Erfindungsreichtum ist es, der Innovationen schafft und neue Wege für unser Informationszeitalter aufzeigt. Unternehmen aus Wirtschaft und Industrie haben längst erkannt, dass in der Kreativität ein Schlüssel für die Weiterentwicklung liegt und auch schon immer lag. Ihre Ideen und Ihre Designs sind wertvoll.

Für Sie selbst als Designer heißt das nun im Umkehrschluss, dass Sie Ihr kreatives Potenzial am besten nutzen können, wenn Sie sich auf die Designbereiche spezialisieren, die Ihren Fähigkeiten und Vorlieben entsprechen. Definieren Sie für sich, was Sie begeistert und immer wieder von neuem antreibt. Was ist Ihr Warum und welcher rote Faden zieht sich durch alle Ihre Interessensgebiete hindurch? Diese Motivation ist so individuell und persönlich wie Ihre Designs. Es gibt nicht nur den einen Weg. Kreativ sein bedeutet auch eigene Pfade zu finden und sich selbst zu verwirklichen. Lassen Sie sich nicht von Pauschalisierungen und Verallgemeinerungen von Ihren Zielen abbringen.

Gutes Design ist aber kein Sprint, sondern ein Marathon. Indem Sie nicht nur Ihre Fähigkeiten, sondern auch Ihre Grenzen kennen und beachten, stellen Sie sicher, dass Sie nicht nur kreativ sind, sondern auch kreativ bleiben können.

KAPITEL 2
Die Zeit und sich selbst im Griff haben

Möglichst schnell zu arbeiten und dabei möglichst viel zu schaffen – das erscheint vielen Menschen als sinnvolles und erstrebenswertes Ziel. Ihnen vielleicht auch? Unzählige Anleitungen und Tipps rund um das Thema Zeit- und Selbstmanagement sind der beste Beweis dafür. Dabei ist dieser Drang, immer mehr zu schaffen, besser und schneller zu sein, weder gut noch gesund für Sie.

Zügig zu arbeiten und dabei so viel wie möglich zu schaffen – dieser blinde Zwang zur Selbstoptimierung ist wenig hilfreich, wenn Sie Ihren Alltag hinterfragen. Vielmehr bietet die bewusste Auseinandersetzung mit den eigenen Kapazitäten und Aufgaben die Chance, Ihr kreatives Leben nachhaltig zu verändern. Nicht nur die beruflichen, sondern auch die persönlichen Aufgaben und Rollen haben großen Einfluss auf Ihr Wohlbefinden. **Sie werden nicht erfolgreich, wenn Sie möglichst viel arbeiten, sondern wenn Sie konsequent an den richtigen Bereichen arbeiten.** Indem Sie erkennen, welche Aufgaben Sie Ihren Zielen näher bringen, können Sie die anfallenden Anstrengungen besser beurteilen und aktiv Ihre Wünsche und Visionen umsetzen. Ziel sollte es immer sein, so viel Raum wie möglich für die Bereiche Ihres Lebens freizuhalten, die Ihnen wichtig sind und Ihnen Freude bereiten. Nur so können Sie kreativ sein und neue Ideen entwickeln.

Warum der Mythos »Work-Life-Balance« überholt ist

Kennen Sie diese typische Situation? Sie sitzen zu Hause beim Essen, der Arbeitstag ist vorbei, und dann ertönt das wohlvertraute »Piep, piep« von Ihrem Smartphone. Okay, eine Mitteilung ist eingegangen. Mal wieder. Doch statt die Nachricht einfach Nachricht sein zu lassen, nehmen Sie das Smartphone in die Hand. Es könnte ja wichtig sein.

Wenn das mal passiert, ist es kein Problem. Wird es aber zu einem Dauerzustand, dann sieht die ganze Sache schnell anders aus. Denn die klare Trennung von Arbeitszeit und Privatleben, wie es sie früher gab, existiert heute nicht mehr. Die Übergänge sind heutzutage oft fließend oder gar nicht mehr vorhanden. Projekte, an denen Sie gerade arbeiten, liegen in der Cloud und sind jederzeit zu erreichen. Firmenmails werden ganz selbstverständlich auf das private Smartphone weitergeleitet. **Sie sind ständig zu erreichen. Wenn Sie das wollen.** Denn die Entscheidung, noch mal schnell ans Projekt oder an die Mail ranzugehen, liegt alleine bei

Ihnen. Fluch und Segen der modernen Arbeitswelt. Schnell wird dann der Ruf nach mehr »Work-Life-Balance« laut. Aber was heißt das eigentlich?

Was heißt »Work-Life-Balance«?

Geprägt wurde der Begriff schon in den 1980er Jahren. Aktuell wurde das Thema »Work-Life-Balance aber erst 10 Jahre später, in der Hochzeit der New Economy. Plötzlich gab es über alle Bereiche hinweg neue und moderne Informations- und Kommunikationstechnologien, die die Arbeitswelt und auch unser Verständnis von Arbeit völlig auf den Kopf gestellt haben. Der erste iMac beispielsweise, mit seinem typisch kleinen, knubbeligen blauweißen Gehäuse, wurde 1998 vorgestellt. Die erste Photoshop-Version kam 1990 auf den Markt. Es braucht nicht viel Fantasie, sich vorzustellen, welche Veränderungen das auch für die Designszene bedeutet hat. Plötzlich ließen sich in kurzer Zeit Dinge umsetzen, die zuvor viele Stunden in Anspruch genommen hatten. In dieser Hochstimmung schien alles möglich, und lange Arbeitszeiten mit immer weiter steigenden Anforderungen waren die Folge. Dass das Privatleben zwangsläufig unter diesem Ungleichgewicht litt, war die logische Konsequenz. Der Ruf nach mehr »Work-Life-Balance«, also einem stärkeren Ausgleich zwischen Arbeit und Privatleben, wurde laut. Und das Thema bekam einen immer größeren Stellenwert in der öffentlichen Wahrnehmung.

> MAN VERLIERT DIE MEISTE ZEIT DAMIT, DASS MAN ZEIT GEWINNEN WILL.
> JOHN ERNST STEINBECK

Das ist jetzt bald 30 Jahre her. Eine lange Zeit, in der sich nicht nur unsere Arbeitswelt, sondern auch unsere Arbeitsweise weiterentwickelt hat. Wieso ist dieses Thema »Work-Life-Balance« dann immer noch so aktuell? Warum beschäftigt Sie dieses Thema immer wieder? Welche Herausforderungen und Probleme erzeugen in Ihnen das Gefühl, dass Sie mehr Ausgleich und Selbstmanagement brauchen? Was versprechen sich Kreative denn von dieser neuen Balance? Die Gründe sind so vielschichtig wie die Menschen, die nach Antworten suchen. Hier lohnt es sich, einen Blick hinter die Kulissen dieser viel genutzten Bezeichnung zu werfen.

Es gibt keine Arbeitszeit – es gibt nur Lebenszeit

Wenn sich Kreative heute mit Zeit- und Selbstmanagement beschäftigen, dann steckt oftmals der Wunsch dahinter, mehr Ruhe und weniger Überforderung in den persönlichen Alltag zu bekommen. Es geht also nicht nur darum, die Arbeit strikt vom Privatleben zu trennen, wie es der Begriff »Work-Life-Balance« impliziert. Und das genau ist der entscheidende Punkt. **Denn diese Trennung ist für Kreative gar nicht möglich.**

Bei Designern und bei selbstständigen Designern im Besonderen gibt es keine klare Abgrenzung zwischen Arbeitszeit und Privatzeit. Sie hören ja nicht auf, kreativ zu sein, nur weil es 17:00 Uhr und damit offiziell Feierabend ist. Wo gehört dann der Besuch einer Ausstellung am Wochenende hin oder das Magazin, das Sie zufällig gesehen haben und das Ihnen die passende Idee für einen aktuellen Auftrag gegeben hat? Inspiration finden Sie glücklicherweise überall.

> *Kreativität erfordert Wissen, Spontanität, Intuition … und Durchhaltevermögen.*
> Kersten Kämpfer

Zudem funktioniert Kreativität nicht in starren Zeitfenstern und lässt sich nicht erzwingen. Neue Innovationen und Ideen sind nicht auf Befehl abrufbar. Vielmehr spielen hier persönliche Bedürfnisse und Erfahrungen von Designern eine große Rolle. Der eine Kreative kann nicht nachts arbeiten, ist aber schon in den frühen Morgenstunden hochkonzentriert, um neue Ideen und Prozesse zu entwickeln. Für andere Designer wären diese Arbeitszeiten eine Katastrophe, weil sie erst in den Abend- und Nachtstunden zu Höchstformen auflaufen.

Letztlich ist alles Arbeit, was von Ihnen Aufmerksamkeit und gezielte Handlungen erfordert, um den gegenwärtigen Zustand zu ändern. Dabei spielt es keine Rolle, ob Sie für ein Kundenprojekt ein neues Design entwickeln, sich auf die nächste Elternversammlung vorbereiten oder die Renovierung des Wohnzimmers organisieren müssen. In jedem Fall brauchen diese Aufgaben Ihre Aufmerksamkeit und Konzentration und damit auch Ihre Arbeitszeit. Dass Sie sich einen Teil der Aufgaben selbst gestellt haben und dass Sie für den anderen Teil von Dritten beauftragt wurden, ändert nichts daran, dass es Ihnen Arbeit macht.

Ob Sie das als negative Belastung oder positive Herausforderung empfinden, hängt dabei stark von Ihrer Persönlichkeit und Organisationsstruktur ab. Die gleiche Anzahl an Aufgaben kann für den einen eine belastende Überforderung sein, während ein anderer die Aufgaben leicht und produktiv abarbeitet. Hier gibt es keine allgemeingültigen Regeln und Richtlinien. Der Begriff »Work-Life-Balance« setzt aber voraus, dass es eine klare Trennung zwischen Arbeitszeit und Privatzeit gibt. Nur so könnte man einen Ausgleich zwischen diesen Bereichen hervorrufen. Und genau hier liegt der Fehler in der Herangehensweise. **Es gibt für Kreative nicht »die Arbeitszeit« und »die Privatzeit«, es gibt nur Lebenszeit.** Diese Lebenszeit gilt es sich so einzuteilen, dass Sie kreativ, produktiv und zufrieden sein können.

Definieren Sie Ihre Ziele SMART

Es ist also nicht die Trennung von Arbeitszeit und privater Zeit, die Ihnen dabei hilft, Ihre Kapazitäten besser einzuteilen. Vielmehr sind es Ihre Ziele und Ihre Zielsetzung, die die Basis für ein effektives und zu Ihnen passendes Zeitmanagement schaffen. Seien Sie sich im Klaren darüber, was Sie erreichen möchten. Was sind Ihre Ziele? Sowohl beruflich als auch in Ihrem Privatleben? Und welche Schritte sind notwendig, damit Sie Ihre Ziele umsetzen können?

Klar definierte Ziele motivieren und spornen an. Denn erst wenn Sie wissen, wo Sie hinwollen, können Sie die nächsten Schritte definieren, Teilerfolge festlegen und diese gezielt angehen. Das wiederum führt dazu, dass Sie Fortschritte sehen und gestärkt mit Elan an Ihrer Zukunft arbeiten. Unpräzise Ziele haben hingegen genau den gegenteiligen Effekt. Wenn Sie nicht genau wissen, wo Sie hinmöchten, können Sie auch nicht zielgerichtet an der Umsetzung arbeiten. Erfolge bleiben aus, Enttäuschung, Lustlosigkeit und Motivationslosigkeit folgen auf dem Fuße, und das Gesamtziel gerät aus den Augen.

Darum ist es so wichtig, dass Sie sich nicht nur Ziele setzen, sondern diese auch klar ausformulieren. Seien Sie dabei nicht zurückhaltend. Sie wollen das beste Animationsvideo zum Thema Umweltschutz machen? Einen Red Dot Award gewinnen? Oder schon in der ersten Jahreshälfte so viel Gewinn machen, dass Sie im Herbst zwei Monate mit Ihrer Familie in Italien verbringen können? Na, dann los! **Je größer die Herausforderung, desto weiter werden Sie kommen.** Und selbst wenn Sie Ihr Ziel nicht komplett umsetzen, so werden Sie doch mehr erreichen, als wenn Sie sich nur ein kleines Ziel gesetzt hätten. **Achten Sie bei der Formulierung darauf, dass Sie Ihr Ziel machbar, messbar und SMART beschreiben.**

Um Ihre Ziele noch klarer zu definieren, können Sie die SMART-Formel zu Hilfe nehmen.

Damit Ihre Ziele keine Wünsche bleiben, müssen sie klar und motivierend formuliert sein. Die SMART-Formel unterstützt Sie dabei.

SMART steht dabei für S – spezifisch, M – messbar, A – aktionsorientiert und attraktiv, R – realistisch und T – terminiert. Aus dieser präzisen Zielformulierung lassen sich jetzt gut die nächsten Schritte ableiten, die für die Umsetzung nötig sind. Indem Sie Ihr großes Ziel immer vor Augen haben, fällt es Ihnen auch leichter, zu entscheiden, welche Aufgaben wichtig sind, worum Sie sich unbedingt kümmern müssen und wie Sie Ihr Zeit- und Selbstmanagement passend organisieren.

Machbar meint, dass Ihnen trotz großer Motivation Grenzen gesetzt sind. Es ist sehr unwahrscheinlich, dass Sie in zwei Monaten als selbstständiger Webdesigner erfolgreich sind, wenn Ihnen die technischen Grundlagen wie HTML und CSS fehlen. Unterschätzen Sie aber nie, was Sie in sechs Monaten oder einem Jahr alles erreichen können.

Messbar meint, dass Sie Faktoren für Ihr Ziel festlegen, die sich auch nachmessen lassen. Können Sie für Ihr Ziel die fünf W-Fragen beantworten: Was, wer, wie viel, wozu, wann?

ZIELE FORMULIEREN
Eine kleine Anleitung

Schon lange möchten Sie für sich und Ihre Familie eine Auszeit nehmen. Darum lautet Ihr Ziel:

Ziel: »Ich möchte so viel Gewinn machen, dass ich im Herbst zwei Monate in Italien verbringen kann.«
Einschätzung: Das ist ein machbares, aber noch kein messbares Ziel.

Ziel: »Ich möchte in der ersten Jahreshälfte des nächsten Jahres so viel Gewinn machen, dass ich im Herbst zwei Monate in Italien verbringen kann.«
Einschätzung: Das ist ein machbares und messbares Ziel. Aber es ist noch unpräzise und damit nicht gut umsetzbar.

Ziel: »Ich möchte (spezifisch) in der ersten Jahreshälfte des nächsten Jahres (terminiert) 10.000 Euro mehr Gewinn machen als im letzten Jahr (messbar und realistisch), damit ich im Herbst zwei Monate in Italien verbringen kann (aktionsorientiert + attraktiv).«
Einschätzung: Das ist ein nach der SMART-Formel formuliertes Ziel und eine sehr gute Basis für die erfolgreiche Umsetzung. Mit diesem Ziel vor Augen können Sie nun die nächsten Schritte für Ihr Marketing, Ihre Akquise und die daraus folgenden Kundenprojekte der folgenden Monate planen.

Warum »Ich hab keine Zeit« nur eine Ausrede ist

Welches ist die häufigste Ausrede, die Sie vorschieben, wenn es darum geht, neue Ideen und Projekte nicht zu beginnen? Ja, richtig: *Ich würde ja, aber ich hab keine Zeit.* Dabei gibt es wohl keine Formulierung, die widersinniger ist als diese. Denn Zeit ist nicht in Mengen vorhanden. **Es gibt nicht viel oder wenig Zeit. Es gibt nur Zeit.** Genau genommen sind es 24 Stunden pro Tag. Und das für jeden von uns. Nicht mehr und nicht weniger.

Die Frage ist also nicht »Haben Sie genug Zeit?«, sondern »Wie verwenden Sie die Zeit, die Ihnen zur Verfügung steht?«. Dieser Unterschied mag klein erscheinen, hat aber einen großen Einfluss auf Ihren Umgang mit dem Thema Zeit. Er macht deutlich, dass es nicht darum geht, die Zeit besser zu managen, sondern dass Sie neue und bessere Wege finden müssen, um sich selbst zu managen.

Arbeit dehnt sich in genau dem Maß aus, wie Zeit für ihre Erledigung zur Verfügung steht.
C. Northcote Parkinson

Im Stress zu sein und abgehetzt von Termin zu Termin zu eilen, wird von der Gesellschaft noch viel zu oft als Statussymbol interpretiert. Wer offensichtlich viel zu tun hat, ist erfolgreich. Wer Kapazitäten frei hat, hat nichts zu tun und ist folglich auch nicht so erfolgreich. Dieser Irrglaube ist nicht nur falsch, sondern macht auch krank und unzufrieden. Schon lange haben wir verlernt, dass frei verfügbare Zeit, also »Frei-Zeit«, etwas Gutes ist und dass Sie diese ohne schlechtes Gewissen genießen können. Auch dann, wenn Sie keinen Urlaub haben. Umso wichtiger ist es, dass Sie hinterfragen, wonach Sie Ihre Kapazitäten einteilen und wie Sie effektiv Entscheidungen fällen. Damit Sie schaffen, was Ihnen wichtig ist, und trotzdem so viel Freiraum haben, wie Sie brauchen, um sich wohlzufühlen.

Ihre Prioritäten entscheiden darüber, wofür Sie sich Zeit nehmen

Wenn es also nicht die Zeit an sich ist, die darüber entscheidet, ob Sie Kapazitäten für neue Projekte freihaben, was ist es dann? Diese Frage lässt sich am einfachsten beantworten, wenn Sie sich verdeutlichen, wie Sie Entscheidungen fällen. Denn unabhängig davon, ob es sich um die Aktualisierung eines Designprojekts, die Zusage für ein neues Teammitglied oder die Anmietung neuer Büroräume geht, sind die Schritte zur Entscheidungsfindung immer ähnlich. Einen Teil der Entscheidungen treffen Sie intuitiv aus dem Bauch heraus und innerhalb weniger Sekunden. Einen anderen Teil entscheiden Sie nach Vorlieben, Abneigungen und Dringlichkeit. Für Zeichnungen, die Ihnen viel Freude bereiten, finden Sie immer Zeitfenster. Für die Buchhaltung eher nicht. Dazu kommen noch tagtägliche Aufgaben wie E-Mails, Anrufe und Anfragen, die sich ungeplant dazwischenschieben.

Das alles funktioniert, solange Sie weniger Aufgaben haben, als Ihnen Arbeitszeit zur Verfügung steht. In dem Moment jedoch, wo die Anfragen sich häufen oder neue Aufgaben hinzukommen, brauchen Sie einen effektiveren und effizienteren Weg, um sich die Zeit, die Ihnen zur Verfügung steht, einzuteilen. Sie müssen Prioritäten festlegen. Das hat auch zur Folge, dass Sie einige Aufgaben ablehnen müssen. Dann aber nicht mit der Ausrede »Ich habe keine Zeit«, sondern mit der Aussage »Ich habe eine andere Priorität«.

Das Eisenhower-Prinzip

Es gibt viele Wege, um die eigenen Aufgaben zu sortieren und im Auge zu behalten (einfach handgeschriebene To-do-Listen, Onlinetools wie *Todoist* oder *Wunderlist*, Post-its, Whiteboards ...). Hier spielen auch persönliche Vorlieben und Angewohnheiten eine große Rolle. Der entscheidende Schlüssel hinter all diesen Techniken ist aber die richtige Priorisierung. Nur wenn Sie sich verdeutlicht haben, welche Aufgaben und Projekte Sie Ihren Zielen näher bringen und wirklich wichtig für Sie sind, können Sie die Aufgaben so angehen, dass Sie erfolgreich sind.

Das Eisenhower-Prinzip, benannt nach dem ehemaligen US-Präsidenten Eisenhower, unterstützt Sie dabei. Es macht auf einfache und leicht nachvollziehbare Art und Weise deutlich, wie Sie alle anfallenden Projekte richtig bewerten und einschätzen.

Frage 1 | Ist es wichtig für Sie?

Wenn es bei dem geplanten Projekt ganz eindeutig um Ihre Interessen geht, dann hat es für Sie auch eine hohe Priorität. Das kann beispielsweise der Launch Ihrer Website oder die Anschaffung eines neuen Rechners sein.

Frage 2 | Ist es dringend?

Es gibt einfach Dinge, die müssen schnell erledigt werden. Dazu gehören vor allem sämtliche Projekte, die von außen eine fest vorgegebene Deadline haben, wie Auftragsarbeiten, Kündigungsfristen oder ein verabredeter Telefontermin.

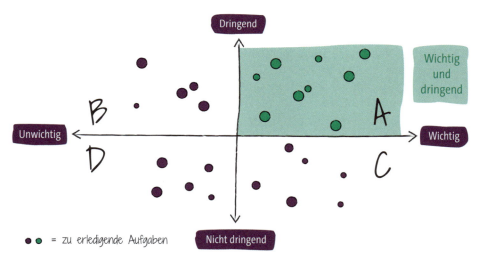

Das Eisenhower-Prinzip unterstützt Sie dabei, Ihre Prioritäten richtig festzulegen. Ihre ganze Aufmerksamkeit sollte den A-Aufgaben gehören, weil diese die größte Priorität für Ihre Ziele haben.

Frage 3 | Ist es wichtig für Sie und dringend?

Projekte in dieser Gruppe haben die höchste Priorität für Sie und Ihre Ziele. Denn in dem Moment, in dem sie einen hohen Einfluss auf Ihre kreative Arbeit haben und zeitlich begrenzt sind, müssen Sie schnell handeln. Dass Ihr Rechner veraltet und mit aktueller Software nicht mehr kompatibel ist, wissen Sie schon länger. Auch dass Sie sich um dieses Problem kümmern und eine Lösung dafür finden müssen. Zu einem echten, dringenden Problem wird das aber erst in dem Moment, in dem Sie einen Kundenauftrag haben, der sich nur mit der aktuellen Software umsetzen lässt. Dann müssen Sie umgehend eine Lösung finden, und Sie werden ein entsprechendes Zeitfenster freiräumen.

Frage 4 | Ist es weder dringend noch wichtig für Sie?

Mit diesen Projekten ist es am einfachsten. Sie sind weder entscheidend für Sie noch zeitlich kritisch. Diese Art von Aufgaben zu erledigen, hat für Sie keine Priorität. Damit können diese Punkte Ihrer To-do-Liste ganz nach unten rutschen. Oftmals lohnt es sich an dieser Stelle ernsthaft zu überlegen, ob Sie nicht zumindest eine Teil dieser Aufgaben ganz streichen können.

Was bringt Sie voran?

Machen Sie sich klar, dass Sie niemals genug Zeit haben, um alle Projekte, Ideen und Aufgaben umzusetzen, die an Sie herangetragen werden. Das kann keiner. Darum gilt es zu entscheiden, welche Dinge Sie Ihrem persönlichen Ziel näher bringen und wie Sie diese umsetzen. Oft sind es gerade die dringenden Aufgaben, die Ihre meiste Aufmerksamkeit bekommen. Ein echtes Problem im Berufsalltag, weil Ihnen so die zeitlichen Kapazitäten fehlen, um die Projekte zu bearbeiten, die wichtig für Sie und nicht nur wichtig für Ihre Auftraggeber oder Vorgesetzten sind. So sind laufende Aufträge und Kundenprojekte mit engen Deadlines dringend. Doch wenn Sie sich nicht darum kümmern, die wichtigen Neuerungen auf Ihrer Website zu veröffentlichen und weiterhin Akquise zu betreiben, werden keine neuen Aufträge nachkommen. Und wenn Ihre Folgeaufträge ausbleiben, dann ist das wirklich ein Problem, das im schlimmsten Fall fatale Auswirkungen auf Ihre berufliche Existenz hat.

AUFGABEN PRIORISIEREN
Eine kleine Anleitung

— 1. —

Erstellen Sie eine Liste, auf der Sie alle Aufgaben festhalten, die auf ihre Erledigung warten. Lassen Sie hinter jeder Aufgabe ein wenig Platz, so dass Sie dort später weitere Notizen hinzufügen können.

— 2. —

Hinterfragen Sie nun bei jedem einzelnen Punkt, ob er für Sie wichtig und/oder dringend ist. Schreiben Sie hinter jede Aufgabe das Ergebnis: A = wichtig und dringend, B = wichtig, C = dringend, D = weder wichtig noch dringend.

— 3. —

Ihre ganze Aufmerksamkeit gehört nun den A-Aufgaben, weil diese für Sie die größte Priorität haben. Für diese Aufgaben nutzen Sie vorrangig Ihre Zeit. Fangen Sie keinen anderen Aufgabenbereich an, bevor die A-Aufgaben für heute fertig und erledigt sind. Sollten Sie es nicht an einem Tag schaffen, dann machen Sie am nächsten Tag damit weiter.

— 4. —

Es folgen die wichtigen B-Aufgaben. Denken Sie strategisch, und behalten Sie immer Ihr Warum (Kapitel 1) und Ihre Ziele im Auge. Durch die konsequente Arbeit an Ihren Aufgaben erreichen Sie mehr, als wenn Sie unkoordiniert einzelne Aufgaben angehen.

— 5. —

Die dringenden C-Aufgaben drängen sich wie von selbst immer wieder in Ihre tägliche Arbeit. Trotzdem sollten diese inhaltlich erst nach A und B bearbeitet werden. Bei Aufgaben, die weder dringend noch wichtig für Sie sind, stellen Sie sich ehrlich die Frage, ob Sie sie überhaupt bearbeiten sollten. Wenn nicht, delegieren Sie diese Aufgaben gegebenenfalls oder löschen Sie sie einfach.

Freiräume einplanen und Aufgaben bündeln

Unabhängig davon, ob Sie selbstständig oder in einem Angestelltenverhältnis arbeiten, werden jeden Tag Aufgaben an Sie herangetragen, die nicht eingeplant waren. Das können Anfragen, Kundenanrufe oder ein unvorhergesehenes Meeting sein. Diese ungeplanten Aufgaben durchkreuzen und unterbrechen Ihren Arbeitstag. Dem können Sie entgegenwirken, indem Sie von vornherein Kapazitäten für diese Unterbrechungen einkalkulieren. **Erfahrungsgemäß können Sie etwa 60 bis 70 Prozent Ihrer Zeit verplanen, während die übrigen 30 bis 40 Prozent für Unplanbares reserviert sein sollten.** Wobei es in größeren Teams oft mehr Unterbrechungen gibt, als wenn Sie alleine an einem Design arbeiten.

Versuchen Sie außerdem, Aufgaben so gut es geht zu bündeln. Eine eintreffende E-Mail muss nicht sofort beantwortet werden. Effektiver ist es, wenn Sie sich zwei- bis dreimal pro Tag Zeit einplanen und dann alle eingetroffenen Mails in einem Rutsch abarbeiten. **Sie sind konzentrierter und effektiver, wenn Sie ähnliche Themen und Aufgaben bündeln.** So reagieren Sie nicht nur passiv auf die eintreffenden Aufgaben, sondern gestalten Ihren Arbeitstag aktiv und entsprechend Ihren Konditionen und Zielen.

Um wie viele Dinge müssen Sie sich kümmern?

Es gibt viele Dinge, die tagtäglich Ihre Aufmerksamkeit und Ihre Kapazitäten fordern. Nicht nur die beruflichen, die auf Ihren To-do-Listen stehen. Oft machen diese über den Tag betrachtet sogar den kleineren Teil aus. Sie haben diesen Bereich gut im Blick, weil er ganz klar in Ihr berufliches Aufgabenfeld gehört. Spannend wird es hingegen, wenn Sie sich einmal verdeutlichen, welche Dinge Sie darüber hinaus noch alle bewältigen und erledigen. Als Designer zu arbeiten ist großartig. Das steht außer Frage. Es macht aber auch nur einen Teil Ihres Lebens aus. Ihr Leben 1.0 gehört der Familie, den Freunden, Kindern, dem Haus, der Wohnung, dem Sportverein, Seitenprojekten und all den anderen Dingen, die für Ihr Wohlbefinden wichtig sind. Die Grenzen zwischen beiden Teilen Ihres Lebens sind fließend, und die kreative Arbeitsweise bringt es mit sich, dass es oft zu Überschneidungen und Beeinflussungen untereinander kommt (vgl. Kapitel 2, »Die Zeit und sich selbst im Griff haben«).

Vor der Neugestaltung kommt die Inventur

Alles, was Ihre Aufmerksamkeit und Ihr Handeln fordert, ist eine Aufgabe. Dabei spielt es keine Rolle, aus welchem Bereich Ihres Lebens die Aufgabe stammt. Es gibt ja nur die eine Lebenszeit. Betrachten Sie Ihren Alltag von der Warte aus, dann haben Sie ziemlich viel zu tun. Jeden Tag. **Kreativität hat nun aber die Eigenheit, Zeit und Freiraum zu brauchen.** Gute Ideen kommen nicht auf Knopfdruck und schon gar nicht, wenn Sie es eilig haben. Darum ist es für Sie von entscheidendem Vorteil, dass Sie herausfinden, wo die größten Störenfriede und die Glücksmomente für Ihr persönliches Wohlbefinden und Ihre Freiräume liegen.

- Was engt Sie ein?
- Was fordert unverhältnismäßig viel Einsatz und Energie von Ihnen?
- Was bereitet Ihnen besonders viel Freude?
- Und welche Aufgaben haben den größten Einfluss auf Ihre Ziele?

Erfahrungsgemäß kommt es hier zu einer typischen Auffälligkeit. Sie verbringen viel weniger Zeit mit den Dingen, die Sie Ihren geplanten Zielen näher bringen, als Sie gedacht haben. Und andersherum gibt es viele Sachen, die Zeit in Anspruch nehmen, ohne Ihnen wirklich etwas zu bringen. Das ist ungünstig. Nicht, weil es darum geht, Ihren Tag bis in die letzte Minute effektiv zu organisieren und durchzuplanen. Ganz im Gegenteil. Sondern weil es immer Ihr Ziel sein sollte, alle wichtigen Aufgaben so zu erledigen, dass Ihnen möglichst viel Zeit für Ihre Kreativität und das Ausprobieren neuer Ideen bleibt, ohne dass die Qualität bei den einzelnen Aufgaben leidet.

AUFGABENINVENTUR
Eine kleine Anleitung

Machen Sie eine Aufgabeninventur. Nur zwei Tage lang. Schreiben Sie jede Aufgabe und jeden Teil Ihres Tages auf, ohne auf eine Priorisierung oder eine Wertigkeit zu achten. Einfach hintereinander weg. Notieren Sie auch dazu, wie lange Sie für die einzelnen Aufgaben gebraucht haben. Sie werden erstaunt sein, wie lang die Liste wird. Und womit Sie Ihren Tag wirklich verbringen.

Um die Zeiten festzuhalten, reicht die einfache Stoppuhrfunktion Ihres Smartphones. Wenn Sie mehr ins Detail gehen möchten, können Sie auf spezielle Software für die Zeiterfassung zurückgreifen. Apps wie zum Beispiel »Rescue Time« analysieren im Hintergrund, wie lange und auf welchen Seiten Sie unterwegs sind, listen diese auf und identifizieren so Zeitfresser.

Im nächsten Schritt fassen Sie die unterschiedlichen Aktivitäten zu Gruppen zusammen. So bekommen Sie einen Überblick darüber, welche Dinge Sie erledigen und wie viel Zeit dafür über den Tag verteilt benötigt wird.

- 4 Std. – Designs entwickeln und umsetzen
- 1 Std. – Absprachen mit Auftraggebern und Kollegen (Telefon, Mail, persönlich …)
- 0,5 Std. – interne Büroorganisation (Buchhaltung, Rechnungen schreiben, Angebote …)
- 1 Std. – Social Media (ggf. getrennt nach beruflich und privat)
- 0,5 Std. – Recherchen und Weiterbildungen (Fachartikel lesen, Blogs, Tutorials, Kurse etc.)
- 1,25 Std. – Pausen und Ruhezeiten
- 1 Std. – Arbeitswege
- 2 Std. – Zubereitung von Mahlzeiten, Einkaufen etc.
- 4 Std. – Kinderbetreuung und Familie
- 1 Std. – Haushalt
- 1 Std. – Freizeit, Sport

Nutzen Sie die Übersicht, um für sich selbst zu beurteilen, wie sich aktuell Ihre Tage aufteilen. Stimmen die tatsächlich benötigten Zeiten mit Ihrer Wahrnehmung davon überein? Haben Sie so viel Zeit für wichtige Dinge zur Verfügung, wie Sie möchten? Arbeiten Sie mehr als gedacht? Können Sie hier schon Zeitfresser identifizieren? Wo gibt es Änderungsbedarf?

Mit der 80/20-Regel erreichen Sie mehr

Schon im 19. Jahrhundert ist dem Ökonomen Vilfredo Pareto aufgefallen, dass es ein mathematisch wiederkehrendes Verhältnis zwischen einer Ursache und einer Wirkung gibt. Im Falle von Pareto war es die Verteilung von Reichtum und Besitz: etwa 20 Prozent der Bevölkerung hatte 80 Prozent des Vermögens inne. Es zeigte sich bald, dass sich dieses Verhältnis von 80 Prozent zu 20 Prozent auch auf viele andere Bereiche übertragen lässt. Und zwar bis heute.

- So bringen etwa 20 Prozent der Auftraggeber, nämlich die Stammkunden, 80 Prozent des Umsatzes.
- Bei Produkten in einem Shop sind es 20 Prozent, die immer wieder gekauft werden und so zu 80 Prozent der Verkäufe führen.
- Es sind 20 Prozent Ihrer Kleidung, die Sie 80 Prozent der Zeit tragen.
- Nur 20 Prozent der Zeit, die Sie im Internet surfen, bringen 80 Prozent der Informationen, die Sie gesucht haben.
- In 20 Prozent der Zeit entwerfen Sie 80 Prozent des neuen Designs.

Umgekehrt bedeutet das aber auch, dass 80 Prozent der Zeit für Dinge draufgehen, die nur wenig Einfluss auf Ihr Ziel haben. Das heißt, dass Sie statistisch vier von fünf Arbeitstagen pro Woche mit wenig effektiven und zielführenden Aufgaben verbringen. Oder andersherum betrachtet, dass von acht Arbeitsstunden nur etwa anderthalb Stunden wirklich effektiv sind.

Doch wie lässt sich das Pareto-Prinzip auf den Designeralltag anwenden?

Jetzt ist das Ganze in der Theorie gut und schön. Doch wie können Sie das Wissen direkt auf Ihren Designeralltag anwenden? Da kommt Ihnen die Inventur zu Hilfe, die Sie gerade gemacht haben. **Fragen Sie sich, welche**

Ihrer Aufgaben den größten Nutzen für Sie haben und was Sie effektiver zusammenfassen können.

Sie brauchen eine Stunde für Absprachen mit Kunden und Kollegen per Mail? Vereinbaren Sie einen gemeinsamen Telefontermin, und klären Sie so 80 Prozent der Fragen in 20 Prozent der Zeit.

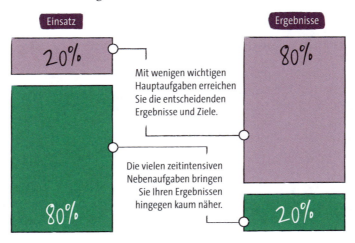

Das Pareto-Prinzip zeigt, wie Sie 80 Prozent der Ergebnisse erzielen, indem Sie sich um die wenigen, aber sehr wichtigen Hauptaufgaben kümmern.

Finden Sie heraus, welche Auftraggeber Ihnen regelmäßig Aufträge erteilen, und konzentrieren Sie sich auf diese. Die anderen 80 Prozent der Auftraggeber sind nachrangig. Ähnliches gilt für Ihre Designs. Statt viele unterschiedliche Designdienstleistungen anzubieten, können Sie sich auf den Schwerpunkt spezialisieren, der am häufigsten beauftragt wird.

Auch in Kleinigkeiten können Sie effektiver mit Ihrer Zeit umgehen. Statt einfach auf Ihre Social-Media-Kanäle zu gehen, können Sie sich vorab eine maximale Zeit festsetzen und einen Timer entsprechend stellen. So laufen Sie nicht Gefahr, sich unbemerkt zu verzetteln. Die auf Seite 136 vorgestellte Pomodoro-Technik unterstützt Sie dabei.

Eine Anmerkung zum Schluss: Nicht immer geht die 80/20-Regel so schön auf. Manchmal sind es eher 70 zu 30 Prozent oder 68 zu 32 Prozent. Das grundsätzliche Prinzip dahinter, nämlich dass Sie mit relativ wenig gezieltem Einsatz sehr viel Wirkung erzielen können, gilt aber in jedem Fall. Das Pareto-Prinzip kann viel Entlastung für Ihren Designeralltag erreichen und Ihnen so den nötigen Freiraum für Ihre Kreativität ermöglichen.

Planen Sie nicht zu viele Aufgaben pro Tag ein

Es gibt nichts Frustrierenderes, als ständig hinter den eigenen Erwartungen zurückzubleiben: Sie planen die anliegenden Aufgaben, halten sie alle auf Ihrer To-do-Liste fest und stellen dann am Ende des Arbeitstages fest, dass Sie mal wieder nur einen Teil der Aufgaben umsetzen konnten. Für die übrigen Aufgaben fehlten mal wieder die Kapazitäten, oder es kam etwas dazwischen. Wie so oft. Denn zum wirklichen aktiven Abarbeiten der geplanten Aufgaben kommen Sie nur selten. Das Telefon klingelt, die Deadline drückt, oder eine wichtige Mail hat sich dazwischengequetscht – Sie reagieren nur noch und agieren nicht mehr.

> *Zum Erfolg gibt es keinen Lift. Man muss die Treppe benützen.*
> Emil Oesch

Für ein paar Tage ist das kein Problem, aber irgendwann schleicht sich bei Ihnen ein ungutes Gefühl ein: Egal was auf Ihrer To-do-Liste steht – Sie werden es nicht schaffen. Diese Situation macht Sie nicht nur unzufrieden, sondern auch langsam und blockiert so Ihre Ziele.

Sie können dieses Problem ganz einfach umgehen, indem Sie sich nicht mehr Aufgaben vornehmen, als Sie auch sicher schaffen können. **Planen Sie für jeden Tag nur drei feste Aufgaben ein.**

Suchen Sie sich dabei auf Ihrer langen Liste die drei Aufgaben aus, die für Sie heute dringend und wichtig sind (vgl. Eisenhower-Prinzip auf Seite 49) und möglichst viel Einfluss auf Ihre Ziele haben (vgl. Pareto-Prinzip auf Seite 56). Oft sind das Abgabetermine oder Projektschritte, es kann aber auch die Anmeldung für den Sportkurs sein, den Sie schon seit zwei Monaten anfangen wollten. Egal was es ist, notieren Sie diese drei

Aufgaben auf einem Notizzettel, und legen Sie diesen so hin, dass Sie ihn den ganzen Tag über sehen können. Und dann erledigen Sie diese drei Sachen vorrangig. Streichen Sie jede erledigte Aufgabe auf Ihrem Zettel durch. Den restlichen Tag haben Sie dann Zeit, um all die anderen Dinge umzusetzen, die Ihnen wichtig sind. So kommen Sie langsam, aber sehr konsequent voran. Es ist außerdem zutiefst motivierend, wenn Sie wieder und wieder Ihre Tagesziele erreichen oder sogar überschreiten.

Auch Muße ist ein Muss

Bis jetzt ging es vor allem darum, welche Aufgaben zu Ihrem Alltag gehören und wie Sie diese effektiv und produktiv organisieren. Das ist gut und wichtig, weil es Sie dabei unterstützt, Ihre Zeit nicht mit unnötigen Dingen zu verplempern. Indem Sie Techniken wie das Eisenhower-Prinzip oder die 80/20-Regel anwenden, können Sie viel für sich und Ihren kreativen Alltag herausholen. **Effektivität alleine macht Sie aber nicht kreativ.** Einen ganz entscheidenden Punkt haben wir bis jetzt völlig vernachlässigt: die Muße. Also Zeit, die Sie nur für sich selbst zur Verfügung haben, um Ihren eigenen Interessen nachzugehen.

Kreativität braucht Muße

Kreativ sein braucht viel Energie und viel Raum. Sie machen schnelle Skizzen auf Papier, halten einen Gedanken fest, schieben diese dann auf dem Schreibtisch zur Seite, greifen zum nächsten Blatt und fangen noch einmal von vorne an. Ideen kommen, werden durchdacht und wieder verworfen. Nach und nach kristallisiert sich so ein neues Design heraus, das es ohne die vorhergehenden Umwege vielleicht gar nicht gegeben hätte.

Damit das möglich ist, brauchen Sie freie und unverplante Zeit, um nachdenken, vordenken, neu überdenken und neu denken zu können. **Kreativität braucht Muße, weil wir Ruhe brauchen, um neue Ideen zu entwickeln und auszuprobieren.**

Müßiggang hat dabei völlig zu Unrecht einen schlechten Ruf. Der Künstler, der bis zum Mittag im Bett liegt, sich dann halbherzig durch den Tag arbeitet, um dann die Nächte durchzumachen, ist ein überholter Mythos. Dieser Lebensstil hat auch nichts mit Muße zu tun. Auch sollte man Müßiggang nicht mit Faulenzen verwechseln. Natürlich hat auch das Faulenzen seinen Reiz und seine Berechtigung, aber es ist ein passiver Akt. Müßiggang hingegen ist ein aktiver Prozess, bei dem es darum geht, sich bewusst Zeit für sich selbst zu nehmen und den eigenen Gedanken und Ideen freien Lauf zu lassen.

Und wir nehmen uns viel zu wenig Zeit für diese Ruhephasen mit uns selbst. Ständig sind wir von Aktivitäten und Geräuschen umgeben. Schon am Morgen wird das Radio angemacht, auf dem Weg zur Arbeit unterhält Sie das Smartphone, es folgen Stunden voller Informationen, Telefonate, Gespräche, Mails, Musik und Ablenkungen. Wirklich Ruhe haben Sie nur selten. Aber wenn Sie nur damit beschäftigt sind, zu reagieren, fehlen Ihnen Zeit, Ruhe und Freiraum, um kreativ zu sein. Für Kreative ist das in doppelter Hinsicht ein Nachteil. Alle Menschen empfinden einen abgestumpften und uninspirierten Lebensstil als ermüdend und negativ. Für Designer und Kreative kommt jedoch noch dazu, dass das Entwickeln und Umsetzen von kreativen Ideen der Beruf ist. Gerade in Hochphasen mit vielen Aufträgen und Projekten besteht die Gefahr, dass die konstante Anspannung zu Blockaden und fehlender Kreativität führt. Indem Sie schon vorher regelmäßig Mußephasen einplanen und auch umsetzen, beugen Sie diesem Problem vor.

Muße im Alltag suchen und finden

Je nachdem, ob Sie selbstständig arbeiten oder in einer Festanstellung sind, unterscheiden sich die Möglichkeiten, bewusst Mußephasen in den Berufsalltag einzubauen. Doch schon kleine Änderungen haben hier einen großen Einfluss auf Ihre Kreativität.

An Ihrem Arbeitsplatz können Sie einen speziellen Bereich auf Ihrem Schreibtisch einrichten, der nur für diese kreativen Ruhephasen genutzt wird. Oder Sie legen eine feste Zeit fest, in der Sie nicht gestört werden wollen. Selbst wenn es nur 15 Minuten jeden Tag sind. Alleine durch die Regelmäßigkeit und Verlässlichkeit der Mußephasen kommen Sie zur Ruhe und finden einen Moment der Entspannung. Immer mehr Unternehmen haben das Potenzial dieser Freiräume erkannt und bieten ihren Mitarbeitern entsprechende Räume und Möglichkeiten an.

> *Muße, nicht Arbeit, ist das Ziel des Menschen.*
>
> *Oscar Wilde*

Wenn Sie selbstständig sind oder ortsungebunden arbeiten, haben Sie noch mehr Möglichkeiten, Mußephasen in Ihren Arbeitsalltag zu integrieren. Wechseln Sie Ihren Arbeitsort, und gehen Sie stattdessen mal in einen Coworking-Space oder ein Café. Stellen Sie die Möbel im Büro um, und schaffen Sie sich so einen Bereich, den Sie nur für diese Entspannungszeiten nutzen. Kreativität braucht die Konzentration auf einen ruhigen Moment, da im Lärm unseres Alltags nichts Neues entstehen kann.

Bewegung ist ebenfalls ein hervorragendes Mittel, um Ihre Gedanken wieder auf neue Pfade zu schicken. Dass viele Menschen beim Nachdenken auf und ab gehen, unbewusst mit den Beinen wackeln oder mit einem Stift spielen, zeigt, dass wir intuitiv Bewegung in unsere Denkprozesse integrieren – vor allem, wenn es um komplexe und schwierige Dinge geht. **Kreativität braucht Bewegung, weil Stillsitzen auch die Gedanken still hält**. Verlängern Sie Ihre Mittagspause, gehen Sie ein paar Runden um den Block, und genießen Sie einfach, wie die Natur und Ihr direktes Umfeld aussehen, ohne an irgendetwas Spezielles zu denken. Bei der Rückkehr an den Arbeitsplatz sind Sie frischer, erholter und haben den Kopf für neue Ideen frei.

Multitasking ist dabei eher hinderlich

Multitasking, also das parallele Bearbeiten von mehreren Aufgaben zur gleichen Zeit, ist in vielen Fällen eher hinderlich und bringt nicht die erhoffte Effektivität. Muße zu finden und entspannt zu arbeiten, heißt auch, dass Sie sich auch wirklich nur auf eine Sache zu einem Zeitpunkt konzentrieren.

Arbeiten Sie fokussiert und in dem Tempo, das Ihrer Arbeitsweise entspricht. Dann aber zu 100 Prozent. **So wie Sie sich bewusst Zeit für Entspannung und Muße nehmen, sollten Sie auch Ihrer Arbeit die volle Aufmerksamkeit schenken.** Der Versuch, eine E-Mail zu beantworten, während Sie gerade ein Angebot schreiben und die Frage des Kollegen beantworten, ist zum Scheitern verurteilt.

Interessanterweise arbeiten aber viele Denkprozesse im Hintergrund weiter, wenn Sie sich dessen gar nicht bewusst sind und das Nachdenken nicht direkt von sich selbst einfordern. Laut einer Studie von Scott Barry Kaufman, dem Autor des Buches »Wired to create«, haben 72 Prozent der Menschen ihre besten Einfälle unter der Dusche. Beim Bügeln, Abwaschen oder Spazierengehen passiert oft Ähnliches. Der Grund dafür ist einfach: Ihr Kopf gibt sich ungezwungen Tagträumen hin, und Ihre Gedanken können frei wandern, während Ihr Körper einer Routineaufgabe nachgeht, über die Sie nicht mehr nachdenken müssen.

Diese Beispiele zeigen sehr schön, wie vermeintlich eintönige und wenig aufregende Dinge dazu beitragen, dass Sie kreativer und ideenreicher sind. Nutzen Sie dieses Wissen. **Lassen Sie es zu, dass Ihnen öfter mal langweilig ist, und nehmen Sie sich Zeit für sich selbst. Der Einsatz lohnt sich.**

Kreative brauchen andere Techniken

Kreative bringen neue Ideen ins Team. Sie können um die Ecke denken. Und sie sehen und finden Lösungen, auf die Menschen mit einer strukturierteren Denkweise vielleicht gar nicht gekommen wären. Das alles sind Eigenschaften, die von unserem Umfeld als positiv und wünschenswert betrachtet werden.

Genau diese Eigenschaften sind es aber auch, die dafür sorgen, dass Kreative unbeständiger und schneller von Routinen gelangweilt sind.

- Wie oft haben Sie schon voller Eifer ein neues Tool für Ihre To-do-Listen heruntergeladen, systematisch alle Aufgaben eingetragen und die Liste dann nach zwei Wochen wieder vergessen?
- Oder Sie haben einen halben Tag lang recherchiert, wie Sie Ihren E-Mail-Posteingang endlich auf null bekommen, nur um dann nach ein paar Tagen wieder in das alte Muster zu verfallen?
- Haben Sie den Schreibtisch komplett leer geräumt, nur um nach kurzer Zeit wieder mit dem wohlvertrauten Stapelprinzip zu beginnen?
- Oder Sie haben ein wunderschönes Notizbuch mit tollem cremefarbenen Papier gekauft, nutzen es aber nicht?

Kreative sind schnell Feuer und Flamme für neue Tools, Ideen oder Prinzipien. Neue Dinge werden mit Faszination und Begeisterung ausprobiert. Doch sobald diese Neuerungen nicht mehr neu sind, geraten sie schnell in Vergessenheit oder werden nicht weiter genutzt. Ständig wiederkehrende Aufgaben und Abläufe geben Kreativen keine Sicherheit, sondern führen viel öfter zu Langeweile und im schlimmsten Fall zu Abstumpfung. So eine durchgeplante und stark strukturierte Art der Lebensführung entspricht einfach nicht dem Grundcharakter vieler Kreativer. Und das ist auch gut so.

Kreative müssen Techniken anders nutzen

Einfach nur ein neues Tool oder eine neue Anleitung für das eigene Zeit- und Selbstmanagement einzuführen, bringt erfahrungsgemäß nicht viel. **Kreative ticken anders und brauchen darum mehr Freiraum, als viele klassische Konzepte von Haus aus einplanen.** Trotzdem können Sie sich die erwiesenen Vorteile der Techniken zunutze machen. Setzen Sie die Begeisterung der ersten Stunden bewusst ein. Eignen Sie sich alles an, was es über die Technik zu wissen gibt, von der Sie sich gerade angesprochen fühlen. Wichtig ist, dass Sie verstanden und verinnerlicht haben, wie sie funktioniert.

- Warum ist es so hilfreich, das eigene Postfach leer zu bekommen?
- Wie können Sie das erreichen?
- In welchen Schritten kommen Sie nach der Anleitung an Ihr Ziel?
- Und dann hinterfragen Sie ehrlich, welche Teile der neuen Technik Sie in Ihren Alltag einfließen lassen möchten.

Seien Sie flexibel, und übernehmen Sie nur die Teile, die Ihnen entsprechen und weiterhelfen. Sind es wirklich null E-Mails in Ihrem Posteingang, die Ihnen den Arbeitstag erleichtern? Oder reicht es völlig, wenn Sie ab jetzt Unterordner für jedes laufende Projekt anlegen, so dass Sie sich schneller und effektiver zurechtfinden? Statt per Hauruckmethode von jetzt auf gleich alles anders machen zu wollen, sind es die konstanten Kleinigkeiten, mit denen Sie langfristig viel mehr erreichen.

> *Und dann muss man ja auch noch Zeit haben, einfach dazusitzen und vor sich hin zu schauen.*
>
> *Astrid Lindgren*

Denken Sie auch bei der Form der Zeitmanagement-Technik um die Ecke. Um Projekte und deren aktuellen Stand im Blick zu behalten, eignet sich die Kanban-Technik hervorragend, bei der man das Gesamtprojekt in die Einzelschritte einteilt, diese notiert und die Aufgaben dann auf einem Board von »geplant« zu »in Arbeit« und dann zu »erledigt« weiterlaufen lässt (vgl. Kapitel 4, »Projekte managen: Heute dürfen Sie wieder machen was Sie wollen«). Am häufigsten sieht man die Form, bei der die Aufgaben auf Post-its geschrieben werden; diese werden dann auf ein Whiteboard geklebt und immer weiter versetzt. Aber Kanban funktioniert genauso gut, wenn Sie die Aufgaben in Tools wie *Trello* oder *Asana* online umsetzen. Oder einfach auf der Rückseite eines alten Skizzenblatts, indem Sie erledigte Aufgaben durchstreichen und in die nächste Spalte schreiben. Wichtig ist nur, dass Sie die Technik an sich verstanden haben und für sich anwenden können. Der Rest sind Kleinigkeiten, die Sie einfach an Ihre aktuellen Bedürfnisse anpassen können.

Fangen Sie da an, wo es Sie am meisten stört

Sie sind von Herzen gerne Designer und wollen verständlicherweise so viel Zeit wie möglich mit den Sachen verbringen, die Sie gerne machen. Unnötige Kapazitätenfresser halten Sie davon ab. Unruhe, Stress und der Wunsch nach mehr Freiraum sind die Folge. Genauso wie der Wunsch, diese Situation zu ändern und effektiver anzugehen. Doch wo sollen Sie anfangen? Am besten da, wo es Sie am meisten stört.

Von heute auf morgen alles anders machen zu wollen, ist nicht nur anstrengend, es ist auch zum Scheitern verurteilt. **Sie können weder sich selbst noch Ihre Art zu arbeiten einfach so komplett ändern.** Das brauchen Sie auch gar nicht. Denken Sie an das Pareto-Prinzip von Seite 56: Schon mit einer kleinen Änderung von 20 Prozent können Sie eine Verbesserung von 80 Prozent für sich erreichen. Identifizieren Sie die Bereiche, die Sie als besonders störend und anstrengend empfinden, und beginnen Sie dort mit gezielten Neuerungen. Die Inventur Ihrer tagtäglichen Aufgaben hilft Ihnen dabei. Wenn Sie mit der Veränderung zufrieden sind, können Sie den nächsten Störenfried angehen und so kontinuierlich für eine Verbesserung Ihrer Situation sorgen. In Ihrem Tempo und zu Ihren Konditionen.

STÖRENDEN DINGEN EIN ENDE BEREITEN
Eine kleine Anleitung

Problem: *Sie suchen ständig Projektunterlagen wie Telefonnummern, Ansprechpartner, Deadlines und die Kernvorgaben, die Sie für die Arbeit an Ihren Designaufträgen benötigen?*
Lösung: *Erstellen Sie sich einmal ein Master-Datenblatt als Vorlage, in dem Sie alle diese Informationen abfragen und festhalten*

können. Beginnen Sie von nun an jeden neuen Auftrag damit, dieses Datenblatt auszufüllen. Schon hat das Suchen ein Ende. Auch wenn das nur eine Kleinigkeit ist, macht es Ihren Designeralltag doch um vieles leichter.

Problem: *Gibt es regelmäßige Aufgaben wie die Buchhaltung oder das Schreiben von Angeboten und Rechnungen, die Sie nicht mögen, weil sie Sie immer wieder Nerven und Energie kosten?*
Lösung: Geben Sie solche Aufgaben an Dritte ab, oder schauen Sie sich nach vorgefertigten Programmen und Lösungen um, die Sie dabei unterstützen können. Ein Steuerberater kostet zwar Geld, ist aber jeden Cent wert, wenn er Ihnen den Rücken freihält und Sie so mehr Zeit für die Dinge haben, die Sie gerne machen. Wenn Sie nicht gleich ganze Bereiche auslagern möchten, können Sie sich durch die Anschaffung entsprechender Software den Alltag vereinfachen.

Bleiben Sie sich selbst treu

Die Auseinandersetzung mit dem Thema Zeit- und Selbstmanagement soll Sie dabei unterstützen, mehr Kapazitäten für die Dinge zu haben, die Ihnen wichtig sind. Welche das sind, muss jeder Mensch für sich selbst festlegen. Ihre Ziele und Ihre Definitionen von Erfolg und Kreativität stehen im Vordergrund – nicht die von Dritten. **Probieren Sie verschiedene Techniken und Hilfsmittel aus. Verwerfen Sie alles, was Ihnen nicht weiterhilft.** Schaffen und lassen Sie sich selbst genug Freiraum, um Ihren Gedanken und Ideen nachgehen zu können.

Finden Sie heraus, worin Ihre Stärken bestehen, und suchen Sie sich für die Dinge, in denen Sie nicht so gut sind, Unterstützung. Formulieren Sie Ihre Ziele, und verschaffen Sie sich Klarheit darüber, wie Sie diese erreichen können. Die Schnittmenge aus Ihren Stärken und Zielen ist der Bereich, in dem Sie am besten sind. Nutzen Sie die hier vorgestellten Techniken, um so viel Zeit wie möglich mit Sachen zu verbringen, die Sie gut können und die Sie an Ihr Ziel bringen.

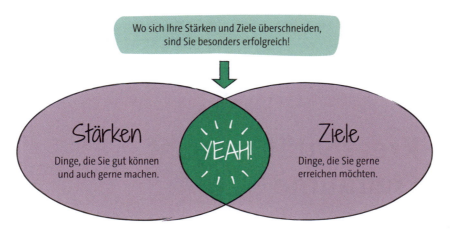

Besonders gut und erfolgreich sind Sie, wenn Sie sich auf den Bereich konzentrieren, in dem sich Ihre Stärken und Ihre Ziele überschneiden.

Auch Ihr Bauchgefühl ist ein guter Berater, wenn es darum geht, Entscheidungen schnell und richtig zu treffen.

- Welcher der Bewerber wird sich gut in das bestehende Team integrieren?
- Mit welchem Anbieter wollen Sie für Ihre Marketingstrategie zukünftig zusammenarbeiten?
- Wollen Sie diese oder jene Software für die Umsetzung des neuen Auftrags testen?

Während Ihr Kopf die verschiedenen Fakten und Informationen gegeneinander abwägt, die Vor- und Nachteile bedenkt und dann rational eine Entscheidung fällt, ist Ihre Intuition viel schneller. Der Wirtschaftswissenschaftler Jon Aarum Andersen hat diesem Thema eine ganze Studie[6] gewidmet und untersucht, ob intuitive Entscheidungen Manager effektiver machen. Dazu hat Andersen 200 Führungskräfte eines schwedischen Unternehmens zu ihrem Entscheidungsverhalten befragt. Herausgekom-

---

6 Quelle: www.business-wissen.de/artikel/intuition-manager-mit-bauchgefuehl-entscheiden-besser/

men ist, dass die meisten befragten Manager ihre Entscheidungen intuitiv fällen (rund 32 Prozent), dadurch effektiver entscheiden und somit erfolgreicher sind. Es lohnt sich also nachweislich, wenn Sie lernen, Ihrer Intuition zu vertrauen, denn sie spart Ihnen Zeit und Energie.

Kreativität braucht Freiräume

Wenn Sie kaum noch Zeit finden, um sich Ihrer Kreativität zu widmen, sondern sich in Pflichtaufgaben und ellenlangen To-do-Listen verzetteln, dann sind Frust und Unzufriedenheit vorprogrammiert. Was nützen die tollsten Ideen, wenn Sie einfach nicht dazu kommen, sie umzusetzen? Jetzt einfach nur auf mehr Work-Life-Balance zu setzen, bringt Sie jedoch nicht weiter, denn so klar und deutlich lassen sich Arbeitszeit und Privatzeit für Designer nicht trennen. Ihr kreatives Potenzial fällt ja nicht in den Ruhemodus, nur weil es 17:00 Uhr und damit Feierabend ist.

Auch der Versuch, noch mehr pro Tag zu schaffen und die Ziele immer noch höher zu stecken, hilft Ihnen nicht weiter. Denn Sie müssen nicht mehr schaffen, sondern die richtigen Aufgaben anpacken. Die Aufgaben, die für Ihre individuellen Ziele und Bedürfnisse entscheidend sind. Wie Sie diese finden und priorisieren, haben Ihnen die hier vorgestellten Techniken und Methoden gezeigt.

Effektivität alleine macht Sie aber noch nicht kreativer. Dafür brauchen Sie nämlich nicht nur ein gutes Zeitmanagement, sondern auch Pausen. Kreativität braucht Luft und Muße, damit Sie neue Ideen entwickeln und ausprobieren können. Gönnen Sie sich diese Auszeiten vom effektiven Arbeiten, und entscheiden Sie selbst, welche Techniken und Hilfsmittel zu Ihnen passen und Ihnen wirklich weiterhelfen.

Wie schaffen Sie es, möglichst viel Zeit mit den Dingen zu verbringen, die Sie gerne machen? Richtig, indem Sie alle anderen Aufgaben so schnell und effizient wie möglich erledigen. Damit das klappt, müssen Sie einerseits einen guten Überblick über alle anfallenden Aufgaben haben und andererseits ein System für sich finden, mit dem Sie diese gut organisieren können. Wie dieses System aussieht und ob Sie alles digital oder lieber analog bearbeiten, liegt ganz bei Ihnen. Welche Wege sich für mich im Laufe der Jahre herauskristallisiert haben, möchte ich Ihnen anhand verschiedener Fallbeispiele zeigen.

KAPITEL 3
Fliegenfallen der Kreativität entkommen

Der Berg Arbeit bremst Sie aus? Quälend lange und überflüssige Meetings verleiden Ihnen den Arbeitsalltag? Oder die vielen, vielen wirklich guten Konkurrenten schüchtern Sie ein (»die können eh alles besser als ich«)? Es gibt viele Szenarien, die Ihre Motivation auf ein Minimum schrumpfen und Ihre Kreativität schwinden lassen. Aber es gibt auch Wege, um sich von diesen Ideen-, Zeit- und Lustfressern loszureißen. Lassen Sie sich von den folgenden acht Beispielen inspirieren, nehmen Sie sich die Teilstücke heraus, die Ihnen weiterhelfen, und lassen Sie den Rest außen vor.

» Es gibt so viel zu tun, dass ich gar nicht mehr die Zeit finde, kreativ zu sein «

Haben Sie genügend Freiraum und Kapazitäten für Ihre eigenen kreativen Ideen? Schaffen Sie es trotz der vielen tagtäglichen Aufgaben, organisiert zu sein und einen guten Überblick zu haben? Haben Sie den Kopf frei für neue Designs und Projekte? Wenn Ihre Antwort jetzt »Nein« lautet, dann ist es vielleicht an der Zeit, Ihre Aufgaben mit diesen fünf Schritten neu zu organisieren.

Für die Umsetzung benötigen Sie entweder ein einfaches Notizbuch mit Post-its, oder Sie entscheiden sich für ein digitales Aufgabenverwaltungsprogramm wie zum Beispiel *Todoist*, *Wunderlist* oder *Remember the Milk*.

Schritt 1 | Alle Aufgaben müssen aus Ihrem Kopf raus

Die Korrekturen für das Design, den Arzttermin, den Sie noch vereinbaren wollten, ein Geburtstagsgeschenk für nächste Woche, die neuen Marker, die bestellt werden müssen ... – Ihr Kopf ist voll mit Aufgaben und Informationen, die Sie bearbeiten und sich merken müssen. Das ist auf die Dauer nicht nur extrem anstrengend, Sie laufen auch permanent Gefahr, etwas Wichtiges zu vergessen.

Darum ist es sehr hilfreich, wenn Sie Ihre Aufgaben nicht mehr im Kopf sammeln, sondern sie sich extern notieren. Nicht nur dann, wenn Sie gerade zufällig Ihr Notizbuch zur Hand haben, sondern immer und in jedem Fall. Gewöhnen Sie sich an, alle Aufgaben sofort und konsequent in einem Aufgaben-Eingangskorb festzuhalten. So haben Sie den Kopf frei und sind gleichzeitig sicher, dass Sie nichts vergessen. Was ungemein beruhigend ist. Für Aufgaben, die in Papierform bei Ihnen ankommen, wie Rechnungen oder Briefe, können Sie ebenfalls einen Eingangskorb anschaffen, in dem Sie alle diese Aufgaben sammeln.

Schritt 2 | Sortieren Sie Aufgaben nach Themen

Alle Aufgaben an einem Ort zu haben, ist gut, wirklich effektiv ist es aber noch nicht. Darum organisieren Sie im nächsten Schritt alle Aufgaben nach Themen. Das kann ganz grob die Einteilung nach Privatem, Beruflichem und Hobbys sein, oder Sie differenzieren Ihre Hauptthemen noch feiner. Nach meiner Erfahrung reicht eine recht schlichte Einteilung mit einem Hauptordner und einigen wenigen Unterordnern in der Regel völlig aus, um alles sinnvoll zu sortieren. Probieren Sie hier ein wenig herum, bis Sie die optimale Themenaufteilung für sich selbst gefunden haben.

Schritt 3 | Legen Sie Prioritäten fest

Nicht alle Aufgaben sind gleich wichtig für Ihr berufliches und kreatives Vorankommen. Priorisierungen zum Beispiel nach der Eisenhower-Matrix (Seite 49) helfen Ihnen dabei, zu entscheiden, welche der Aufgaben sowohl dringend als auch wichtig für Sie sind. Unterteilen Sie Ihre Aufgaben in vier Wichtigkeiten. Das macht es Ihnen viel einfacher, zu entscheiden, was warten kann und was sofort Ihre Aufmerksamkeit benötigt. Dieses Prinzip, mit Prioritäten zu arbeiten, gilt sowohl für kurzfristige Projekte als auch für Ziele und Wünsche, die Sie langfristig erreichen möchten.

Schritt 4 | Treffen Sie eine Auswahl

Der Berg an Aufgaben ist jetzt schon viel überschaubarer geworden. Das ist gut. Trotzdem können in den verschiedenen Themenbereichen noch immer viele Aufgaben mit einer hohen Priorität sein. Um hier eine gute und vor allem effektive Einteilung treffen zu können, hilft Ihnen das Pareto-Prinzip (vgl. Kapitel 2 »Die Zeit und sich selbst im Griff haben«, auf Seite 56). Denn nicht jede hoch priorisierte Aufgabe führt Sie auch automatisch zu Ihrem aktuellen Ziel.

Sowohl das neue Angebot, das Sie dem Kunden zuschicken sollen, als auch die finalen Korrekturen an einem laufenden Auftrag sind wichtig und haben eine hohe Priorität. Doch nur der abgeschlossene Auftrag bringt Ihnen sichere Einnahmen, während das Angebot möglicherweise abgelehnt wird. Darum fällt Ihre Auswahl auf die Aufgabe, die finalen Korrekturen einzupflegen. Das Angebot kommt erst danach.

Achten Sie auch darauf, sich nicht zu viele Aufgaben pro Tag vorzunehmen. Sonst bleibt das Gefühl bestehen, nicht genügend Aufgaben erledigt zu haben. Mit drei Aufgaben pro Tag, die Sie konsequent und regelmäßig umsetzen, haben Sie eine gute und realistische Anzahl getroffen. Positiver Nebeneffekt: Sollten Sie mehr schaffen, haben Sie zusätzlich noch das schöne und motivierende Gefühl, heute besonders viel erledigt und erreicht zu haben. Anstelle der ständig wachsenden To-do-Liste ist eine Done-Liste getreten, die Sie motiviert und Ihnen Ihre Entwicklung aufzeigt.

Schritt 5 | Aufgaben bündeln, erledigen und abhaken

Multitasking ist schlechter als sein Ruf. Sie müssen sich nach jeder Unterbrechung in die vorhergehende Aufgabe neu hineindenken, was Energie und Zeit kostet. Die Erfahrung zeigt, dass es stattdessen viel leichter ist, wenn Sie ähnliche Aufgaben gebündelt erledigen. Führen Sie geplante Telefonate alle nacheinander aus, beantworten Sie E-Mails gebündelt, oder schreiben Sie alle Rechnungen hintereinander weg.

Mit dieser Art der Aufgabenorganisation sind Sie schneller und effektiver, wenn es darum geht, Pflichtaufgaben zu erfüllen. Die so frei gewordenen Kapazitäten können Sie nun in die Umsetzung Ihrer kreativen Ideen stecken.

Endlich mehr Zeit für kreative Projekte

Sie möchten mehr Freiraum für Ihre Kreativität? Dann helfen Ihnen diese fünf Schritte dabei, Ihre Pflichtaufgaben schneller und effektiver zu erledigen.

Schritt 1 – Alle Aufgaben müssen aus Ihrem Kopf raus.

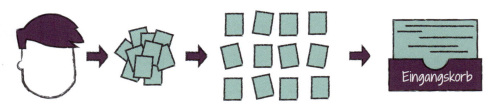

Schritt 2 – Sortieren Sie Aufgaben nach Themen.

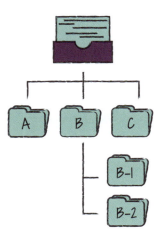

Schritt 3 – Legen Sie Prioritäten fest.

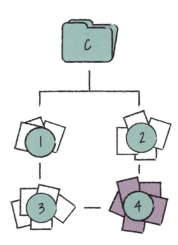

Schritt 4 – Treffen Sie eine Auswahl.

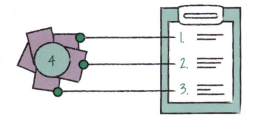

Schritt 5 – Aufgaben bündeln, erledigen und abhaken

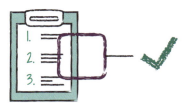

›› Wie kann ich meine Designaufträge übersichtlich organisieren – jenseits von Suchereien, Notizzetteln und Gedankenstützen? ‹‹

Designaufträge bestehen aus vielen verschiedenen Schritten. Oft ist auch mehr als nur eine Person an einem Auftrag beteiligt, und Sie müssen die Belange Ihrer Auftraggeber, der anderen Teammitglieder oder externer Beteiligter wie der Druckerei im Blick haben. Kreative Ideen müssen entwickelt, ausgearbeitet und mit dem Kunden besprochen werden. Haben Sie da immer den Überblick? Auch dann noch, wenn Sie parallel an mehreren Aufträgen arbeiten? Und wissen Sie aus dem Stegreif, ob Sie in zwei Monaten noch Kapazitäten für einen neuen Auftrag frei haben?

Die Kanban-Technik gehört zu den agilen Projektmanagement-Techniken und eignet sich für die meisten Designaufträge sehr gut. Vor allem, weil man mit dieser Methode ganz einfach den Überblick behält und alle Informationen an einem Ort hinterlegen kann. Wie Kanban im Detail funktioniert und welche anderen Techniken es sonst noch gibt, können Sie in Kapitel 4, »Projekte managen: Heute dürfen Sie wieder machen, was Sie wollen«, nachlesen. Für dieses Fallbeispiel brauchen Sie entweder ein großes Whiteboard und Post-its, die Sie gut sichtbar im Büro platzieren, oder Sie entscheiden sich für eine digitale Variante mit einem Tool wie *Trello*, *Asana* oder *MeisterTask*. Beide Methoden haben ihre Vor- und Nachteile. Entscheiden Sie einfach nach Ihren persönlichen Vorlieben.

Schritt 1 | Erstellen Sie ein Board für Ihre Designaufträge

Um kein Detail Ihrer Designaufträge mehr aus den Augen zu verlieren, müssen Sie bei dieser Technik zunächst einmal eine gemeinsame Arbeitsfläche für alle Aufträge schaffen. Das kann das komplette Whiteboard sein, oder Sie erstellen ein neues digitales Board in dem Onlinetool Ihrer Wahl. Wichtig ist, dass alle am Projekt Beteiligten dieses Board gut sehen können und alle nötigen Zugriffsrechte haben, um die hinterlegten Informationen lesen, nachvollziehen und bearbeiten zu können.

Schritt 2 | Unterteilen Sie Ihr Board in die typischen Arbeitsschritte

Im zweiten Schritt unterteilen Sie nun das Board in die typischen Arbeitsschritte, die jedes Ihrer Designprojekte durchläuft. Kleben Sie mit farbigem Klebeband Spalten auf das Whiteboard, oder legen Sie online eine neue Liste für jeden Arbeitsschritt an. Da ich als selbstständige Designerin in der Regel meine Designaufträge alleine bearbeite, brauche ich auf weitere Teammitglieder keine Rücksicht zu nehmen. Passen Sie Ihre Aufteilung gerne an Ihre individuellen Teambedürfnisse an, wenn Sie in der Gruppe arbeiten. Meine Listen sehen wie folgt aus:

1. **Aufträge in Vorbereitung**: Diese Liste nutze ich, um alle Anfragen zu sammeln.
2. **Laufende Aufträge**: Hat der Kunde mir den Auftrag erteilt, kommt er in diese Liste, und ich beginne mit der Arbeit.
3. **Warten auf**: Immer dann, wenn ich auf ein Feedback vom Kunden warte und gerade nichts an dem Auftrag machen kann, liegt die Karte hier.
4. **Fertige Aufträge**: Hier hinterlege ich die Aufträge, die der Kunde freigegeben hat.
5. **Rechnung gestellt**: Wie der Name schon sagt, kommen hier die Aufträge hin, für die ich die Rechnung gestellt habe.
6. **Archivieren**: Hat der Kunde die Rechnung bezahlt, kann ich den Auftrag und alle dazugehörigen Infos archivieren.

Schritt 3 | Legen Sie einen neuen Auftrag an

Wenn ich eine Anfrage bekomme, erstelle ich eine neue Karte in der Liste *Aufträge in Vorbereitung*. Auf dieser Karte hinterlege ich alle Informationen rund um den Auftrag. Dazu zählen jetzt am Anfang vor allem eine grobe Projektbeschreibung, Formatvorgaben, Deadlines, Ansprechpartner oder besondere Kundenwünsche des Auftraggebers.

Die digitalen Tools wie MeisterTask oder Trello haben den großen Vorteil, dass man die Karten beliebig erweitern kann. So kann die Karte mit dem Auftrag mitwachsen und bildet die zentrale Sammelstelle für alle Informationen, das Briefing, PDFs und Kommentare. Arbeiten Sie stattdessen mit einem Whiteboard, so können Sie auf dem Post-it den Link oder Verweis auf den Ordner mit allen Informationen notieren.

Im Verlauf des Auftrags kommen immer neue Informationen hinzu. Dazu zählen zum Beispiel die Zusammenfassungen von Telefonprotokollen, Entwürfe oder auch die Änderungswünsche. Diese können Sie als Kommentare direkt in der digitalen Karte hinterlegen. So sammeln Sie von vornherein alle relevanten Details an einem Ort. Sind mehrere Personen mit dem Auftrag befasst, so können Sie diese Kommentare auch durch eine Vielzahl von E-Mails ersetzen. Jeder sieht durch die auf der Karte hinterlegten Informationen sofort, wie weit der Auftrag ist und was zuletzt mit dem Kunden besprochen wurde.

Besonders hervorheben möchte ich an diesem Punkt die Möglichkeit, Checklisten anzulegen. Diese haben den großen Vorteil, dass auch der Projektstatus auf einen Blick leicht zu erkennen ist. Wenn Sie bei der Projektplanung die verschiedenen Schritte ausformuliert haben, können Sie diese hier einfach in die Auftragskarte kopieren und nach der Umsetzung abhaken.

Schritt 4 | Der Auftrag entwickelt sich und wandert in den Spalten

Erteilt der Kunde den Auftrag, so wechselt die Karte von der ersten in die zweite Spalte zu *Laufende Aufträge*. So habe ich immer im Blick, welche Designaufträge gerade meine Aufmerksamkeit brauchen. Sind die Entwürfe beim Kunden und ich warte auf Feedback, rutscht die Karte weiter in die Spalte *Warten auf*.

Normalerweise wandern Karten bei Kanban auf dem Board nicht rückwärts. Ich habe für mich jedoch eine leicht abgewandelte Variante entwickelt, bei der ein Auftrag so lange zwischen *Laufende Aufträge* und *Warten auf* hin- und herspringt, bis der Auftrag freigegeben ist. Diese Herangehensweise entspricht einfach viel eher meiner persönlichen Art zu arbeiten. Aber passen Sie das Prinzip gerne auf Ihre individuellen Bedürfnisse an, und ändern Sie es ab.

Designaufträge übersichtlich organisieren

Mit der Kanban-Technik können Sie Ihre Aufträge schnell und einfach organisieren und haben alle wichtigen Informationen an einem Ort – perfekt für kreative Projekte.

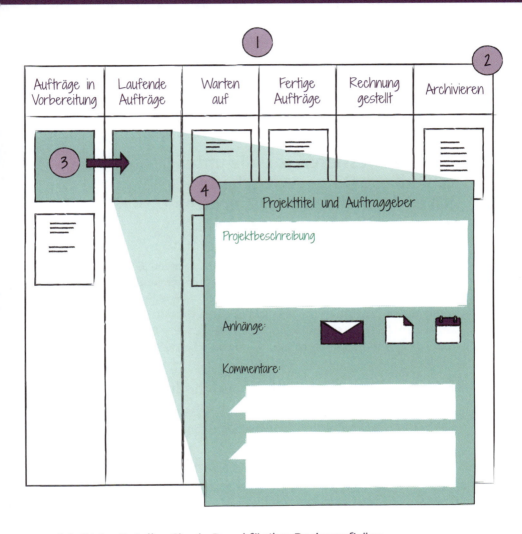

Schritt 1 – Erstellen Sie ein Board für Ihre Designaufträge.

Schritt 2 – Unterteilen Sie Ihr Board in die typischen Arbeitsschritte.

Schritt 3 – Legen Sie einen neuen Auftrag an.

Schritt 4 – Der Auftrag entwickelt sich und wandert in den Spalten.

Ist ein Auftrag freigegeben, rutscht er weiter in die Spalte *Fertige Aufträge* und dann auf *Rechnung gestellt*. Bezahlte Aufträge sammle ich in unter dem Punkt *Archivieren*, bis ich den Auftrag dokumentiert und abgelegt habe. Dann lösche ich die Karte komplett. Durch das Kartenschieben haben Sie immer im Blick, wie weit die aktuellen Aufträge umgesetzt sind und worum Sie sich unbedingt als Nächstes kümmern sollten. Sie sehen auch, wie lange Sie schon auf Feedback von Auftraggebern oder Teammitgliedern warten. Das macht Sie schneller und Ihre organisatorischen Arbeiten leichter. So bleibt mehr Zeit für Ihre Kreativität.

»» Mich interessieren so viele unterschiedliche Dinge. Wie schaffe ich es da, mein eigenes Ziel nicht aus dem Blick zu verlieren? ««

Kreative Menschen lieben die Abwechslung und lassen sich schnell für Neues begeistern. Das ist auch gut so, weil dieses breite und vielfältige Interesse die beste Basis für neue Ideen und kreative Einfälle ist. Ohne guten Input gibt es ja bekanntlich auch keinen guten Output. Im Arbeitsalltag wird diese Vielfalt erst dann zu einem Problem, wenn Sie dadurch nicht mehr dazu kommen, konzentriert Ihre eigentlichen Ziele umzusetzen.

Schritt 1 | Fokussieren Sie sich auf Ihr Ziel

Bevor Sie sich Gedanken darüber machen, wie Sie Ihr Ziel erreichen können, müssen Sie zunächst einmal wissen, was genau Sie überhaupt erreichen möchten. Fokussieren Sie sich auf Ihr Ziel, und beschreiben Sie es so klar und messbar, wie Sie können. Hier können Sie sich die SMART-Formel von Seite 46 zunutze machen.

Wenn Sie Ihr Ziel so beschrieben haben, fällt es Ihnen viel leichter, zu entscheiden, welche Aufgaben wichtig sind, worum Sie sich als Nächstes kümmern müssen. »Ich möchte mehr Aufträge umsetzen« ist ein Ziel, smart ist es jedoch nicht und darum auch schwer umzusetzen. Woran wollen Sie erkennen, dass Sie Ihr Ziel erreicht haben? »Ich möchte im Bereich Webdesign für Start-ups (spezifisch) durch die Einführung eines neuen Komplettpakets (aktionsorientiert und aktiv) meine Umsätze im 2. Halbjahr 2019 (terminiert) um 20 % (messbar) steigern (realistisch)« – dank dieser Formulierung ist es für Sie sehr viel leichter, Ihr Ziel zu erreichen.

Es muss auch nicht nur ein einziges Ziel geben, auf das Sie hinarbeiten. Wenn Sie mehrere stark ausgeprägte Interessen haben, bringt es Sie nicht weiter, wenn Sie sich zwingen, zwischen diesen Zielen zu wählen. Definieren Sie die verschiedenen Ziele, priorisieren Sie sie, und arbeiten Sie dann schrittweise daran, die unterschiedlichen Ziele zu erreichen. Nehmen Sie sich die Freiheiten, die Sie brauchen, um mit Ihrer Kreativität zufrieden und erfolgreich zu sein.

Spezifisch: Was genau möchten Sie erreichen?
Messbar: Woran erkennen Sie, dass Sie Ihr Ziel erreicht haben?
Aktionsorientiert: Welchen Vorteil oder Gewinn haben Sie, wenn Sie Ihr Ziel erreicht haben?
Realistisch: Lässt sich das Ziel mit ihren Mittel umsetzen?
Terminiert: Bis wann soll Ihr Ziel erreicht sein?

Schritt 2 | Visualisieren Sie Ihr Ziel

Kreative sind in der Regel visuelle Menschen – nutzen Sie das für Ihre Belange aus. Wenn Sie Ihre Einnahmen steigern wollen, damit Sie sich endlich den lang ersehnten Urlaub gönnen können, dann stellen Sie sich eine Postkarte mit Ihrem Urlaubsziel neben den Schreibtisch. Wenn Sie sich weiterbilden wollen, um zukünftig als Webdesigner zu arbeiten, dann bestellen Sie sich jetzt schon Visitenkarten mit der Berufsbezeichnung »Webdesigner«. Oder Sie möchten einen Designpreis gewinnen, dann kaufen Sie jetzt schon einen besonders schönen und hochwertigen Bilderrahmen, in dem Sie Ihre Urkunde später aufhängen möchten. Egal, was Sie besonders motiviert und anspricht – gehen Sie in Vorleistung, und gönnen Sie sich jetzt schon etwas, das Ihr Ziel visualisiert und greifbar für Sie macht.

Die eigenen Ziele erreichen

Sie lassen sich leicht ablenken und interessieren sich ständig für etwas Neues? Diese fünf Schritte helfen Ihnen dabei Ihre Ziele nicht aus den Augen zu verlieren.

Schritt 1 – Fokussieren Sie sich auf Ihr Ziel und machen Sie es SMART

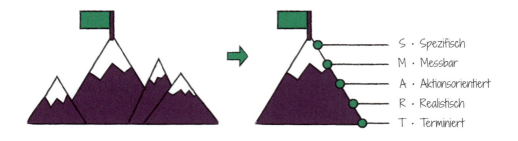

S · Spezifisch
M · Messbar
A · Aktionsorientiert
R · Realistisch
T · Terminiert

Schritt 2 – Visualisieren Sie Ihr Ziel

Schritt 3 – Mit Meilensteinen einfacher ans Ziel

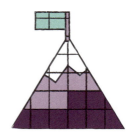

Schritt 4 – Feste Zeiteinheiten für die eigenen Ziele blocken

Schritt 5 – Ablenkung bewusst zulassen und genießen

Schritt 3 | Mit Meilensteinen einfacher ans Ziel

Es ist schwer, sich für riesige und scheinbar unerreichbare Ziele zu motivieren. Viel zu leicht lässt man sich ablenken, wenn man insgeheim befürchtet, sowieso nicht erfolgreich sein zu können. Hier hilft ein kleiner, aber sehr effektiver Trick: Zerteilen Sie Ihr großes Ziel in viele kleine Meilensteine, und verteilen Sie diese gleichmäßig über die gesamte Zeit. Große Projekte sind, wenn man sie in kleine Schritte unterteilt, viel leichter zu erreichen. Außerdem motiviert jeder erreichte Meilenstein und zeigt Ihnen, wie weit Sie schon gekommen sind.

Schritt 4 | Feste Zeiteinheiten für die eigenen Ziele blocken

Große Ziele brauchen viel Zeit, aber unterschätzen Sie nie, was Sie durch regelmäßige kleine Schritte alles erreichen können. Konsequentes Durchhalten ist hier das Zauberwort. Blockieren Sie sich jeden Tag eine feste Zeit, in der Sie nur an Ihrem Ziel arbeiten. Das kann beispielsweise morgens die erste Stunde sein, direkt nachdem Sie den Rechner angemacht haben. Öffnen Sie in dieser blockierten Zeit weder Ihr E-Mail-Postfach noch Ihre Social-Media-Kanäle. Lassen Sie das Telefon stumm und schalten Sie alle Benachrichtigungen aus. Informieren Sie auch Kollegen darüber, dass Sie in dieser einen Stunde nicht gestört und unterbrochen werden wollen. Und dann legen Sie los – konzentriert, ohne Ablenkung und mit einem klaren Ziel vor Augen. Nach der Stunde gehen Sie wie gewohnt Ihren normalen Tätigkeiten nach, mit dem kleinen Unterschied, dass Sie Ihrem Ziel schon wieder ein kleines Stückchen näher gekommen sind.

Schritt 5 | Ablenkung bewusst zulassen und genießen

Hand aufs Herz – haben Sie wirklich Lust, ununterbrochen an Ihren Zielen zu arbeiten und immer Vollgas zu geben? Nein, wahrscheinlich nicht. Kreativität braucht nicht nur guten und vielfältigen Input, sondern auch Pausen, Muße und Erholungszeiten. Und damit meine ich nicht die halbe Stunde, in der Sie mit schlechtem Gewissen auf Ihren Social-Media-Kanälen gesurft haben, sondern echte Unterbrechungen im Kreativalltag. Ablenkungen und Freiheiten sind wichtig für Sie, wenn Sie bei der Umsetzung Ihrer Ziele motiviert und begeistert bleiben wollen. Planen Sie diese Unterbrechungen bewusst ein, und genießen Sie diese dann auch in vollen Zügen. Denn auch gewollte Ablenkung und Innehalten sind wichtige Meilensteine auf dem Weg zu Ihrem Ziel.

»Meetings und Besprechungen dauern lange und bringen mich nicht weiter. Wie kann ich die Besprechungen effektiver machen?«

Egal, ob Sie alleine oder in einem Team arbeiten, Sie müssen regelmäßig Ihre Arbeiten oder Designs besprechen und bei den Auftraggebern vorstellen. Im Kleinen reicht es oft schon, wenn Sie die Entwürfe per Mail an den Auftraggeber schicken und die wichtigsten Informationen zu den Designs in dem begleitenden Text hinterlegen. Bei umfangreicheren Kreativprojekten werden diese Informationen in Meetings oder Präsentationen vermittelt und abgesprochen. Damit diese Treffen möglichst kurz, hilfreich und effektiv sind, helfen Ihnen die folgenden sechs Schritte bei der Vorbereitung.

Schritt 1 | Was ist das Thema des Meetings?

Treffen, bei denen nicht klar ist, was genau besprochen werden soll, sind zum Scheitern verurteilt. Legen Sie darum von Anfang an fest, was das genaue Thema des Meetings oder der Besprechung sein soll. Sie können das Thema auch direkt bei der Einladung zum Meeting mit angeben, damit alle Beteiligten wissen, worum es geht, und sich entsprechend vorbereiten können.

Schritt 2 | Was genau ist die Frage, die geklärt werden soll?

Das Oberthema alleine reicht noch nicht aus, um zu effektiven Ergebnissen zu gelangen. Im zweiten Schritt formulieren Sie darum die genaue Fragestellung für das Meeting aus. Achten Sie dabei darauf, dass Sie die Fragen messbar und spezifisch beschreiben (vgl. Seite 46–47) Das macht

Besprechungen effektiver machen

Ihre Meetings und Besprechungen dauern zu lange und bringen Sie nicht weiter? Dann helfen Ihnen die folgenden sechs Schritte bei der Vorbereitung und Durchführung.

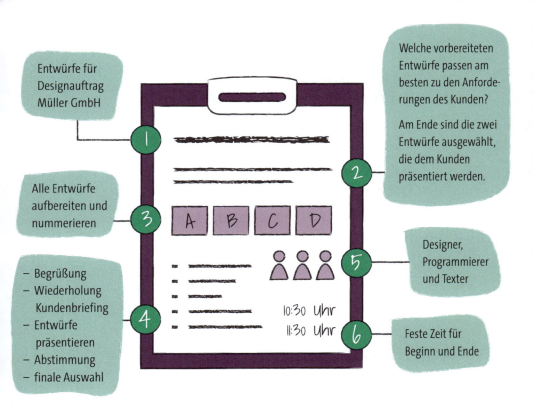

Schritt 1 – Was ist das Thema des Meetings?

Schritt 2 – Was genau ist die Frage, die geklärt werden soll?

Schritt 3 – Wie müssen die benötigten Inhalte vorbereitet werden?

Schritt 4 – Wie soll das Meeting ablaufen?

Schritt 5 – Wer sind die Teilnehmer?

Schritt 6 – Wann beginnt oder endet das Meeting?

es Ihnen leichter, die passenden Antworten herauszuarbeiten. Soll mehr als ein Thema geklärt werden, so arbeiten Sie die Fragestellungen möglichst nacheinander ab, und wechseln Sie nicht zwischen den einzelnen Fragen hin und her.

Schritt 3 | Wie müssen die benötigten Inhalte vorbereitet werden?

Bei kreativen Besprechungen geht es oft darum, Designs oder Ideen zu testen und zu bewerten. Im Umkehrschluss heißt das auch, dass die Entwürfe und Konzepte entsprechend gut und repräsentativ aufbereitet werden müssen. Sie kennen Ihre Entwürfe und wissen natürlich, wie bestimmte Funktionen und Gestaltungen wirken sollen – Ihre Auftraggeber oder Teammitglieder nicht. Achten Sie darum bei der Vorbereitung der Inhalte darauf, dass Sie Ihre Designs möglichst realitätsnah präsentieren. Zeigen Sie die Entwürfe für ein responsives Webdesign am Beispiel unterschiedlicher Endgeräte, bauen Sie einen Klickdummy, oder drucken Sie den Flyer in der geplanten Größe aus, damit Ihr Gegenüber auch einen haptischen Eindruck vom Design und seinen Funktionen bekommt. Benennen oder nummerieren Sie Ihre Designs, damit es nicht zu Verwechslungen oder Verwirrungen während der Besprechung kommt.

Schritt 4 | Wie soll das Meeting ablaufen?

Machen Sie es sich selbst und allen Teilnehmern des Meetings einfacher, indem Sie einen groben Ablaufplan erstellen. Legen Sie schon vorher fest, wie und in welcher Reihenfolge die verschiedenen Designs präsentiert werden. Gibt es viele Entwürfe, dann können Sie auch die Redezeit der einzelnen Sprecher beschränken. So verhindern Sie langatmige und ausschweifende Gespräche, und das Meeting bleibt fokussiert.

Schritt 5 | Wer sind die Teilnehmer?

Designer, Texter, Programmierer, der Projektleiter und am besten noch jemand aus dem Marketing – schnell sitzen Sie in zu großer Runde beim Meeting. Laden Sie darum nur die Personen zu der Besprechung ein, die wirklich nötig sind, um eine Entscheidung zu fällen.

Bei Besprechungen mit mehreren Beteiligten sollten Sie darauf achten, dass alle den gleichen Wissensstand haben. Nur so lassen sich gemeinsame Entscheidungen treffen. Unter Umständen müssen Sie sonst zu Beginn der Besprechung eine kurze Zusammenfassung geben und die verschiedenen Teilnehmer untereinander vorstellen.

Schritt 6 | Wann beginnt oder endet das Meeting?

Der einfachste Weg, ein Meeting nicht ausufern zu lassen, ist eine festgelegte Start- und Schlusszeit. Wenn alle Teilnehmer wissen, dass die Besprechung maximal 45 Minuten dauert, sind sie bestrebt, in der vorgegebenen Zeit auch zu effektiven Ergebnissen zu kommen. Achten Sie im Vorfeld darauf, dass alle Beteiligten den Zeitplan kennen, oder erwähnen Sie ihn zu Beginn noch einmal, um Unstimmigkeiten zu vermeiden.

Achten Sie auch darauf, ob der Besprechungsraum alle technischen Voraussetzungen hat, die Sie brauchen. Verzögerungen wegen eines kaputten Beamers oder weil die Internetverbindung gestört ist, kosten nicht nur Nerven, sondern auch unnötig viel Zeit.

Nicht immer müssen Sie jeden Schritt aufwendig und schriftlich bei allen Teilnehmern einreichen. Oft reicht es schon, wenn Sie sich über die sechs Schritte im Klaren sind und so bei der Einleitung des Meetings die wichtigsten Fakten kurz und knackig zusammenfassen können. Entscheiden Sie hier von Fall zu Fall, wie umfangreich und weitreichend Sie die anderen Meetingteilnehmer im Vorfeld einbeziehen, um das beste Ergebnis zu erhalten.

»Ich bin bei Präsentationen, Vorträgen oder Meetings immer unsicher. Wie schaffe ich es, mich und meine Designs überzeugend zu präsentieren?«

Ob Sie mit Ihren Entwürfen bei Vorgesetzten, Kollegen oder Auftraggebern überzeugen können, hängt auch damit zusammen, wie Sie Ihre Designs und Ideen präsentieren. Eine aufrechte Haltung, Blickkontakt, ein fester Stand und eine lebendige Gestik und Mimik zeigen Ihrem Zuhörer, dass Sie von sich und Ihrer Arbeit überzeugt sind und dass Sie hinter Ihren Designs stehen.

Doch ist das oft leichter gesagt als getan. *Das menschliche Gehirn ist eine großartige Sache: Es funktioniert vom Augenblick der Geburt an – bis zu dem Moment, wo man aufsteht, um eine Rede zu halten.* So hat es Mark Twain formuliert und bringt damit das verlorene Gefühl gut auf den Punkt, das jeder kennt, kurz bevor die Präsentation beginnt. Plötzlich scheint alles vergessen, und von einem souveränen Auftreten kann keine Rede mehr sein. Da tut es gut, sich zwei Dinge vor Augen zu halten. Erstens: Jeder ist aufgeregt, bevor er eine wichtige Präsentation hält. Sie sind nicht alleine. Zweitens: Es gibt einfache Tipps für Ihre Körperhaltung, mit denen Sie überzeugender auf Ihre Zuhörer wirken, trotz Nervosität.

Tipp 1 | Bereiten Sie alle Inhalte so gut vor, wie Sie können

Präsentationen und Vorträge vor anderen Leuten machen Sie unsicher? Dann schaffen Sie sich vorab eine solide Basis, und bereiten Sie alle Inhalte, Folien, Modelle oder Handouts so gut und professionell vor, wie Sie können. Zu wissen, dass Sie fachlich alles optimal vorbereitet haben, was möglich ist, gibt Ihnen Sicherheit und Ruhe. Außerdem verankern und wiederholen Sie noch einmal alle Fakten, so dass Sie sich auch in dem Themenkomplex besser auskennen als ohne die Vorbereitung.

Tipp 2 | Halten Sie Augenkontakt

Durch den direkten Blickkontakt zu Ihren Zuhörern nehmen Sie eine Verbindung auf. Es ist der einfachste Weg, um Ihrem Gegenüber Wertschätzung, Interesse und Respekt zu zeigen. Sie sehen an den Reaktionen, ob es Fragen gibt oder ob Inhalte verstanden wurden. Wenn Sie vor einer größeren Runde präsentieren, beziehen Sie das gesamte Publikum mit ein, indem Sie sowohl die Zuhörer auf der linken und rechten Seite als auch die Menschen vorne und hinten immer wieder freundlich ansehen. Es soll sich jeder Zuhörer von Ihnen angesprochen und mit einbezogen fühlen.

Tipp 3 | Wenden Sie sich Ihren Zuhörern zu

Eigentlich ist es ganz logisch, dass niemand es schätzt, wenn der Vortragende sich nur zu den Folien oder der Präsentationswand dreht und den Zuhörern den Rücken zukehrt. Trotzdem passiert gerade das immer wieder. Sie möchten einen bestimmten Punkt zeigen und erläutern, drehen sich dazu vom Publikum weg und vergessen dann, sich wieder den Zuhörern zuzuwenden. Ganz unbewusst stehen Sie wie festgewurzelt da und bringen Ihren Vortrag vom Publikum abgewendet zu Ende. Das können Sie ganz bewusst umgehen, indem Sie sich angewöhnen, die komplette Bühne zu nutzen und immer wieder ein Stück zu gehen. Vom Rechner zur Präsentationswand, dann wieder zur anderen Seite und zurück. So wenden Sie sich immer wieder von der Präsentation ab. Das hat gleichzeitig den Vorteil, dass Sie sich automatisch anderen Zuschauern zuwenden und so das gesamte Publikum mit einbeziehen.

Tipp 4 | Fester Stand und offene Haltung

Mit beiden Beinen fest auf dem Boden stehen – das ist nicht nur eine umgangssprachliche Bezeichnung für einen geerdeten Menschen, sondern auch das beste Mittel, um bei einer Präsentation stabil und fest aufzutreten. Probieren Sie es einfach einmal aus, und stellen Sie sich mit verschränkten, eingeknickten Beinen und danach mit schulterbreit stehenden und geraden Beinen in den Raum. Wann fühlen Sie sich sicherer und souveräner?

Auch Ihre Haltung ist wichtig für Ihre Körpersprache. Halten Sie Ihre Schultern unten, und stellen Sie sich gerade hin. Das wirkt nicht nur überzeugend auf Ihre Zuhörer, sondern gibt Ihrer Stimme auch das nötige Volumen, um voll und deutlich zu sein.

Tipp 5 | Unterstützen Sie Ihren Vortrag durch die passende Gestik

Nutzen Sie Ihre Hände, um Ihre Meinung und Ihre Inhalte zu unterstützen. Zeigen Sie auf Details, zählen Sie mit den Fingern Ihre Argumente mit, oder weisen Sie mit Ihren Händen dynamisch in eine bestimmte Richtung. Indem Sie Ihren Vortrag mit Gesten unterstützen, bekommen

Sie zusätzliche Hilfsmittel, um Ihre Zuhörer zu überzeugen und mit einzubeziehen. Finden Sie schon vor dem Vortrag die vier bis fünf Gesten, die gut zu Ihnen und Ihren Kernaussagen passen. Schauen Sie dabei, wie viel Bewegung für Ihr Thema richtig ist und womit Sie sich wohlfühlen. Steife Bewegungslosigkeit mit verschränkten Armen ist nämlich genauso unpassend wie übertriebenes Fuchteln.

Tipp 6 | Überzeugen Sie mit Stimme, Sprache und Worten

Eine gleichförmige und monotone Stimme schläfert jedes noch so motivierte Publikum ein. Dem können Sie entgegenwirken, indem Sie beim Sprechen mit Ihrer Stimme variieren. Je nach Inhalt können Sie laut oder leiser sprechen, oder Sie betonen einzelne Silben besonders, um auf einen wichtigen Sachverhalt hinzuweisen. Ganz allgemein sollten Sie laut, deutlich und langsam sprechen, damit Sie von Ihren Zuhörern gut verstanden werden.

Auch durch die Wahl Ihrer Worte können Sie gezielt auf Ihre Präsentation Einfluss nehmen. Verwenden Sie einfache und klar strukturierte Sätze. Arbeiten Sie mit sprachlichen Bildern und Metaphern, um Ihre Ziele und Konzepte hinter dem Design näher zu erläutern. Vergleiche helfen den Zuhörern dabei, Ihre Gedankengänge zu verstehen. Vorsicht ist immer bei Fachbegriffen geboten. Sie wissen, was Schnittmarken, Breakpoints oder Laufweiten sind – Ihr Gegenüber vielleicht nicht. Verwenden Sie Fachjargon darum nur, wenn Sie sicher sind, dass jeder im Raum die Begriffe auch versteht und einordnen kann.

Tipp 7 | Lächeln nicht vergessen

Egal, wie nervös Sie sind, im Publikum sitzt wenigstens eine weitere Person, der es bei Vorträgen und Präsentationen genauso geht. Außerdem musste jeder Redner das Präsentieren üben und hat schon Fehler gemacht. Bleiben Sie ruhig, atmen Sie tief durch, und vergessen Sie nicht zu lächeln. Mit Ihrer Mimik können Sie am schnellsten und einfachsten Emotionen und Sympathien vermitteln. Ein erwidertes Lächeln nimmt Ihnen die Anspannung und gibt Sicherheit für Ihre Präsentation.

Präsentieren mit der richtigen Körperhaltung

Sie möchten Ihre Designs besser vor Auftraggebern und Kollegen präsentieren? Mit diesen sieben Tipps wirken Sie überzeugend und souverän.

» Es gibt so viele tolle Kreative. Wie kann ich da mein Alleinstellungsmerkmal finden? «

Kreativität hat unzählige Gesichter. Sie verändert sich ständig und entwickelt sich mit jeder neuen Idee weiter. Zum Glück! Aber diese große Vielzahl kann Sie auch verunsichern. Wie sollen Sie Ihr eigenes Alleinstellungsmerkmal finden, wenn es so viele tolle und erfolgreiche Kreative auf dem Markt gibt? Was macht Ihre Designs einzigartig, ohne Sie zu sehr einzuengen? Diese sechs Schritte unterstützen Sie dabei, Ihre Besonderheiten zur erkennen.

Schritt 1 | Jede Persönlichkeit ist anders

Egal, in welchem Kreativbereich Sie arbeiten, es ist garantiert schon ein anderer Designer genau da, wo Sie gerne hinmöchten. Aber das macht nichts. Denn jeder Kreative hat eine andere Persönlichkeit, andere Motivationen und eine andere Denkweise. Das Warum hinter der eigenen Arbeit ist verschieden (vgl. Kapitel 1, »Entdecken Sie Ihr kreatives Potential neu«). Und das spiegelt sich immer auch in den Designs wider. Selbst wenn man zwei gleich ausgebildete und erfahrene Kreative mit demselben Projekt beauftragt, werden die Ergebnisse verschieden aussehen. Das ist ein großer Vorteil für Sie. Zeigen Sie, was das Besondere an Ihnen ist, was Sie motiviert und wie Ihre Einstellungen und Erfahrungen Ihre kreative Arbeit beeinflussen.

Schritt 2 | Der rote Faden in Ihren Designs

Vielleicht geht es Ihnen wie mir, und Sie interessieren sich für viele unterschiedliche Stile und Designrichtungen. Auch Ihre Entwürfe sehen immer ein wenig anders aus, je nachdem, was zu den Projektanforderungen gerade am besten passt. Mal sind die Grafiken klar grafisch und sehr flächig im Aufbau, dann wieder handgezeichnet, schnell, rau und kleinteilig. Heißt das nun im Umkehrschluss, dass Sie keinen eigenen Stil haben? Nein, heißt es nicht. Das, was Ihren Stil ausmacht, ist nicht nur das Ergebnis an sich, sondern vor allem die Idee und die Denkweise, die hinter dem jeweiligen Design steht. Das kann ein bestimmtes Thema sein, das sich durch alle Designs zieht, eine bevorzugte Farbpalette, beliebte Materialien oder eine einzigartige Stimmung. Schauen Sie sich Ihre letzten Arbeiten bewusst an, und machen Sie sich auf die Suche nach Ihrem roten Faden. Oder Sie fragen Freunde oder Kollegen nach den typischen Gemeinsamkeiten, die sie in Ihrer Arbeit finden. Oft ist den Menschen in Ihrem Umfeld längst klar, was Ihre Designs ausmacht, auch wenn Ihnen diese Gemeinsamkeit noch gar nicht aufgefallen ist.

Schritt 3 | Stärken hervorheben, Schwächen kennen

Kein Kreativer ist in allen Bereichen gleich gut. Dem einen fallen Logoentwürfe leicht, für den anderen bedeutet dieser Designbereich harte und zähe Arbeit. Das ist ein Umstand, den Sie sich zunutze machen können. Überlegen Sie sich genau, welche Designleistungen Ihnen leicht von der Hand gehen und Freude bereiten. Was fällt Ihnen dagegen schwer und macht keinen Spaß? Indem Sie sich auf Ihre Stärken konzentrieren und sich Ihrer Schwächen bewusst sind, können Sie viel klarer und eindeutiger sagen, was Ihre Kreativarbeiten einzigartig macht.

Schritt 4 | Spezialisieren Sie sich

Die eigenen Stärken zu kennen, ist gut und wichtig, denn daraus können Sie Ihre persönliche Spezialisierung ableiten. Es kann gut sein, dass Sie sich sowohl für Erklärvideos als auch für Vektorillustrationen und Stopmotion-Filme interessieren. Alle diese drei Bereiche haben eine gemeinsame Schnittmenge. Trotzdem sind die Agenturen und Auftraggeber, die diese Designleistungen buchen, verschieden und haben unter Umständen auch unterschiedliche Budgets und Anforderungen.

Es liegt nun an Ihnen, zu entscheiden, auf welche Designs Sie sich für Ihren beruflichen Werdegang spezialisieren möchten und welche Designs Sie vor allem bei persönlichen Projekten verfolgen möchten. Sie können hauptberuflich für die Gestaltung von Erklärvideos bekannt sein und trotzdem privat ganz andere Designs machen und verfolgen. Fragen Sie sich, womit Sie gut und motiviert Ihren Lebensunterhalt verdienen können und gleichzeitig genügend Freiraum für Ihre anderen kreativen Ideen bekommen, wenn Sie sich spezialisieren.

Ein Alleinstellungsmerkmal für Kreative

Es gibt so viele tolle und inspirierende Kreative. Wie finden Sie da heraus, was Ihre Designs einzigartig macht und sie von anderen unterscheidet?

Schritt 1 – Jede Persönlichkeit ist anders.

Schritt 2 – Der rote Faden in Ihren Designs

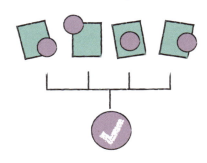

Schritt 3 – Stärken hervorheben, Schwächen kennen

Schritt 4 – Spezialisieren Sie sich.

Schritt 5 – Kennen Sie Ihre Zielgruppe.

Schritt 6 – Spielen, Spaß haben und ausprobieren

Schritt 5 | Kennen Sie Ihre Zielgruppe

Alle Kreativen mit einem starken Alleinstellungsmerkmal haben eine Sache gemeinsam – sie wissen genau, wer ihre Zielgruppe ist, und sprechen diese auch klar an. Wenn Sie Corporate Design für Start-ups gestalten möchten, müssen Sie anders kommunizieren, als wenn Sie für etablierte Kunden im Finanzsektor arbeiten. Ihre Website, Ihre Außendarstellung, Ihre Ansprache und auch Ihr persönliches Auftreten müssen auf die Auftraggeber abgestimmt sein, mit denen Sie gerne zusammenarbeiten möchten. Ihre Designs müssen nicht allen Kunden gefallen – das können sie auch gar nicht –, sondern nur den Kunden, die gut zu Ihrem Stil, Ihrer Spezialisierung und Ihrer Persönlichkeit passen. So können Sie sich gut und klar von anderen Kreativen abgrenzen.

Schritt 6 | Spielen, Spaß haben und ausprobieren

Bei allen guten Tipps und Vorgaben ist und bleibt das Wichtigste für ein klares Alleinstellungsmerkmal die Freude an der kreativen Arbeit. Sie sollen gerne neue Designs gestalten! Also bleiben Sie neugierig, probieren Sie viele unterschiedliche Dinge, Techniken und Methoden aus. Erweitern Sie Ihre Fähigkeiten, und bilden Sie sich immer weiter. Nicht nur, weil Aufträge dies erfordern, sondern vor allem, weil das Spielen mit neuen Ideen und Formen Ihre Kreativität anspornt und Ihnen ganz einfach Spaß macht!

» Ich sehe überall tolle Designs und Ideen. Was kann ich machen, wenn ich meine eigenen Sachen nicht so stark finde und ich mich darum schlecht fühle? «

Design ist keine Insel, und Designer sind es erst recht nicht. Überall treffen Sie auf neue Inspirationen, spannende Projekte und innovative Ideen. Das ist Fluch und Segen der Kreativität – Sie können sie nicht einfach ausschalten. Da kann schnell der Gedanke aufkommen, dass alle anderen viel bessere und kreativere Ideen haben. Ein Gefühl, das auf die Dauer wirklich frustrierend ist. Dabei liegt in großen Zielen und vielen Inspirationsquellen auch eine sehr gute Chance für Ihre kreative Weiterentwicklung, wenn Sie es zulassen. Damit das klappt, möchte ich Ihnen diese sechs Überlegungen mit auf den Weg geben.

Tipp 1 | Schauen Sie hinter die Kulissen

Bevor Sie sich den Kopf zerbrechen und ehrfurchtsvoll vor den Designs und Ideen anderer Kreativer zurücktreten, müssen Sie sich eine ganz wichtige Frage stellen: Welche Ressourcen standen dem Kreativen zur Verfügung, als er das Design entwickelt hat?

Eine große Agentur mit einem Team aus erfahrenen Kreativen mit jahrelanger Erfahrung hat ganz andere Möglichkeiten als ein einzelner Designer, der alleine arbeitet. Das betrifft sowohl die finanziellen Mittel als auch die Erfahrungswerte, die Menge an kreativem Potenzial und auch die Möglichkeiten, die fertige Kampagne oder das Design zu vermarkten. Es macht einfach einen großen Unterschied, ob zehn Kreative ihr Wissen vereinen oder nur einer. Das soll nicht heißen, dass große Agenturen automatisch die besseren Designs entwickeln. Viele beeindruckende Arbeiten stammen aus dem Kopf und der Hand von großartigen Einzelkreativen. Und vergessen Sie bei aller Begeisterung nie: Die anderen Designer haben auch alle einmal klein angefangen.

Tipp 2 | Bitten Sie um eine zweite Meinung

Jeder freut sich über Lob. Negative Kritik hingegen möchten Sie keine bekommen. Was passiert aber, wenn Sie selbst Ihr stärkster Kritiker sind? Wie wirkt es sich auf Ihre Designs aus, wenn Sie selbst ständig unzufrieden mit Ihren Arbeiten sind? Leider nicht positiv. Hier lohnt es sich wirklich, wenn Sie sich eine zweite Meinung von außen einholen. Wie nehmen Dritte Ihre Designs wahr? Wie bewerten Kollegen und andere Kreative Ihre Arbeiten, deren Meinung und Feedback Ihnen wichtig ist? Was schätzen und bewundern sie an Ihrer Arbeit, und wo sehen sie noch Ausbaumöglichkeiten und Potenzial? Oft gibt es große Unterschiede zwischen der eigenen Wahrnehmung und dem, was andere in Ihren Arbeiten sehen.

Doch wählen Sie die Person, die Sie um eine Einschätzung bitten, mit Bedacht – Feedback und Kritik können auch weh tun, vor allem, wenn Ihr Gegenüber nicht weiß, wie man ein konstruktives Feedback gibt (vgl. Kapitel, »Die Kunst, immer ein gutes Ende zu finden«). Auch die Qualifikation spielt hier eine Rolle. Nur wenn die Person das nötige Know-how hat, kann sie Ihnen ein fachlich wertvolles Feedback geben, das Ihnen weiterhilft und Ihnen eine nützliche zweite Meinung gibt.

Tipp 3 | Vergleichen Sie sich überhaupt mit Kreativen aus Ihrem Bereich?

In jedem Designbereich gibt es andere Schwerpunkte, und Sie brauchen unterschiedliche Fähigkeiten, um hier gut zu sein. Haben Sie das bei Ihrem Vergleich bedacht? Sie können fasziniert und begeistert davon sein, wie Kinderbuchillustratoren ganze Welten zum Leben erwecken und mit viel Liebe und Ideenreichtum Figuren, Schauplätze und Emotionen illustrieren. Wenn Sie selbst jedoch interaktive Grafiken entwickeln und an aktuelle Anforderungen und technische Webstandards anpassen, hat das natürlich ebenso ein sehr hohes Niveau, um das Sie vielleicht ein Kinderbuchillustrator beneidet. Was einfach und was schwer ist, hängt immer vom Auge des Betrachters ab, und Talente sind verschieden verteilt. Glücklicherweise, denn das macht auch die großartige Vielfalt im Kreativbereich aus!

Tipp 4 | Was möchten Sie gerne können?

Gibt es eine ganz bestimmte Fähigkeit, die Sie gerne hätten? Auf die Sie jetzt vielleicht noch neidvoll gucken und von der Sie sich nur schwer vorstellen können, dass Sie sie bald beherrschen? Dann los, fangen Sie einfach an. Üben Sie regelmäßig, und bauen Sie so Schritt für Schritt Ihre Fähigkeiten aus. Niemand kann von heute auf morgen fotorealistische Tiere zeichnen, aber wenn Sie jeden Tag üben, kommen Sie Ihrem Ziel schnell näher. Stecken Sie Ihre Ziele hoch – die eigenen Wünsche sind nicht der richtige Ort, um bescheiden zu sein. Greifen Sie nach den Sternen.

Selbstbewusster Umgang mit der eigenen Leistung

Tolle Designs entdecken Sie überall. Wenn Sie aber Ihre eigenen Arbeiten nicht so stark finden, zeigen Ihnen diese sechs Tipps, wie Sie selbstbewusst agieren.

Schritt 1 – Schauen Sie hinter die Kulissen des Erfolgs.

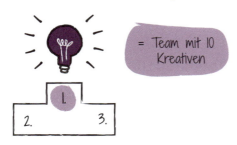

Schritt 2 – Bitten Sie um eine zweite Meinung.

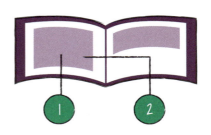

Schritt 3 – Vergleichen Sie sich mit Kreativen aus Ihrem Bereich.

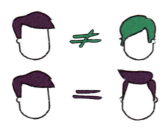

Schritt 4 – Packen Sie Ihre Ziele an.

Schritt 5 – Steal like an Artist

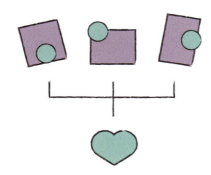

Schritt 6 – Gucken Sie nach vorne und nach hinten.

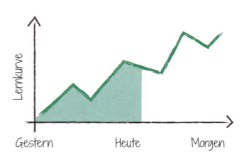

Tipp 5 | Steal like an Artist

Frei nach dem wunderbaren Künstler und Autor Austin Kleon sollten Sie sich die Zeit nehmen, wirklich tolle Inspirationen und Ihre Vorbilder genauer zu untersuchen. Was genau gefällt Ihnen an den Designs? Welche Techniken, Materialien oder Stimmungen finden sich in allen Designs wieder, die Sie inspirieren? Nehmen Sie alle diese vielen kleinen Besonderheiten, und entwickeln Sie daraus Ihre eigene Handschrift. Klauen Sie, was Sie inspiriert, interpretieren Sie es neu, und machen Sie es zu etwas Eigenem.

Tipp 6 | Gucken Sie nach vorne und nach hinten

Zu wissen, was Sie alles noch nicht können und gerne erreichen möchten, ist wichtig, weil es Sie anspornt, motiviert oder Sie manchmal auch zweifeln und die eigenen Arbeiten überdenken lässt. Das ist gut und wichtig, weil so Weiterentwicklung funktioniert. Vergessen Sie dabei aber nie, was Sie alles schon erreicht haben. Schauen Sie sich alte Skizzenbücher oder Designs an, dann fallen Ihnen die Veränderungen besonders stark auf. Sie können und machen heute Dinge, die Ihnen vor Jahren noch schwer und vielleicht sogar unerreichbar erschienen. Seien Sie stolz auf das, was Sie schon erreicht haben, und wenden Sie dann den Blick auf die neuen Herausforderungen und Ziele.

» Ich bin auf der Suche nach einem neuen Job oder neuen Auftraggebern. Muss ich dafür mit meinen Designs wirklich auf jedem Social-Media-Kanal vertreten sein? «

Instagram, Pinterest, Facebook, Twitter, Snapchat und Co. sind eine stetig wachsende Quelle für Inspirationen und ein Tummelplatz für kreative Talente. Keine Frage, Social Media bieten für Kreative großartige Chancen, um mit den eigenen Designs sichtbar zu sein. Gerade wenn Sie auf der Suche nach einem neuen Job sind oder als selbstständiger Designer neue Aufträge akquirieren wollen, ist es wichtig, dass Sie gesehen werden. Die besten Designs nützen ja nichts, wenn sie niemand kennt. Jetzt einfach ohne Ziel und Plan auf allen Kanälen vertreten zu sein, bringt aber wenig. Außer dass Sie sehr viel Zeit investieren werden, denn Zeit fressen Social Media in großen Mengen. Mit diesen sechs Schritten finden Sie heraus, welche Plattformen zu Ihnen und Ihren Designs passen und welche nicht.

Schritt 1 | Wen wollen Sie mit Ihren Designs erreichen?

Die eigenen Designs zu zeigen ist gut. Bringt aber wenig, wenn Sie mit Ihren Veröffentlichungen Ihr strategisches Ziel nicht verfolgen. Sie haben ja ein Ziel, Ihre Zielgruppe, potenzielle Arbeitgeber oder Auftraggeber von Ihren Designs und Ihren Fähigkeiten zu überzeugen. Stellen Sie sich darum die Frage, wonach Ihre Zielgruppe sucht, wenn sie sich auf Ihren Social-Media-Kanälen bewegt. Interessiert sich die Zielgruppe nur für fertige Designs oder will sie auch sehen, wie diese Designs entstanden sind? Ist es für Ihre Zielgruppe wichtig, zu wissen, dass Sie auf Messen, bestimmten Veranstaltungen oder Konferenzen sind? Vielleicht ist die Agentur, mit der Sie gerne zusammenarbeiten möchten, in diesem Jahr Speaker auf einer Konferenz – zeigen Sie, dass Sie auch da waren und sich mit dem Thema auseinandergesetzt haben. Sind Weiterbildungen oder Qualifikationen wichtig? Wenn ja, wie können Sie diese in Bilder umwandeln und kommunizieren? Das alles sind Überlegungen, die schon beginnen, bevor das erste Bild überhaupt über einen Ihrer Kanäle gelaufen ist. Am besten schreiben Sie sich Ihr Ziel auf eine Karte oder den Bildschirmhintergrund, so dass Sie es immer vor Augen haben, bevor Sie etwas posten.

Schritt 2 | Wo hält sich Ihre Zielgruppe auf?

Sie wissen jetzt, wer Ihre Zielgruppe ist und was Sie mit Ihren Postings erreichen wollen. Sehr gut. Im nächsten Schritt müssen Sie gucken, auf welchen Social-Media-Kanälen Ihr Auftraggeber oder Ihre Lieblingsagentur zu finden ist. Diese Recherche kann zeitaufwendig sein, aber es lohnt sich, weil es Ihnen im Nachgang unnötige Arbeit erspart. Wenn Sie sich für Instagram entscheiden, die Agentur aber vor allem auf Twitter und Facebook setzt, bringt das Ihrer Sichtbarkeit wenig.

Schritt 3 | Welche Marketingkanäle passen zu Ihnen?

Andersherum zählt aber nicht nur, wo sich Ihre Zielgruppe aufhält. Wenn Twitter nicht zu Ihnen passt und Sie sich für das Format nicht begeistern können, ist Ihre Social-Media-Aktivität von vornherein zum Scheitern verurteilt. Social Media brauchen so viel Zeit und Aufmerksamkeit, da sollte Ihnen die Plattform schon gefallen.

Schritt 4 | Weniger ist mehr

Im besten Fall finden Sie in diesem Schritt den Kanal, auf dem Ihre Zielgruppe aktiv ist und der Ihnen gefällt. Falls nicht, wählen Sie die Social-Media-Plattform aus, die dem am nächsten kommt. Manchmal müssen Sie hier auch erst ein wenig herumprobieren. Nicht immer sind alle Vor- und Nachteile gleich offensichtlich. Bleiben Sie einfach neugierig und experimentierfreudig. Grundsätzlich kann man immer sagen, dass es sehr viel besser ist, wenn Sie sich für ein bis zwei Plattformen entscheiden und diese dann regelmäßig bespielen, statt auf viele Kanäle zu setzen und diese dann nicht zu pflegen.

Schritt 5 | Qualität schlägt Quantität

Eine der häufigsten Fragen zum Thema Social Media lautet: »Wie oft soll ich etwas veröffentlichen?« Pauschal kann man diese Frage nicht beantworten. Es gibt öffentliche Empfehlungen, pro Tag mindestens xyz viele Beiträge zu veröffentlichen. Die Sache hat nach meiner Erfahrung aber einen großen Haken. Denn Veröffentlichungen nur um der Veröffentlichung willen sind nicht zielführend. Nicht die Quantität entscheidet, ob Ihre Bilder, Videos oder Texte eine große Reichweite haben, sondern die Qualität. Sie müssen einen echten Mehrwert für Ihre Leser und Fans bieten, damit Sie als Spezialist in Ihrem Designbereich wahrgenommen werden.

Ja, regelmäßige Beiträge sind wichtig, aber wenn Sie nur einen Beitrag pro Tag oder nur drei Beiträge pro Woche schaffen, weil Sie gerade an Aufträgen sitzen, dann ist das in Ordnung, denn die laufende Arbeit geht immer vor.

Die passenden Social-Media-Kanäle finden

Social Media bietet viel Potenzial, wenn Sie Kunden auf sich aufmerksam machen möchten. Wie Sie die passenden Kanäle auswählen, zeigen diese sechs Schritte.

Schritt 1 – Wen wollen Sie mit Ihren Designs erreichen?

Schritt 2 – Wo hält sich Ihre Zielgruppe auf?

Schritt 3 – Welche Marketingkanäle passen zu Ihnen?

Schritt 4 – Weniger ist mehr!

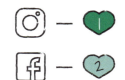

Schritt 5 – Qualität schlägt Quantität

Schritt 6 – Sie müssen nicht alles selbst machen.

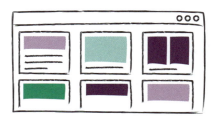

Schritt 6 | Sie müssen nicht alles selbst machen

Social-Media-Management-Tools wie Buffer, Hootsuite oder die interne Planungsfunktion der einzelnen Plattformen helfen Ihnen dabei, regelmäßig und mit verhältnismäßig geringem Zeitaufwand Beiträge zu veröffentlichen. Das Prinzip hinter diesen Tools ist einfach. Statt jeden Beitrag selbst zu veröffentlichen, schreiben Sie immer eine ganze Reihe von Beiträgen und bereiten die Veröffentlichung für einen bestimmten Zeitpunkt in ein paar Stunden, Tagen oder Wochen vor. Das Tool übernimmt den Rest vollautomatisch. Das klingt einfach, spart Ihnen aber mehrere Stunden pro Woche, die Sie dann für andere kreative Dinge verwenden können.

Erfahrung ist der beste Lehrmeister

Allen diesen Fallbeispielen ist gemeinsam, dass sie auf Erfahrungswerten beruhen. Wohlgemerkt auf guten und auf schlechten Erfahrungen. Denn das Ausprobieren und Fehlermachen gehört genauso zum kreativen Berufsalltag dazu wie die Erfolge und die Begeisterung, wenn ein Problem gelöst ist.

Mit diesen Ansätzen möchte ich Ihnen Mut machen, eigene Wege zu suchen, und gleichzeitig zeigen, dass Sie mit Ihren tagtäglichen Herausforderungen nicht alleine sind. Tauschen Sie sich mit anderen Designern aus, fragen Sie nach Hilfe, und finden Sie zusammen Lösungen. Oft genug hat ein anderer Designer gerade genau die Lösung gefunden, nach der Sie suchen.

KAPITEL 4
Projekte managen: Heute dürfen Sie wieder machen, was Sie wollen

Sie sitzen in einem Café. Das Ambiente ist schön, die Tische sind liebevoll mit kleinen Blumensträußen dekoriert, die Musik ist leicht und fröhlich, es duftet nach frischem Kaffee. Herrlich. Sie setzen sich, suchen sich ein Getränk aus und warten, dass ein Kellner kommt, um Ihre Bestellung aufzunehmen. Und Sie warten. Als nach etlichen Minuten noch immer niemand kommt, gehen Sie schließlich zum Tresen und geben selbst bei dem genervten Kellner Ihre Bestellung auf. An dem Kaffee, der dann viel später serviert wird, haben Sie keine Freude mehr, obwohl an dem Getränk nichts auszusetzen ist. Weder der schöne erste Eindruck noch die Qualität des Produkts können wettmachen, dass der Service und die Zusammenarbeit zwischen den Café-Mitarbeitern und Ihnen als Kunde schlecht war. Sie sind unzufrieden und werden sich in Zukunft für ein anderes Café entscheiden.

Was für den Kundenservice und das Management in dem Café gültig ist, gilt auch für die Zusammenarbeit zwischen Ihnen und Ihren Auftraggebern. Als Designer sind Sie sehr gut darin, Ihre Auftraggeber dabei zu unterstützen, sich gut und hochwertig zu präsentieren. Sie gestalten Corporate Designs, die ein Markenimage aufbauen, überarbeiten Präsentationen, die vorher niemand gerne gesehen hätte, entwerfen Produktdesigns, die Verbraucher ansprechen, und versuchen auch komplexe Inhalte leicht, verständlich und praxisnah darzustellen. Doch warum bringen so viele Kreative nicht die gleiche

> *„Service heißt, das ganze Geschäft mit den Augen des Kunden zu sheen."*
> Axel Haitzer

Liebe und Sorgfalt ihrer eigenen Projektorganisation entgegen? Anstatt herauszufinden, wie man den ungeliebten Teil der kreativen Arbeit schnell und effektiv organisieren kann, wird jeder neue Auftrag auf die gleiche, unproduktive Weise umgesetzt. Statt kreative Designs zu gestalten, können Sie die entscheidenden Telefonnummern nicht finden, durchsuchen regelmäßig Ihr E-Mail-Postfach nach den letzten Änderungswünschen und sind immer wieder kurz davor, den Überblick über das Gesamtprojekt zu verlieren. Das ist nicht nur ein Nachteil für Ihre Kreativität, sondern auch für Ihre Kunden und alle Partner, die mit Ihnen zusammenarbeiten. Dabei ist kreatives Projektmanagement ganz einfach, wenn Sie ein paar Grundregeln kennen.

Kolumne von G. Wegener

Von der Zusammenarbeit mit Kunden

Viele Kreative konzentrieren sich darauf, ihren Kunden ein tolles und ansprechendes Design zu liefern. Sie denken, dass dies alles ist, was ihre Auftraggeber von ihnen erwarten. Aber das stimmt nicht, denn für den Kunden zählen nicht nur das Endergebnis, sondern immer auch die Eindrücke und Erfahrungen, die er vor, während und nach der Designgestaltung gemacht hat.

- Konnte Ihr Kunde Sie schnell und unkompliziert erreichen?
- Waren alle Entwürfe zum vereinbarten Zeitpunkt fertig?
- Konnten Sie bei Rückfragen passende Antworten geben?
- Sind Sie ein verlässlicher Partner?

Fühlt sich ein Kunde bei Ihnen gut aufgehoben und beraten, auch dann, wenn es Rückfragen oder Unsicherheiten gibt, wird er gerne auch ein weiteres Mal mit Ihnen zusammenarbeiten. Eine gute Kundenbeziehung baut sich nicht erst in dem Moment auf, wenn Sie das fertige Design abliefern, sondern beginnt schon, wenn Sie das erste Mal mit dem Kunden kommunizieren. Diese »weichen« Aspekte sind für Ihre Kunden ebenso wichtig wie das letztendliche Design.

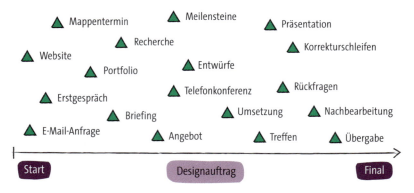

Während eines Designauftrags kommt es an vielen unterschiedlichen Stellen zu einer Kommunikation mit dem Kunden. Jeder dieser Punkte ist wichtig für Sie, Ihr Team, Ihren Auftraggeber und das Designprojekt.

Es lohnt sich, die eigene Vorgehensweise zu überdenken und in eine gute und effektive Zusammenarbeit mit Ihren Auftraggebern zu investieren. Vor allem, wenn es Ihnen wichtig ist, eine langfristige Kooperation mit Bestandskunden aufzubauen, statt regelmäßig Neukunden zu gewinnen. Nicht unterschätzen sollten Sie dabei auch, wie sich die positive und motivierende Zusammenarbeit mit zufriedenen Auftraggebern auf Ihre eigene Stimmung und Zufriedenheit auswirkt. Zu erleben, wie das eigene kreative Potenzial geschätzt und anerkannt wird, ist toll. Sie tun sich also auch selbst etwas Gutes, wenn Sie auf diese Punkte achten.

Was eine gute Zusammenarbeit ausmacht

Aber was sind die ausschlaggebenden Punkte, wenn es um eine gute Zusammenarbeit mit Ihren Kunden geht? Diese Frage können Sie eigentlich ganz einfach selbst beantworten. Ihren Kunden sind die gleichen Dinge wichtig, die Sie ebenfalls schätzen, wenn Sie mit anderen Unternehmen oder Personen zusammenarbeiten.

Als Erstes ist das natürlich **die Qualität des Designs und Ihrer kreativen Arbeit.** Wenn ein Kunde ein hochwertiges Design mit einer festgelegten Zielsetzung bei Ihnen in Auftrag gibt, dann kann er selbstverständlich auch genau dieses erwarten. Ihre Designs müssen Ihren Kunden gefallen und inhaltlich sowie technisch richtig sein. Dieser Punkt fällt Kreativen in der Regel nicht schwer, und sie verhalten sich intuitiv richtig. Aber das alleine reicht nicht. Auch **Zuverlässigkeit, Planbarkeit und Transparenz** im Designprojekt sind wichtige Aspekte einer guten Zusammenarbeit. Viele Unstimmigkeiten innerhalb von Projekten entstehen, weil es keine genauen Absprachen gab.

- Welche Informationen brauchen Sie, um mit den Designentwürfen beginnen zu können?
- Wer muss was bis wann liefern?
- Was genau wird auf dem Meeting besprochen?
- Wie weit ist das Projekt fortgeschritten?
- Warum gibt es Probleme und was können beide Seiten tun, um diese zu beheben?

Gehen Sie hier mit gutem Vorbild und klaren Vorgaben voran, auch wenn Ihre Auftraggeber das nicht direkt einfordern. Indem Sie Ihren Teil der Arbeit zuverlässig und transparent umsetzen, unterstreichen Sie Ihre Professionalität und können das Projekt eher nach Ihren Bedürfnissen gestalten. Der nächste Punkt ist die **Kommunikation mit dem Kunden**.

- Wie schnell und wie oft antworten Sie auf Kundenfragen?
- Wie gestalten Sie Ihre Meetings und Präsentationen?
- Über welche Wege kann Ihr Kunde Sie erreichen?

Zu wissen, dass Sie Ihren Kunden ernst nehmen und ihm mit Rat und Tat zur Seite stehen, trägt sehr viel zu einer guten Kundenbeziehung bei. Das muss nicht bedeuten, dass Sie immer und rund um die Uhr für alle Kun-

FÜR EINE GUTE ZUSAMMENARBEIT
Zwei einfache Tipps

Meilensteine vereinbaren: Sie sind es gewohnt, sich Ihre Arbeitsschritte und Abläufe selbstständig und frei zu organisieren. Starre Vorgaben und zu knappe Deadlines behindern Ihre Kreativität und engen Sie unnötig ein. Statt innovativer Ideen ist unter Druck in Ihrem Kopf nur gähnende Langeweile. Um dem vorzubeugen, haben Sie mit Ihrem Auftraggeber bei der ersten großen Projektbesprechung feste Zwischenschritte (Meilensteine) vereinbart, bei denen Sie den Stand der Designs vorstellen. So können Sie sich die Zeit zwischen den Meilensteinen frei einteilen, haben den Zeitplan immer im Auge, und Ihr Kunde ist beruhigt, weil er aufbauend auf Ihren Vorgaben seine eigenen Arbeitsschritte planen kann und gegebenenfalls entstehende Unstimmigkeiten rechtzeitig auffallen.

Fragen in einem Rutsch beantworten: Während Sie an der Ideenfindung für ein neues Designkonzept arbeiten, treffen in Ihrem Postfach nach und nach eine ganze Reihe von E-Mails und Änderungswünschen zu einem anderen Auftrag ein. Doch statt auf jede dieser Mails direkt zu antworten, blocken Sie sich 30 Minuten vor Ihrer Mittagspause, um alle Fragen zusammenhängend und in einem Zug zu beantworten. Das hat gleich zwei Vorteile: Erstens sind so für den Kunden alle Antworten in einer E-Mail zusammengefasst, und zweitens können Sie erst Ihre kreative Ideenfindung beenden, bevor Sie sich gedanklich mit etwas Neuem beschäftigen.

dengespräche zur Verfügung stehen müssen. Sie müssen auch nicht sofort ausführlich auf jede Anfrage antworten. Viel wichtiger als die Menge an Rückmeldungen sind die Qualität und der Mehrwert der Antworten, die Sie Ihrem Kunden geben. Hier können Sie mit einem guten Projektmanagement viel Ruhe und Kontinuität in Ihre Arbeitsabläufe bringen.

Auch die **Qualität der Kommunikation** sagt viel über die Zusammenarbeit mit dem Kunden aus. Wenn Sie regelmäßig Designaufträge in einem ähnlichen Bereich umsetzen, wiederholen sich zwangsläufig die Fragen, Abläufe und Probleme, die Sie mit Ihren Auftraggebern besprechen.

- Was ist Wordpress?
- Wie funktioniert das Backend der Website?
- Wie können die Kunden Bilder und Texte ändern?

Hier sind vorbereitete Antwortvorlagen, die Sie bei Bedarf rauskopieren oder als Anhang mitschicken können, praktisch und eine echte Arbeitserleichterung. Aber lassen Sie Ihre Kunden nicht spüren, dass Sie mit Vorlagen arbeiten. Niemand schätzt es, wenn er offensichtlich mit vorgefertigten Standardtexten abgespeist wird. Denken Sie immer daran, dass es Ihre Persönlichkeit und Ihre individuelle Besonderheit ist, die Ihre Kunden an Ihnen schätzen (vgl. Seite 20). **Höflichkeit, gegenseitiger Respekt, ein Lächeln, ein paar persönliche Worte oder ein Danke nach einer erfolgreichen Zusammenarbeit sind wichtig und zeigen dem Kunden, dass Sie ihn wertschätzen.** Auch Auftraggeber arbeiten viel lieber mit Menschen zusammen, die ihnen sympathisch sind, als mit gesichtslosen Designrobotern. Das geht Ihnen doch genauso, oder?

Konzentrieren Sie sich auf das, was wichtig ist

Was sehen Sie, wenn Sie auf Ihre To-do-Liste gucken? Eine Aufstellung kurzer, knackiger Punkte, die sich gut abarbeiten lassen? Oder eine eher unsortierte Anhäufung von Aufgaben und Ideen, von denen Sie jetzt schon ahnen, dass es eine Herausforderung wird, die alle im gewünschten Zeitraum zu erledigen? Wenn Sie jetzt denken: »Okay, wenn ich ganz ehrlich bin, gehöre ich zur zweiten Gruppe«, dann seien Sie herzlich willkommen, Sie sind in bester Gesellschaft. Es gibt nur wenige Menschen, die es tatsächlich schaffen, ihren kompletten Alltag so zu organisieren, dass alle Aufgaben und Tätigkeiten gleichmäßig verteilt sind und sich ohne größere Herausforderungen gut abarbeiten lassen.

> *Es ist Zeitverschwendung, etwas Mittelmäßiges zu machen.*
> Madonna

Selbst wenn Sie alle privaten Aufgaben ausklammern und sich nur auf die Umsetzung Ihrer beruflichen Ziele konzentrieren, ist die Aufgabenliste noch immer ziemlich lang. Dazu kommt, dass kreative Ideen ja nicht nur dann entstehen, wenn Sie gerade Lust und Zeit dafür haben. Nein, erfahrungsgemäß geht Kreativität ihre eigenen Wege und packt Sie immer dann, wenn es eigentlich gerade gar nicht passt, weil Sie mit etwas ganz anderem beschäftigt sind (vgl. Kapitel 1, »Entdecken Sie Ihr kreatives Potential neu«). Und dann sind da noch die typischen Unterbrechungen, die regelmäßig verhindern, dass Sie effektiv und wie geplant Ihre Aufgaben erledigen können. Während Sie Telefonate beantworten, in Meetings sitzen oder eintreffende E-Mail-Anfragen bearbeiten, wächst die Liste mit Ihren unerledigten Aufgaben kontinuierlich weiter und wird länger und länger.

Aufgaben in der Übersicht: Wo sind Sie am besten?

Aber dieser ständige Druck und die andauernde Belastung sind nicht gut für Ihre Kreativität und auch nicht für Ihre Gesundheit. Kreativität braucht Ruhezeiten und die Möglichkeit, mit freiem Kopf an neue Ideen heranzutreten. Wenn Ihnen eine stetig wachsende To-do-Liste im Nacken sitzt, geht das nicht. Folgen dieser Arbeitsweise kennen Sie nur zu gut. Sie sind angespannt und unzufrieden, weil der Berg an Aufgaben immer größer wird. Die Deadlines für Ihre Designs rücken im gleichen Maße näher, wie Ihre Ideen verschwinden, und von innerer Ruhe und Ausgeglichenheit kann keine Rede mehr sein. Sie agieren nicht mehr, sondern reagieren nur noch und versuchen dabei, so viel wie möglich zu schaffen. **So können und so möchten Sie nicht arbeiten. Es ist Zeit für eine Veränderung.**

Bevor Sie sich Gedanken darüber machen, wie und mit welchen Mitteln Sie Ihren Arbeitsalltag besser handhaben können, lohnt sich ein genauerer Blick auf Ihre berufliche To-do-Liste. Ihnen steht jeden Tag nur eine begrenzte Anzahl von Stunden zur Verfügung, um Ihre kreativen Projekte umzusetzen. **Darum ist es auch so wichtig, dass Sie möglichst viel Zeit mit den Teilen Ihrer Arbeit verbringen, die Ihnen Freude bereiten, und nicht mehr als nötig mit den Pflichtaufgaben.** Selbst wenn Sie selbstständig sind und Ihr Arbeitspensum nicht durch offizielle Arbeitszeiten vorgegeben ist, müssen Sie auf eine gesunde und passende Verteilung Ihrer Stunden achten, wenn Sie zufrieden und kreativ bleiben möchten.

- Aber welche der Punkte auf Ihrer To-do-Liste sind denn Pflichtaufgaben? Was macht Ihnen Freude?
- Worin sind Sie schnell und gut?
- Was kostet Sie besonders viel Kraft und Überwindung?
- Und von welchen Pflichtaufgaben möchten Sie sich am liebsten ganz trennen oder diese abgeben?

Interessanterweise wissen Sie genau, ob Ihnen eine Aufgabe liegt oder nicht, bevor Sie mit der Umsetzung beginnen. Was auch gerne dazu führt, dass ungeliebte Aufgaben immer weiter nach unten auf der Liste rutschen, bis sie so drängend sind, dass sie sich nicht weiter verschieben lassen. Konsequenzen ziehen viele Menschen jedoch nicht aus diesem Wissen. Schade. Dabei liegt hier ein Schlüssel zu mehr Effektivität und damit auch zu mehr Entspannung. Indem Sie sich nicht mehr darauf konzentrieren, alles gleichzeitig und in gleichem Maße umzusetzen, sondern sich vor allem auf die Aufgaben fokussieren, in denen Sie besonders gut sind, werden Sie schneller, besser und arbeiten mit mehr Freude. Natürlich können Sie die anderen Aufgaben nicht einfach ignorieren. Nur weil Sie Ihre Buchhaltung nicht mögen, heißt das nicht, dass Sie diese einfach weglassen können. Aber Sie können versuchen, diese an Dritte zu delegieren oder mit Hilfe von Tools und Programmen leichter zu bearbeiten.

AUFGABENCHAOS ADÉ
Eine kleine Anleitung

Sie wollen Schluss machen mit dem Aufgabenchaos? Dann machen Sie sich eine detaillierte Aufgabenübersicht. Für Ihr Zeitmanagement haben Sie in Kapitel 2 eine allgemeine Aufgabeninventur gemacht und zwei Tage lang alles aufgelistet, was Sie an Aufgaben umgesetzt haben (vgl. den Kasten »Aufgabeninventur« auf Seite 55). Diese können Sie sich hier wieder zunutze machen. Doch gehen wir jetzt noch einen Schritt weiter.

Streichen Sie als Erstes alle Aufgaben aus der bestehenden Liste heraus, die nicht zu Ihren beruflichen Projekten zählen. (Das hier vorgestellte Prinzip funktioniert auch für private Aufgaben, doch liegt der Fokus in diesem Beispiel auf der Organisation Ihrer beruflichen Projekte.) Was übrig bleibt, ist eine Liste mit Aufgaben, die Sie so tagtäglich im Büro erfüllen.

- Designs entwickeln und umsetzen
- Absprachen mit Auftraggebern und Kollegen (Telefon, Mail, persönlich ...)
- Interne Büroorganisation (Buchhaltung, Rechnungen schreiben, Angebote ...)
- Social Media (nur beruflich)
- Recherchen und Weiterbildungen (Fachartikel lesen, Blogs, Tutorials, Kurse ...)

In der Regel bestehen diese Aufgaben noch aus mehreren Unteraufgaben. Versuchen Sie, die Hauptaufgaben so weit wie möglich in einzelne Tätigkeiten aufzuschlüsseln, damit Sie ein genaueres Bild von den Aufgaben bekommen, die Sie tatsächlich erledigen. Ja, die Übersicht wird schnell lang, aber es lohnt sich in jedem Fall, die Arbeit zu investieren.

- Designs entwickeln und umsetzen
- Briefing mit dem Kunden abstimmen
- Konzept (inhaltlich und visuell) entwickeln
- Entwürfe und Skizzen machen
- Änderungen und Kundenkorrekturen einpflegen
- Umsetzung des finalen Entwurfs als Reinzeichnung
- Absprachen mit Auftraggebern und Kollegen (Telefon, Mail, persönlich ...)
  - ▶ Termine abstimmen
  - ▶ Meeting inhaltlich vorbereiten
  - ▶ Unterlagen aufbereiten
  - ▶ Präsentation von Designentwurf

- Interne Büroorganisation (Buchhaltung, Rechnungen schreiben, Angebote ...)
  - Belege sammeln und ggf. digitalisieren
  - Ehemalige Angebote heraussuchen und vergleichen
  - Neues Angebot für Kunden erstellen
  - Rechnung schreiben und Kunden zuschicken
  - Zahlungseingänge überprüfen

Markieren Sie nun im dritten Schritt alle Aufgaben, die Ihnen besonders gut gefallen, mit einem Häkchen und solche Aufgaben, die Sie überhaupt nicht gerne machen, mit einem Kreuz. Alle anderen Aufgaben bleiben neutral ohne Kennzeichnung.

Mit Hilfe dieser Übersicht teilen Sie Ihre anfallenden Aufgaben in drei Gruppen ein und können daraufhin schneller und einfacher entscheiden, welche Aufgaben Ihnen wichtig sind und auf welche Aufgaben-Gruppe Sie Ihren Fokus legen sollten. Versuchen Sie, Aufgaben, die Ihnen besonders schwerfallen und die Sie nicht mögen, weitestgehend zu eliminieren, abzugeben oder durch Automatisierungen einfacher zu machen.

Streichen, Delegieren, Automatisieren, Umsetzen

Nachdem Sie sich einen Überblick über Ihre Aufgaben verschafft haben, geht es jetzt an eine konsequente Einteilung der Aufgaben in die vier Kategorien: Streichen, Delegieren, Automatisieren und Umsetzen.

Streichen Die erste Kategorie ist auch gleich die schwerste. Welche Ihrer Aufgaben bringen Sie nicht weiter? Was können Sie jetzt sofort streichen, ohne dass sich etwas Wichtiges für Sie ändert? Dieses Loslassen fällt besonders schwer, weil man unsicher ist, ob man die Inhalte nicht vielleicht doch noch irgendwann einmal braucht, und dann sind sie im schlimmsten Fall nicht mehr vorhanden. Hier hilft ein kleiner psychologischer Trick: Verschieben Sie alle Aufgaben, die Sie eliminieren möchten, in einen gesonderten Ordner, so dass Sie die Aufgabe nicht mehr sehen, aber alle Daten und Informationen noch haben. Legen Sie sich dann eine Notiz in Ihrem Kalender an, die Sie in sechs Monaten daran erinnert, die

Dinge in dem Ordner *Streichen* noch einmal durchzugucken. Haben Sie die Inhalte in dem Ordner in den vergangenen sechs Monaten nicht ein einziges Mal gebraucht, so können Sie sie bedenkenlos streichen.

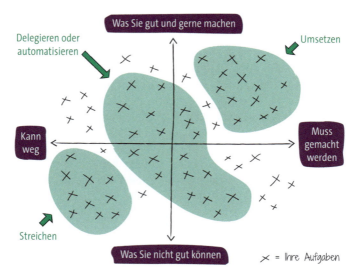

Ihre großen Aufgabenberge belasten Sie? Indem Sie konsequent einen Teil der Aufgaben streichen, delegieren oder automatisieren, haben Sie mehr Kapazitäten für die entscheidenden Aufgaben.

Diese Herangehensweise funktioniert übrigens auch hervorragend in der analogen Welt. Sie wollen mehr Luft und Freiraum in Ihre kreative, aber vollgestopfte Wohnung bringen, den Kleiderschrank auf Vordermann bringen oder endlich den Dachboden entrümpeln? Aber irgendwie schaffen Sie es nicht, sich von den Dingen zu trennen? Dann schaffen Sie sich einen »Streichen-Karton« an, in dem Sie all die Dinge lagern, bei denen Sie unsicher sind, ob sie gehen oder bleiben sollen. Nach sechs Monaten haben Sie Gewissheit und können sich dann viel einfacher trennen.

Delegieren Es gibt Aufgaben, die müssen unbedingt gemacht werden. Das heißt aber nicht automatisch, dass Sie sie machen müssen. Wenn Sie in einem Team arbeiten, ist es sinnvoll, dass sich die Person um die Aufgabe kümmert, die sie am besten, am schnellsten oder am ressourcenschonendsten umsetzen kann. Wenn Sie zwei Stunden benötigen, um den Fehler im CSS-Code einer Website zu finden und zu beheben, und ein Programmierer nur 20 Minuten dafür braucht, dann ist deutlich, wer diese Aufgabe übernehmen sollte. Sie können in den zwei Stunden andere Aufgaben umsetzen und die Dinge machen, in denen Sie wirklich gut sind. In diese Kategorie fällt auch Ihr Steuerberater, der Ihnen die ungeliebte Buchhaltung abnimmt.

Automatisieren Gerade wiederkehrende und immer gleich verlaufende Aufgaben sind für Kreative langweilig und ermüdend. Für genau diese Aufgaben bieten sich Automatisierungen an. Viele Tools und Apps, die Sie sowieso schon für Ihre Arbeitsorganisation nutzen, lassen sich untereinander verknüpfen und machen Ihnen die Arbeit viel leichter. Hier lohnt es sich, Zeit zu investieren und nach den passenden Abläufen zu suchen. Einmal eingerichtet können so viele ungeliebte Aufgaben im Hintergrund passieren. Es gibt auch spezielle Dienste wie *Zapier* oder *IFTT*, die sich auf die Automatisierung und Verknüpfung zwischen unterschiedlichen Programmen spezialisiert haben.

> *Ein kluger Mann macht nicht alle Fehler selbst. Er gibt auch anderen eine Chance.*
> Winston Churchill

Umsetzen Alles, was Sie nicht streichen, delegieren oder automatisieren können, müssen Sie erledigen. Das sind immer noch eine ganze Menge Aufgaben, aber sicher schon weniger als zu Beginn dieser Kategorisierung. Im besten Fall befinden sich in dieser Kategorie vor allem die Aufgaben, die Sie gut und gerne machen. **Als Kreativer sind Sie selbst Ihr wertvollstes Gut – denken Sie daran, und achten Sie auf sich und Ihre Ressourcen.** Überprüfen Sie regelmäßig, ob Sie Aufgaben aus dieser Kategorie nicht doch noch automatisieren, delegieren oder sogar streichen können, um mehr Freiraum und Zeit für Kreativität zu gewinnen.

Wann welche Kategorie die passende ist, hängt natürlich nicht nur mit der Aufgabe, sondern auch stark mit Ihrer Arbeitssituation zusammen. Wenn Sie der einzige festangestellte Grafiker in einem Unternehmen sind, haben Sie viel weniger Möglichkeiten, Aufgaben zu streichen oder zu delegieren, als wenn Sie in einem Team von Grafikern arbeiten, die eintreffende Aufgaben untereinander aufteilen. Noch mehr Freiheiten haben Sie, wenn Sie selbstständig sind. Doch auch hier gibt es Einschränkungen. An wen sollen Sie Aufgaben delegieren, wenn Sie als Einzelunternehmer ohne Unterstützung arbeiten? Versuchen Sie trotzdem, die vier Kategorien so weit wie möglich für sich zu nutzen. Wie so oft greift auch hier das Pareto-Prinzip mit seiner 80/20-Regel (vgl. Seite 56). Schon kleine Veränderungen können sich stark auf Ihre persönliche Wahrnehmung auswirken und Ihnen viel Druck nehmen.

Projektmanagement, so vielfältig wie Ihre Designs

Ihr Auftraggeber war mit der Umsetzung des letzten Designs sehr zufrieden und möchte Sie nun mit der Gestaltung eines weiteren Designs beauftragen. Für eine Messe sollen Roll-ups, der Messestand und eine Präsentation für das aktuelle Produkt des Kunden gestaltet werden. Die Präsentation sollen Sie selbst gestalten, während der Messestand und die Roll-ups von einer externen Druckerei produziert werden. Alle Werbemittel sollen im Corporate Design des Kunden sein und ein gemeinsames inhaltliches Konzept haben. Dieses Konzept sollen Sie ebenfalls in Rücksprache mit der Marketingabteilung des Auftraggebers entwickeln. Der Auftraggeber möchte nun von Ihnen ein Angebot und einen groben Zeitplan haben. Wie gehen Sie vor?

Sie können nicht »kein Projektmanagement« machen

Anfragen wie für dieses Messedesign treffen regelmäßig bei Designern ein und sind selbstverständlicher Teil Ihrer Arbeit. Aufträge und Projekte müssen kalkuliert, organisiert, umgesetzt und mit den Auftraggebern abgesprochen werden.

- Welche Arbeitsschritte sind nötig, um den Messestand und die Roll-ups umzusetzen?
- Welche Vorgaben hat die externe Druckerei?
- Gibt es besondere Vorgaben der Marketingabteilung, die beachtet werden müssen?
- Wie sind die Deadlines?
- Wie steht es um Ihre eigenen Kapazitäten?

Das alles ist Projektmanagement. Unabhängig davon, ob Sie sich schon einmal intensiver mit dem Thema Projektmanagement auseinandergesetzt haben oder ob Sie Ihre Aufgaben eher intuitiv einteilen. Selbst wenn Sie Ihre eigenen Illustrationen gestalten, herstellen und dann auf Onlineplattformen selbst verkaufen, müssen Sie sich und Ihre Abläufe zwangsläufig organisieren. **Die Frage ist nur, wie gut Ihr Projektmanagement funktioniert.** Hier steckt viel Potenzial, das Sie sich zunutze machen können, wenn Sie Ihre Aufgaben und Abläufe bewusst gestalten und verbessern.

VON ALTEN GEWOHNHEITEN ABSCHIED NEHMEN
Aus eigener Erfahrung

Nach jedem abgeschlossenen Auftrag habe ich einen Ausdruck von dem fertigen Design gemacht, ihn mit einer fortlaufenden Nummer versehen und in einem A5-Ordner abgeheftet. Jedes Jahr kam ein neuer Ordner hinzu, so dass sich inzwischen eine lange Reihe von gesammelten Arbeiten in meinem Regal stapelt. Doch während ich früher diese Ordner oft durchgeblättert habe, um Ideen oder Inspirationen für neue Aufträge zu bekommen, mache ich das heute nicht mehr. Oder besser gesagt, ich lasse mich immer noch gerne von meinen vergangenen Designs inspirieren, doch blättere ich mich heute digital durch mein Archiv. Die Ordner nehme ich eigentlich nicht mehr in die Hand, wenn ich es ehrlich betrachte. Darum habe ich die Aufgabe »Ausdruck von jedem abgeschlossenen Design für das Archiv machen« gestrichen. Und es ist gut so.

Typische Fehler bei kreativen Projekten und Aufträgen

Lassen Sie uns zunächst einmal schauen, welche Probleme immer wieder auftreten, falls Sie Ihre Aufträge und Projekte nicht ausreichend organisieren.

- **Die Zeitvorgaben sind unrealistisch:** Wenn Sie nicht wissen, wie umfangreich und aufwendig die einzelnen Teilaufgaben in Ihrem Projekt sind, ist es schwer, die dafür benötigte Zeit richtig einzuschätzen. Überstunden, Nachtschichten und im schlimmsten Fall sogar verschobene Deadlines sind die Folge.
- **Die Kalkulation geht nicht auf:** Um ein stimmiges Angebot für einen Kundenauftrag zu kalkulieren, müssen Sie vorher einschätzen, wie umfangreich der Auftrag ist. Fehlen Ihnen hier die Erfahrungen oder verschätzen Sie sich, spiegelt sich das in Ihren Einnahmen beziehungsweise den Einnahmen Ihres Arbeitgebers wider.
- **Mangelnde Abstimmung:** Egal, ob Sie alleine oder in einem Team arbeiten, Designs entstehen nur sehr selten ohne die Zusammenarbeit mit Dritten. Das sind in erster Linie der Auftraggeber oder der jeweilige Ansprechpartner vor Ort, aber auch weitere Projektbeteiligte wie Texter, Programmierer, Fotografen oder die externe Druckerei. Nur wenn alle Beteiligten wissen, wer im Projekt was in welcher Form liefern muss, läuft ein Auftrag reibungslos.
- **Die Komplexität wird unterschätzt:** Dieses Problem betrifft sowohl die Auftraggeber als auch die Kreativen. Gerade bei neuen Projekten besteht immer die Gefahr, dass Anforderungen und die sich daraus ergebenden Vorgaben unterschätzt werden. Darum sind die Vorbereitung und eine gute Planung so wichtig, wenn Sie Designprojekte zum ersten Mal machen.
- **Unnötige Korrekturschleifen:** Bei jedem Design gibt es Änderungen und Korrekturen. Das ist völlig normal und immer Teil der Gestaltung. Unnötige Korrekturschleifen sind es nicht. Diese werden immer dann zu einem Problem, wenn es ungenügende

Absprachen gibt oder Anforderungen nicht ausreichend kommuniziert und nachgefragt werden. Klare Vorgaben, die schon vor Projektbeginn festgelegt werden, helfen dabei, das zu verhindern.

Die passende Methode für jedes Designprojekt

Im Projektmanagement gibt es viele unterschiedliche Ansätze. Kein Wunder, jedes Projekt und jeder Auftrag ist verschieden und braucht darum auch verschiedene Methoden, um gut umgesetzt zu werden. Bevor Sie festlegen, welche Methode für Sie und Ihr aktuelles Designprojekt die geeignete ist, hilft es, die Grundlagen der geläufigsten Techniken zu kennen und zu verstehen. **Mit diesem Hintergrundwissen können Sie sich dann die Teile und Techniken zunutze machen, die Ihnen wirklich weiterhelfen.** Sie müssen das Rad ja nicht alleine neu erfinden, richtig?

TODOS ORGANISIEREN
Aus eigener Erfahrung

Meine Aufgaben verwalte ich alle mit dem Taskmanager *Todoist*. Meine Termine organisiere ich einfach mit dem Kalender auf meinem Smartphone. Durch eine Automatisierung habe ich beide Programme miteinander verknüpft. Erstelle ich nun in Todoist eine Aufgabe wie »Freitag 10:00 Uhr – Entwürfe mit dem Kunden Schmidt besprechen«, dann wird mir automatisch in meinem Kalender ein entsprechender Termin angelegt. Umgekehrt das Gleiche: Ein im Kalender erstellter Termin wird auch in *Todoist* angezeigt, so dass ich mir keine Gedanken mehr darüber machen muss, ob ich in vier Tagen schon was vorhabe und wie viele Aufgaben nächste Woche zu erledigen sind. Lösche ich eine Aufgabe, so wird automatisch auch der Termin aus meinem Kalender entfernt. Es ist nur eine Kleinigkeit, macht mir aber meine Organisation viel leichter.

Der Klassiker: das Wasserfall-Modell

Das Wasserfall-Modell ist nicht nur ein Klassiker im Projektmanagement, sondern auch die am häufigsten anzutreffende Methode, die Kreative intuitiv für ihre Designs nutzen. Ein Auftrag wird in mehrere Schritte (Definition, Planung, Entwurf, Umsetzung, Test, eventuell Nachbesserung ...) unterteilt, die dann in einer festen Reihenfolge umgesetzt werden. Jeder einzelne Schritt wird dabei vom Auftraggeber oder Vorgesetzten freigegeben, bevor Sie zum nächsten übergehen. Ist eine Phase abgeschlossen, kann und soll es daran keine Änderungen mehr geben.

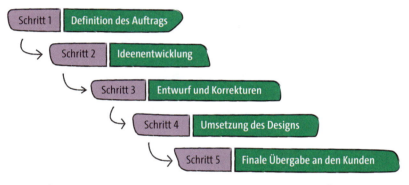

Definition – Ideenentwicklung – Entwurf – Umsetzung – finale Übergabe: Beim Wasserfall-Modell folgen die einzelnen Phasen in einer festen Reihenfolge aufeinander.

Vorteil dieser Methode ist ganz klar die hohe Planungssicherheit. Schon zu Beginn steht fest, was von wem und zu welchem Zeitpunkt bearbeitet und umgesetzt wird. Das macht es einfach, auch größere Designprojekte übersichtlich und zuverlässig zu planen. Besonders geeignet ist das Wasserfall-Modell für alle Designs, die feste und unveränderte Vorgaben haben und bei denen sich auch während der Umsetzung nichts an den Anforderungen ändern wird. Egal ob Logodesigns, Werbemittel, Illustrationen, Papeterie oder Infografiken – fast alle typischen Designaufträge erfüllen diese Vorgaben und lassen sich mit dem Wasserfall-Modell sehr gut umsetzen. Durch die detaillierte Planung zu Beginn des Projekts lassen sich auch mehrere Beteiligte oder externe Zulieferer gut organisieren. Nachteil dieser Methode ist, dass Sie nur schlecht auf Veränderungen reagieren können, die während der Umsetzung auftreten.

Agiler und flexibler: Scrum und Kanban

Was bei überschaubaren und konstanten Designaufträgen gut funktioniert, wird zu einer Herausforderung, wenn die Anforderungen an das Projekt flexibler werden. Wer sich mit agilem Projektmanagement beschäftigt, kommt um zwei Begriffe nicht herum: Scrum und Kanban. Beide Methoden haben zum Ziel, Aufgaben und Arbeitsschritte effizienter zu machen und in einer sinnvolleren Reihenfolge zu erledigen. Statt von Anfang bis Ende einem zuvor festgelegten Plan zu folgen, bieten beide Methoden viel Spielraum, um auf Veränderungen zu reagieren, Abläufe zu verbessern und mögliche Hindernisse zu finden. Wesentliche Bestandteile sind bei beiden Visualisierungs-Boards, auf denen die einzelnen Phasen und Schritte gut sichtbar für alle Beteiligten dargestellt werden. Dadurch ist zu jedem Zeitpunkt für alle genau ersichtlich, wie weit das Projekt vorangeschritten ist. Hier enden aber auch schon die Gemeinsamkeiten zwischen Scrum und Kanban.

> *Ob du denkst, du kannst es oder du kannst es nicht – in beiden Fällen hast du Recht.*
>
> Henry Ford

Scrum

Die Scrum-Methode verfolgt einen völlig anderen Ansatz als das klassische Projektmanagement. Statt eines festgelegten Projektumfangs (»Gestalten Sie uns eine Website, die diese zehn fest definierten Punkte erfüllt«) gibt es hier nur eine vage Vorgabe vom gewünschten Endergebnis (»Entwickeln Sie eine Website für uns, mit der wir die Rechnungssoftware bewerben, verkaufen und nutzen können, die wir gerade programmieren und kontinuierlich erweitern wollen«). Darum wird bei Scrum nicht das komplette Projekt in einem Rutsch umgesetzt, sondern es wird in kleine Teilstücke zerlegt, die sogenannten User Storys. Jede User Story stellt einen bestimmten Anwendungsfall oder eine Anforderung dar, die der Endnutzer an das Design hat (»Auf einer Landingpage findet der Endnutzer alle wichtigen Informationen über das Rechnungstool« oder »Auf dieser Oberfläche kann der Endnutzer seine Kundenkontakte hinterlegen, die dann automatisch in die Rechnungen eingefügt werden«). Alle User Storys werden zu Beginn gesammelt und im Team priorisiert. Nach und nach werden dann die einzelnen Aufgaben oder User Storys in kurzen Sprints konzipiert, entworfen, umgesetzt und getestet. Im Idealfall dauert die Umsetzung eines Sprints nicht länger als ein bis vier Wochen. Erst nach erfolgreichem Abschluss eines Sprints wird der nächste Teil begonnen. So können selbst Projekte, die noch in der Entwicklung sind, Schritt für Schritt aufgebaut und immer wieder an veränderte Kundenanforderungen angepasst werden.

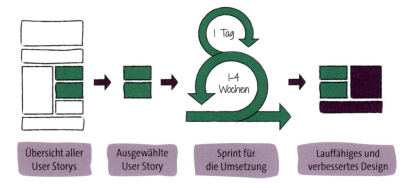

Im Scrum-Modell werden alle Anforderungen als User Storys gesammelt und dann in kurzen Sprints umgesetzt. Veränderungen und Neuerungen können so jederzeit eingefügt und berücksichtigt werden.

Die große Flexibilität ist ein enormer Vorteil der Scrum-Methode. Die Wünsche und Vorgaben des Auftraggebers und vor allem des Endnutzers können direkt in den Projektverlauf eingepflegt werden. Außerdem bekommen Sie so sehr schnell ein fertiges Design, mit dem Sie und Ihr Kunde arbeiten können (»Im ersten Sprint haben Sie die Landingpage mit den Hintergrundinformationen zum Rechnungstool gestaltet. Darum kann Ihr Kunde schon live gehen, auch wenn das Tool noch in der Entwicklung steckt, und mit dem Marketing beginnen.«). Gleichzeitig verlangt Scrum aber viel Erfahrung und Vertrauen von Ihnen und Ihrem Kunden. Um eigenverantwortlich einzelne Sprints umzusetzen, brauchen alle beteiligten Teams genügend Handlungsspielraum und Entscheidungsgewalt. Planungssicherheit sowohl finanziell als auch inhaltlich, wie bei der

Wasserfall-Methode, gibt es bei Scrum für Ihre Auftraggeber nicht. Aus diesem Grund eignet sich Scrum vor allem dann, wenn die Auftraggeber stark in den Prozess mit eingebunden sind und die Entwicklung einer Neuerung im Vordergrund steht, von der es im Moment nur ein unklares Bild gibt.

Kanban

Auch Kanban will Prozesse effektiver und flexibler machen, verfolgt dabei aber eine andere Strategie. Hauptziel ist es hier, unproduktives Multitasking zu verhindern und alle anfallenden Aufgaben und Prozesse sichtbar zu machen. Statt ständig zwischen vielen Aufgaben hin- und herzuwechseln, wird bei Kanban die Anzahl der Aufgaben begrenzt, die gleichzeitig bearbeitet werden können.

Das Prinzip ist ganz einfach und kommt visuellen Menschen sehr entgegen. Basis stellt immer ein Visualisierungs-Board dar. Das kann ein Whiteboard im Büro sein oder ein digitales Board, wie es *Trello* oder *MeisterTask* anbieten. Dieses Board wird in mehrere Spalten eingeteilt, die dem jeweiligen Stand der Aufgabe entsprechen (z. B. To do, Konzeption, Entwurf, Warten auf Feedback, Umsetzung, Fertig). Alle anfallenden Aufgaben, die mit dem Designprojekt zusammenhängen, werden einzeln erfasst und auf Post-its oder Karten, den sogenannten Tickets, festgehalten. Am Anfang des Projekts befinden sich alle Tickets in der ersten Spalte und warten. Beginnen Sie mit der Konzeption des Designs, so verschieben Sie die entsprechende Aufgabe in die nächste Spalte. Ist die Konzeption abgeschlossen, rückt das Ticket wieder eine Spalte weiter, bis die Aufgabe erledigt und am Ende des Boards angelangt ist. Um zu verhindern, dass sich Aufgaben in einem Bereich stapeln, wird bei Kanban die maximale Anzahl pro Spalte begrenzt. Indem Sie festlegen, dass nicht mehr als vier Tickets gleichzeitig in der Entwurfsphase sein dürfen, erreichen Sie, dass Aufgaben schneller

> *Es ist kein Drama, wenn das Projekt nicht nach Plan läuft. Es ist ein Drama, wenn der Projektmanager nichts davon weiß.*
> Peter Hobbs

erledigt werden. **Sie können nicht mehr um unangenehme oder problematische Aufgaben herumarbeiten, sondern müssen diese aktiv angehen.** Dazu kommt, dass durch die für alle gut sichtbare Positionierung des Boards Häufungen, Leerzeiten und Probleme schneller auffallen. Das gibt Ihnen die Möglichkeit, Teammitglieder zu entlasten oder Aufgaben effektiver zu organisieren. Ziel der Kanban-Methode ist es, alle Aufgaben und Abläufe im Flow zu halten und für einen kontinuierlichen Fluss innerhalb des Projekts zu sorgen.

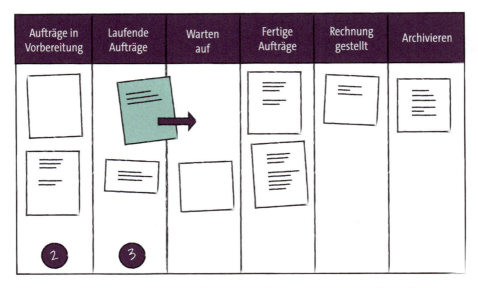

Kanban macht alle Aufgaben sichtbar und sorgt für eine kontinuierliche Bearbeitung des Designs. So behalten Sie immer den Überblick über die laufenden Designprojekte und können trotzdem agil und flexibel arbeiten.

Vorteil von Kanban ist seine einfache und intuitive Umsetzung. Es eignet sich für Einzelpersonen genauso gut wie für kleinere Teams oder Agenturen. Durch die hohe Transparenz und Sichtbarkeit ist der Projektstatus für alle Beteiligten jederzeit nachvollziehbar, Probleme fallen schneller auf und können dementsprechend gut korrigiert werden. Kanban nutzt die gleichen Rahmenbedingungen wie das Wasserfall-Modell, und nahezu jedes Designprojekt mit festen Anforderungen kann mit dieser Methode dargestellt und umgesetzt werden. Außerdem gibt es einen stärkeren

Austausch unter den verschiedenen Teammitgliedern, weil Aufgaben offensichtlicher organisiert und eingeteilt sind. Auch wenn Kanban mehr Flexibilität zulässt, ist es doch für Projekte mit offenem Endergebnis nicht so gut geeignet. Hier ist Scrum die bessere Wahl.

KANBAN FÜR MEHR ÜBERBLICK
Verschiedene Aufträge managen

Als selbstständiger Designer arbeiten Sie nie nur an einem Auftrag, sondern müssen zeitgleich verschiedene Aufgaben und Projekte managen. Dazu kommen interne Aufgaben wie Ihr Marketing, die Akquise oder die Büroorganisation. Um hier den Überblick zu behalten, können Sie sehr gut Kanban-Techniken nutzen. Wenn Sie digital arbeiten, können Sie einfach mehrere Boards für die verschiedenen Bereiche anlegen und dort alle Aufgaben in Tickets zerlegen. Falls Sie lieber analog und mit echten Post-its arbeiten, verwenden Sie unterschiedliche Farben, um die Aufgabenbereiche auf einem Whiteboard voneinander abzugrenzen. So sehen Sie immer, wie weit die einzelnen Aufträge sind, welche Aufgaben als Nächstes anstehen und wo Sie nachhaken müssen. Für wiederkehrende Aufgaben wie die Buchhaltung eignet sich ein Kanban-Board ebenfalls sehr gut. Ist der Monatsabschluss fertig, rutscht das Ticket einfach wieder in die erste Spalte zurück und startet in vier Wochen von neuem. Kanban ist einfach, leicht anzuwenden und mit seinen vielen Visualisierungsmöglichkeiten sehr gut für Kreative geeignet.

In vier Schritten zum gelungenen Designprojekt

Wie Sie jetzt wissen, gibt es ganz unterschiedliche Methoden und Ansätze für die Umsetzung von Designprojekten. Die überwiegende Mehrheit Ihrer Aufträge hat aber feste Vorgaben und Rahmenbedingungen, so dass sie sich sehr gut mit dem Wasserfall-Modell oder nach dem Kanban-Prinzip umsetzen lassen. Sie müssen beide ausprobieren und dann selbst entscheiden, welche Technik zu Ihren individuellen Bedürfnissen passt. Ihnen beiden gemeinsam sind aber die folgenden vier Schritte, die Sie für die Umsetzung der meisten Designprojekte brauchen:

Schritt 1 | Die Definition

Im ersten Schritt legen Sie fest, welche Ziele und Rahmenbedingungen Ihr Designprojekt hat.

- Was soll gestaltet werden?
- Was soll das Design erreichen?
- Welche Vorgaben gibt es vom Auftraggeber?
- Wie sind die Deadlines?
- Welche Zwischenschritte müssen beachtet werden?
- Gibt es Besonderheiten, wie spezielle technische oder inhaltliche Vorgaben?
- ...

Stehen die groben Rahmenbedingungen fest, geht es an die Planung der passenden Projektstruktur.

- Welche grundsätzlichen Aufgaben müssen bis zu welchem Zeitpunkt erledigt sein, damit das Design reibungslos umgesetzt werden kann (Meilensteine)?
- Welche externen Projektpartner wie beispielsweise Druckereien müssen hinzugezogen werden?
- Wer übernimmt welche Aufgaben im Team?
- Wie lange dauert die Umsetzung der einzelnen Meilensteine?
- Wo sind potenzielle Probleme?
- Welche Kosten sind zu erwarten?

Die Ergebnisse der Definition werden in einem Projektauftrag zusammengefasst. Bei kürzeren, gut überschaubaren Aufträgen wie einer Logogestaltung reicht es, wenn Sie diese Aufstellung in das Angebot mit aufnehmen. Bei umfangreicheren, langen oder neuartigen Aufträgen empfiehlt es sich, ein zusätzliches Pflichtenheft zu erstellen, in dem alle definierten Aufgaben zusammengefasst sind. Investieren Sie ausreichend Zeit in das Briefing mit dem Kunden, und stellen Sie sicher, dass Sie alle nötigen Informationen haben. Die Definition ist die Basis für Ihre Kalkulation und das Angebot. Schritt 1 endet mit der Unterzeichnung des Projektauftrags.

Schritt 2 | Die Planung

Der Auftraggeber hat Ihnen den Auftrag erteilt – Gratulation! Jetzt geht es an die Details für Ihren internen Ablauf. In diesem zweiten Schritt wird die definierte Projektstruktur konkretisiert. Alle Aufgaben werden zunächst in eine logische Struktur gebracht.

- Welche Aufgaben müssen erledigt werden (Konzeption, Ideenfindung, Entwurf ...)?
- Welche Ziele und Ergebnisse haben die einzelnen Aufgaben (z. B.: der Kunde wählt einen Entwurf aus, als Basis für die weitere Designgestaltung)?
- Wie ist die Deadline für die Einzelaufgaben, damit der gesamte Zeitplan stimmt?
- Wer ist für welche Aufgaben zuständig?
- Wie lange sollte welche Aufgabe maximal dauern, damit die Kostenkalkulation stimmt?

Bei umfangreichen Designs lohnt es sich auch zu überlegen, welche Aufgaben parallel und welche Aufgaben nur nacheinander bearbeitet werden können. Wenn Sie mit mehreren Beteiligten an einem Projekt arbeiten, sollten Sie in diesem Schritt auch sicherstellen, dass alle benötigten Materialien, Ressourcen und Personen zum entscheidenden Zeitpunkt da sind. Es wäre sehr ärgerlich, wenn das ganze Projekt ins Stocken kommt, nur weil der Texter ungeplant für drei Wochen im Sommerurlaub ist.

Wenn Sie mit der Kanban-Technik arbeiten, können Sie auch wichtige Informationen, die Einfluss auf das Projekt haben, auf den einzelnen

Tickets hinterlegen. Dazu gehören Deadlines (»inhaltliche Konzeption für Broschüre – final bis 15.07.2017«) oder beispielsweise Hinweise zu den beteiligten Teammitgliedern (»Text für Firmenphilosophie – Texter im Urlaub 09.–20.5.2017«).

Schritt 3 | Die Umsetzung

Nach all den Vorbereitungen geht es nun endlich an die Gestaltung. Im dritten Schritt werden die Aufgaben nach den zuvor festgelegten Abläufen bearbeitet. Überprüfen Sie regelmäßig, ob Sie noch im angedachten Zeitplan sind, ob alle Beteiligten die nötigen Inhalte liefern und ob die kalkulierten Kosten stimmen. Je schneller Ihnen Unstimmigkeiten auffallen, desto einfacher ist es, gegenzusteuern und größere Katastrophen zu verhindern. Sollte es zu ernsthaften Problemen kommen, ziehen Sie so schnell wie möglich Ihren Auftraggeber oder Vorgesetzten hinzu, und suchen Sie gemeinsam nach der besten Lösung. **Der professionelle Umgang mit Problemen ist auch Teil eines guten und professionellen Projektmanagements.** Am Ende der Umsetzungsphase ist das Design fertig.

Schritt 4 | Der Abschluss

Das Design ist abgeschlossen und kann nun im vierten Schritt dem Kunden präsentiert und an ihn übergeben werden. Damit ist der Auftrag nach außen beendet und kann in Rechnung gestellt werden.

Intern sollten Sie es sich aber zur Angewohnheit machen, nach jedem abgeschlossenen Projekt einen ehrlichen Rückblick zu machen.

- Was hat gut geklappt und wo gab es Probleme?
- Haben die kalkulierten Zeiten gestimmt?
- Wie ist das Feedback des Kunden und der beteiligten Teammitglieder?
- Was würden Sie beim nächsten Mal anders machen?
- Welche Materialien und Techniken haben gut funktioniert?
- Von welchen Erfahrungen können Sie beim nächsten Auftrag profitieren?

Notieren Sie sich die wichtigsten Ergebnisse aus dieser Analyse. Dadurch bekommen Sie einen guten Überblick über das fertige Projekt und können gleichzeitig Ihre eigenen Abläufe verbessern und vereinfachen. Wenn wieder so ein Auftrag reinkommt, können Sie Ihre jetzigen Erfahrungen als Blaupause nutzen und beispielsweise die Planungsübersicht aus Schritt 1 und 2 als Vorlage verwenden. Und schon haben Sie mehr Zeit für die kreative Gestaltung und den Teil der Arbeit, den Sie gerne machen.

Mit dem richtigen Workflow zu mehr Kreativität

Einen Workflow zu finden, mit dem Sie gerne, effektiv und kreativ arbeiten, ist eine Lebensaufgabe. Techniken, die heute gut funktionieren, können für Sie schon in einem Jahr überholt sein. Das liegt zum einen daran, dass Sie sich persönlich weiterentwickeln und dass sich Ihre Vorlieben ändern. Zum anderen verändern sich aber auch die Vorgaben und Rahmenbedingungen Ihrer Aufgaben. Ein schönes und hochwertiges Notizbuch kann ein treuer Begleiter über Jahre sein. In einem Notizbuch ist alles schnell notiert, es geht nicht kaputt, wenn es herunterfällt, und es hat diese wunderbare Haptik von Papier und Leinen, die keine App je ersetzen kann. Einige Kreative können und wollen auf diese analogen Begleiter nicht verzichten und nehmen dabei gerne in Kauf, dass man ein Notizbuch erfahrungsgemäß nicht immer und überall dabeihat. Ihr Smartphone hingegen ist nahezu überall dabei. Darum ist es nur folgerichtig und logisch, dass immer mehr Kreative nach einem Weg suchen, ihre Termine, Notizen und Aufgaben digital und geräteübergreifend zu verwalten, und bevorzugt auf Apps setzen. Beide Wege funktionieren und haben sich im Alltag bewährt.

> GÄBE ES DIE LETZTE MINUTE NICHT, SO WÜRDE NIEMALS ETWAS FERTIG.
> MARK TWAIN

Wenn Sie alleine arbeiten, können Sie die Abläufe und deren Organisation völlig frei gestalten. Sie sind unabhängig von den Vorgaben und Rahmenbedingungen, die Dritte an Sie und Ihren Workflow stellen. Das macht vieles leichter. Kreative, die im Team arbeiten, müssen sich stärker abstimmen. Auch wenn jedes Teammitglied seinen eigenen Bereich verwaltet, muss es gemeinsame Absprachen zu den Formaten, Programmen oder Arbeitsabläufen geben. Kein Außenstehender kann eine Grafik mit dem kryptischen Namen »UmzugFR15-neu0818-v3.jpg« richtig zuordnen und direkt mit diesem Bild weiterarbeiten. Die Folge sind Verwechslungen, unnötige Nachfragen und Unstimmigkeiten innerhalb des Designauftrags. **Tun Sie sich selbst und auch allen anderen Beteiligten einen Gefallen, und gewöhnen Sie sich eine saubere, sprechende und logisch nachvollziehbare Arbeitsweise an.** Das gilt auch für Ihre eigenen Dateien und Ablagen (vgl. Kapitel 5, »Die Kunst, immer ein gutes Ende zu finden«).

Gründliches Entrümpeln schafft Platz für mehr Kreativität

Die Termine auf dem Smartphone, die Fotos in der iCloud, die Daten von Kunden kommen per Dropbox, und Ihre eigene Ablage liegt auf dem Rechner und als Kopie auf einer externen Festplatte. Keine Frage, die Digitalisierung macht viele Arbeitsschritte leichter und unkomplizierter. Sie können auf Ihre Designs und Informationen jederzeit und von jedem Ort aus zugreifen, unabhängig davon, ob Sie gerade mit dem Smartphone, dem Tablet oder einem Rechner arbeiten. Das ist extrem praktisch.

Sie können so viele Daten und Informationen abspeichern und sammeln, wie Sie wollen, ohne dass es einen sofort sichtbaren Nachteil für Sie hat. Ob Sie ein 100-seitiges PDF ausdrucken, überlegen Sie sich genau. Ein 100-seitiges PDF digital abzuspeichern, ist hingegen keine Hürde. Das alles führt dazu, dass sich im Laufe der Zeit in Ihren Informationskanälen unüberschaubare Datenberge ansammeln. Egal ob es Ihr Postfach, die Festplatte oder ein Cloud-Speicher ist, überall sind riesige Altlasten von Informationen, die Sie in vielen Fällen weder brauchen noch vermissen.

Die Nachteile dieses Verhaltens sind nicht auf den ersten Blick offensichtlich. Digital gesammelte Datenmengen nehmen ja keinen greifbaren Platz weg, sie stehen nicht im Weg, und Speicherplatz kann jederzeit gegen ein geringes Entgelt erweitert werden. Trotzdem beeinflussen diese digitalen Altlasten Sie negativ. **Denn für Ihren Kopf und Ihre Wahrnehmung macht es kaum einen Unterschied, ob Sie 500 unbearbeitete Briefe auf Ihrem Schreibtisch liegen haben oder 500 ungelesene E-Mails in Ihrem Postfach.**

Sie wissen, dass da noch dieser große Berg an unüberschaubaren Aufgaben auf Sie wartet, und täglich wird er größer. Ihre analogen Altlasten in überfüllten Regalen, uralten Ordnern und auf Ihrem vollgestapelten Schreibtisch fallen da schon viel deutlicher ins Auge. Und sie schränken Sie auch viel offensichtlicher ein. Aufschieben und Weggucken hilft da wenig. Für Ihr digitales und auch analoges Ablagesystem gilt im Prinzip das Gleiche wie für Ihre Projektorganisation.

> *Die Musen sollten auch Papierkörbe verteilen.*
>
> André Brie

Definition Verschaffen Sie sich einen Überblick über Ihre aktuelle Situation. Welche Bereiche empfinden Sie als besonders belastend? Was möchten Sie ändern? Und welche Bereiche können Sie auch weiterhin unverändert lassen, ohne dass es einen Nachteil für Sie hat? Wenn es Sie nicht stört, dass Ihr Postfach überquillt und dass sich in den letzten Jahren weit mehr als 2.000 E-Mails darin angesammelt haben, dann ist das Thema *Zero Inbox* für Sie uninteressant. Stört es Sie hingegen massiv, dann lohnt es sich, Zeit in die Technik hinter dem Prinzip des leeren Postfachs zu investieren.

Planung Wie sollen Ihre Informationskanäle in Zukunft aussehen und organisiert sein? Welche Strukturen und Ablagesysteme sind für Sie sinnvoll, damit Sie sich besser und effektiver zurechtfinden? Überlegen Sie sich auch, wie genau und differenziert Sie sein wollen. Sie kennen sich selbst und Ihre Stärken am besten. Wenn Sie jetzt schon einschätzen können, dass ein sehr kleinteiliges Ablagesystem nicht Ihrem Wesen entspricht, dann finden Sie ein gröberes, von dem Sie wissen, dass Sie dieses auch langfristig beibehalten werden. Denken Sie auch an die Vielzahl an

Möglichkeiten, die Sie durch Automatisierungen bekommen. Interessante Artikel können Sie mit Automatisierungstool wie *Zapier* oder *IFTT* direkt auf Ihren Social-Media-Kanälen posten oder zentral in einem Read-me-later-Sammeltool wie *Pocket* oder *Instapaper* verwalten. Statt vieler kleiner Einzellisten haben Sie nur noch ein Tool, in dem Sie aus allen Quellen heraus Ihre Links sammeln.

Umsetzung Legen Sie los. Die besten Pläne und Vorhaben nützen nichts, wenn Sie nicht so schnell wie möglich mit der Umsetzung beginnen. Oft sind es aber genau die riesigen Altlasten, die Sie von einem Neustart abhalten. Wie sollen Sie es schaffen, alle Designaufträge aus den letzten fünf Jahren nach dem neuen Ablagesystem umzusortieren? Das würde Tage in Anspruch nehmen, richtig? Da gibt es einen einfachen, aber sehr wirkungsvollen Trick, der jeder Ausrede den Wind aus den Segeln nimmt: Erstellen Sie einen neuen Ordner mit dem Namen *Alte Designaufträge*. Sortieren Sie dort alle alten Designaufträge ein, ohne sie noch einmal zu öffnen, zu bearbeiten oder zu verändern. Sollten Sie einen der alten Aufträge noch einmal brauchen, weil beispielsweise ein Kunde einen Folgeauftrag hat, dann finden Sie alle Daten wie gehabt im Ordner *Alte Designaufträge*. Entscheiden Sie selbst, ob Sie die alten Daten im Anschluss lieber wieder zurück in das alte Ablagesystem speichern oder dann gleich für die neue Ablage aufbereiten und einfügen. Für jeden neuen Designauftrag gilt dann ab sofort das aktualisierte Ablagesystem, das Sie geplant und konzipiert haben. So können Sie direkt beginnen, ohne dass die Altlasten Sie zurückhalten.

> AMATEURE WARTEN AUF INSPIRATION; DER REST VON UNS STEHT EINFACH AUF UND GEHT ZUR ARBEIT!
> CHUCK CLOSE

Abschluss und Nachbesserung Versuchen Sie nicht, alle Problemzonen in einem Zug zu beheben. Das würde eine riesige Kraftanstrengung bedeuten und Sie können nicht einmal sicher sein, dass alle Neuerungen auch funktionieren. Kleine Schritte sind erfahrungsgemäß viel schneller und leichter umzusetzen, weil sie sich einfacher in Ihre bisherige Arbeitsweise einfügen. Hat sich eine Neuerung gut etabliert, können Sie immer noch nachbessern und Ihren Workflow so Schritt für Schritt verfeinern.

MEINE ORDNERSTRUKTUR FÜR PROJEKTE
Aus eigener Erfahrung

Ich habe für meine Designaufträge eine ganz einfache und leicht umsetzbare Ordnerstruktur gefunden. Diese passt sehr gut zu meiner Arbeitsweise und macht die Projekte auch in Jahren noch nachvollziehbar. In dem Hauptordner »Aufträge und Projekte« liegen für jedes Jahr Unterordner mit der jeweiligen Jahreszahl. Kommt ein neuer Auftrag hinzu, so erstelle ich einen neuen Ordner, den ich immer nach dem gleichen Prinzip benenne: »fortlaufendeAuftragsnummer-Jahr-Monat-Kunde-Projekt«. In dem Auftragsordner wiederum lege ich für jeden Projektschritt einen Ordner an, in dem ich dann alle Daten, Dateien und Informationen sammle. Suche ich später Details zu dem Auftrag, kann ich ganz einfach über eine Suchanfrage entweder nach dem Kunden, dem Projektnamen oder dem Jahr suchen. So finde ich mich auch nach Jahren noch gut in meinem Archiv zurecht. In der Kurzform sieht das dann wie folgt aus:

- Aufträge und Projekte
    - 2017
        - 17-485-2017-12-FirmaMeier-InfografikInvestment
            - 01 – Angebot_Briefing_Rechnung
            - 02 – Material vom Kunden
            - 03 – Entwurf
            - 04 – Umsetzung
            - 05 – Final an Kunden
            - 06 – Mails und Daten (Ich archiviere am Ende jedes Auftrags die dazugehörigen Mails und lösche sie aus meinem Postfach.)

Behalten Sie Ihre Zeiten im Blick

Es ist großartig, als Kreativer zu arbeiten. Sie können Ihre eigenen Ideen entwickeln und umsetzen, neue Wege gehen und das machen, was Ihnen besonders am Herzen liegt. Aber kreative Arbeit hat auch ihre Tücken.

Dann nämlich, wenn Sie den Überblick darüber verlieren, wofür Sie Ihre Zeit investieren. Dabei spielt es keine Rolle, ob Sie selbstständig sind und an eigenen Kundenprojekten arbeiten oder in einer Festanstellung Designs gestalten. In beiden Fällen müssen Sie vorab kalkulieren und planen, wie lange Sie für die Umsetzung des Projekts brauchen. Andere Teammitglieder nehmen Ihre Angaben als Grundlage für ihre eigene Planung, und auch für die Kosten und Einnahmen ist eine realistische Zeiteinschätzung wichtig.

Den Zeitfressern auf der Spur

Natürlich können Sie jetzt sagen, dass es doch keine entscheidende Rolle spielt, wie lange die einzelnen Schritte gedauert haben, solange das Design pünktlich beim Kunden angekommen ist. Aber das stimmt so nicht. Denn auch wenn Sie Ihren Job lieben, machen Sie ihn nicht zum Spaß, sondern weil Sie so Ihren Lebensunterhalt verdienen wollen. Da macht es einen großen Unterschied, ob Sie Ihre Zeit richtig kalkulieren und einschätzen. Denn die Differenz zwischen *»Für dieses Design brauche ich etwa 6 Stunden x 80 Euro Stundensatz = 480 Euro«* und *»Ich habe 480 Euro veranschlagt, in Wirklichkeit aber 12 Stunden gebraucht = 40 Euro Stundensatz«* ist enorm.

Ein weiterer großer Vorteil der Zeiterfassung ist, dass Sie herausfinden, wo Ihre Zeitfresser verborgen sind. Und das gilt auch für all die unscheinbaren Posten, die Sie so noch gar nicht wahrgenommen haben:

- Wie lange brauchen Sie, um Ihre Rechnungen und Angebote zu schreiben?
- Wie lange brauchen Sie, um Ihre Social-Media-Posts zu planen und zu veröffentlichen?
- Wie oft verzetteln Sie sich bei der Recherche durch Umfragen, putzige Katzenvideos oder private Mitteilungen auf Ihren Social-Media-Kanälen?
- Was ist mit Ihrer Buchhaltung oder dem Zusammenstellen der Spesenabrechnung?
- Wie viel Zeit verbringen Sie damit, Mails zu schreiben, zu lesen, zu löschen und zu beantworten?

- Beherrschen Sie die Software, die Sie auf dem Rechner haben, oder entstehen Ihnen durch falsche Anwendung unnötige Verzögerungen?
- Wie viel länger brauchen Sie für die Umsetzung Ihrer Aufträge, weil das Equipment veraltet ist?
- ...

Für Ihre grundsätzliche Zeiterfassung können Sie alles nutzen, was gut zu Ihnen und Ihrer Arbeitsweise passt. Egal ob Sie gerne mit digitalen Tools arbeiten, alles im Notizbuch festhalten oder lieber Ihre Zeiten auf einem Post-it notieren, das Sie sich dann an den Rechner kleben. Selbst Ihr Smartphone mit seiner Stoppuhr können Sie gut für Ihre Zeiterfassung nutzen.

Daneben gibt es auch professionelle Tools, die sich darauf spezialisiert haben, aufzulisten, womit Sie Ihre Zeit verbringen. *Rescue Time* oder *Toggle* sind zwei von diesen Tools, mit denen Sie Ihre Aktivitäten tracken und analysieren können. Das Prinzip ist aber immer das Gleiche, unabhängig davon, ob Sie lieber analog oder digital arbeiten. Notieren Sie sich, welche Tätigkeiten Sie im Verlaufe Ihres Tages erledigen, und halten Sie fest, wie lange Sie in Wirklichkeit dafür gebraucht haben. Mit dem Wissen um Ihre Zeitaufteilung alleine kommen Sie natürlich nicht weiter. Sie müssen auch etwas aus diesem Wissen machen. Denn indem Sie Ihre größten Zeitfresser im Büroalltag identifizieren, können Sie auch effektiv an Ihrem Projektmanagement und den Ablaufstrukturen arbeiten und diese verbessern.

> *Was kümmert mich mein Geschwätz von gestern, nichts hindert mich, weiser zu werden.*
>
> Konrad Adenauer

Ablenkung bewusst vermeiden

Aber nicht nur aktive Arbeiten können echte Zeitfresser sein. Auch unbewusste Ablenkung ist für Ihre kreative Arbeit eine ständige Falle. *Statt konzentriert einen Sachverhalt zu recherchieren, verlieren Sie sich in den Weiten des Internets. Oder Sie wollen eigentlich nur einen Änderungs-*

wunsch in der letzten Kundenmail nachlesen, verzetteln sich dann aber in den anderen ungeöffneten E-Mails, die sich in Ihrem Postfach angesammelt haben.

Um dieses ineffektive Multitasking zu verhindern, gibt es eine ganz einfache Methode, die **Pomodoro-Technik**. Sie wurde in den 1980er Jahren von dem italienischen Unternehmer Francesco Cirillo begründet.

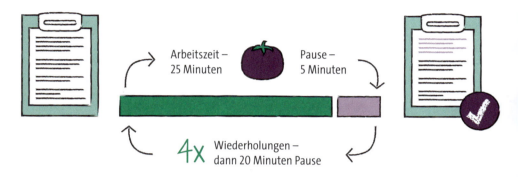

So simpel wie genial: Indem Sie Ihre Aufgaben in kurzen Pomodori-Einheiten erledigen, arbeiten Sie konzentriert und verzetteln sich nicht mehr so schnell.

Das Prinzip ist denkbar einfach. Produktives und kreatives Arbeiten braucht einen Wechsel von hoher Konzentration und regelmäßigen Pausen, am besten alle 25 Minuten. Also notieren Sie sich kurz, was Sie in den nächsten 25 Minuten schaffen wollen, stellen den Wecker und arbeiten konzentriert und ohne Unterbrechung, bis der Wecker klingelt. Dann haken Sie alles ab, was Sie geschafft haben. Es folgen 5 Minuten Pause. Gerade lange genug, um etwas zu trinken, sich neu zu ordnen oder kurz etwas zu holen. Dann folgt die nächste Pomodori-Einheit aus 25 Minuten Arbeit plus 5 Minuten Pause. Nach vier dieser Einheiten gönnen Sie sich eine große Unterbrechung von 20 Minuten.

Cirillo selbst empfiehlt, es so einfach wie möglich zu handhaben und nur Stift, Papier und eine simple Küchenuhr (z. B. in Form einer Tomate, italienisch »Pomodoro«) zu nutzen.

ZEIT SPAREN
Kleine Tipps für mehr Zeit

Wenn Sie regelmäßig viel Zeit darauf verwenden müssen, Ihren Kunden die gleichen Sachverhalte zu erklären, dann lohnt es sich, einmal gute und aussagekräftige Vorlagen zu erstellen, die Sie bei Bedarf einfach weitergeben können.

Wenn Ihr veraltetes Bildbearbeitungsprogramm sehr lange braucht, um die großen Photoshop-Dateien abzuspeichern, dann investieren Sie in neues und leistungsfähiges Equipment. Selbst wenn Sie dadurch nur etwa 20 Minuten pro Tag einsparen, macht das am Ende der Woche mehr als eineinhalb Stunden. Am Monatsende kommt so fast ein zusätzlicher Arbeitstag zusammen, an dem Sie Designs entwerfen und Geld verdienen können, statt zu warten.

Gerade in den sozialen Medien ist es leicht, sich zu verzetteln und von der eigentlichen Arbeit abgelenkt zu werden. Verbote und die guten Vorsätze, wirklich nur die eigenen Beiträge zu bearbeiten, bringen da nur wenig. Hier hilft Ihnen die Pomodoro-Technik. Stellen Sie sich Ihren Smartphone-Timer auf 25 Minuten ein, bevor Sie Facebook, Twitter, Instagram und Co. öffnen. Jetzt können Sie sich entspannt und ohne schlechtes Gewissen Ihren Social-Media-Kanälen widmen. Sind die 25 Minuten um, klingelt der Wecker, und Sie können entscheiden, ob Sie noch mehr Zeit für Ihre sozialen Medien brauchen oder ob Sie sich nun um eine andere Aufgabe kümmern.

Zeit für Kreativität

Es ist eine Krux, dass die kreative Arbeit bei näherer Betrachtung nur einen kleinen Teil Ihrer Tätigkeiten ausmacht. Denn Designs und Ideen müssen nicht nur entwickelt, sondern auch organisiert, besprochen, präsentiert und koordiniert werden. Schnell wachsen so die Aufgabenberge in beachtliche Höhen an. Leider. Denn je höher der Berg wird, desto größer wird die Herausforderung, diese Arbeitsmenge zu bewältigen. Klappt das nicht, leidet nicht nur Ihre Motivation, sondern auch Ihre Kreativität und im schlechtesten Fall sogar die Designprojekte, an denen Sie arbeiten.

Dabei gibt es viele unterschiedliche Ansätze und Möglichkeiten, Projekte zu organisieren. Angefangen dabei, dass Sie herausfinden, welche der vielen Einträge auf Ihrer To-do-Liste überhaupt in Ihren Aufgabenbereich fallen, bis hin zu agilen Projektmanagement-Techniken, mit denen Sie auch komplexe und umfangreiche Designs intuitiv und leicht nachvollziehbar umsetzen können. Jede dieser Methoden hat ihre Vor- und Nachteile – probieren Sie sie aus, und entscheiden Sie dann, welcher Weg Ihnen Ihren kreativen Alltag erleichtert.

Indem Sie schon bei der Planung von neuen Designs detailliert und sorgsam vorgehen, ersparen Sie sich viele unnötige Korrekturschleifen und Nachbesserungen. Das ist nicht nur ein Vorteil für Ihre Auftraggeber oder Ihre Teammitglieder, sondern verschafft Ihnen auch mehr Zeit und Ruhe, die Sie dann für Ihre Kreativität und andere Freiräume nutzen können.

Kunde: Botanik GmbH
Auftrag: Logo Gestaltung
Datum: 27.04.
Beschr.: Geschäftsausstattung: Briefpapier, Visitenkarten, Broschüre (20 Seiten), Infoflyer (A4 Leporello), 4 Postkarten, Website (Homepage und 4 Basisseiten)

Kunde: Flora Verlagshaus
Auftrag: Illustrationen
Datum: 21.10.
Beschr.: Buchillustrationen für Einbandgestaltung, 17 Kapitel

KAPITEL 5
Die Kunst, immer ein gutes Ende zu finden

Sie haben den Auftrag. – Ein Satz, den jeder Designer gerne hört. All die Mühe und Arbeit, die Sie in die Vorbereitungen gesteckt haben, zahlen sich nun aus. Schnell stellen Sie jedoch fest, dass die Auftragserteilung nur eine kleine Hürde war, verglichen mit dem, was danach kommt. Das Design muss geplant, organisiert und immer wieder mit dem Kunden abgesprochen werden. Kommt es dabei zu Unstimmigkeiten, Problemen oder Kritik, sind Erfahrung und Feingefühl gefragt, um das Projekt sauber und zufriedenstellend abzuschließen.

Auch die finale Freigabe vom Kunden ist noch lange nicht das Ende Ihrer Arbeit. Damit Sie sich auch nach Jahren noch zuverlässig in Ihren abgeschlossenen Projekten zurechtfinden, brauchen Sie für Ihre eigene Ablage Strukturen und Methoden, die logisch und nachvollziehbar sind.

Doch nicht nur Ihre Projekte müssen zu einem guten Ende kommen. Dass Sie Ihre eigenen Wünsche und Meilensteine kennen und erreichen, ist ebenso wichtig. Motivation, Begeisterung und Kreativität entstehen auch dadurch, dass Sie sich immer wieder vor Augen halten, wie viel Sie schon erreicht haben. Gerade wenn Designprojekte sehr lange gedauert haben, Sie besonders herausgefordert oder begeistert haben, ist es auch ein emotionaler Abschluss, der mit dem Projektende einhergeht. Sie haben viel erreicht, viel gelernt oder auch Hürden gemeistert – lassen Sie das alles noch einmal Revue passieren, und geben Sie dann diesen Platz wieder frei für neue Ideen und Designs.

Troubleshooting für Designaufträge

Kreativprojekte sind komplexe Angelegenheiten. Zu knappe Deadlines, technisch sehr umfangreiche Anforderungen oder nicht klar definierte Vorgaben – es gibt eine ganze Reihe von Faktoren, die das Risiko erhöhen, dass Ihr Design im Verlaufe des Auftrags in Gefahr gerät. Umso wichtiger ist es dann, dass Sie fokussiert arbeiten und die Stolpersteine immer im Auge behalten. Wenn Sie an nur einem einzigen Projekt zeitgleich arbeiten, lassen sich diese Faktoren noch gut eingrenzen. Doch die Realität sieht anders aus. Nicht nur Sie selbst arbeiten parallel an ganz unterschiedlichen Designs, auch Ihre Kunden oder Ansprechpartner betreuen in der Regel mehr als einen Themenbereich. Das führt schnell zu weiteren Komplikationen und Herausforderungen, die Ihren täglichen Arbeitsalltag beeinflussen und stören können.

Typische Fehlentwicklungen in Designprojekten Sie möchten, dass Ihre Designs erfolgreich sind und dass sie Ihren Kunden und natürlich auch Ihnen selbst gefallen. Dass Sie Fehlentwicklungen innerhalb eines Auftrags frühzeitig erkennen und zeitnah zusammen mit Ihrem Auftraggeber korrigieren können, trägt dazu maßgeblich bei. Mit guter Planung und Vorbereitung können Sie vielen potenziellen Fehlern vorbeugen. Aber nicht allen. **Jeder Kreative erlebt früher oder später eine Situation, die mehr einem Hindernislauf gleicht als einem kreativen Auftrag.** Risiken für Ihr Designprojekt können aber ganz verschieden aussehen und sich je nach Auftrag und Kunden unterscheiden. Zu den Klassikern gehören dennoch die folgenden Beispiele:

Unterschiedliche Erwartungen Um Ihnen zu verdeutlichen, wie schnell unterschiedliche Erwartungen und Vorstellungen zwischen Designern und Auftraggebern entstehen, hilft dieses kleine Experiment.

Aufgabe: *Stellen Sie sich bitte einen kleinen Hund vor.*

Nachgefragt: *Wie sah Ihr Hund aus? War er weiß, grau, braun oder schwarz? War es ein Dackel, ein Terrier oder ein Mischling? Hatte er lange Ohren, Schlappohren oder waren sie geknickt? Ein Hund hat natürlich nur im übertragenen Sinne etwas mit Ihrer kreativen Arbeit zu tun. Ersetzen Sie den Begriff »Hund« durch »Website für Floristen« oder »Flyer, der freundlich und einladend wirken soll«.*

Achten Sie darum von Anfang an darauf, dass alle Beteiligten von den gleichen Vorgaben und Erwartungen an das Design ausgehen. Visualisierungen und Negativbeispiele sorgen hier für mehr Klarheit unter allen Projektbeteiligten.

Der Auftragsumfang ist unklar *In welchen Schritten entsteht das Design? Wann und in welcher Form bekommt der Auftraggeber Zwischenschritte präsentiert? Wie viele Korrekturschleifen sind inklusive? Wie wird mit Zusatzleistungen umgegangen, die nicht im ursprünglichen Angebot vereinbart waren?* Diese Fragen und noch viele mehr können im Verlauf eines Designprojekts auftauchen. Wurden diese Möglichkeiten vor der

Auftragserteilung nicht besprochen, kommt es zu Unstimmigkeiten und Missverständnissen zwischen Ihnen und dem Auftraggeber. Sie müssen nicht jeden potenziellen Fall vorbereiten, aber Sie sollen klar ausdefinieren, was im vereinbarten Auftragsumfang enthalten ist und in welchem Umfang zusätzliche Anforderungen vergütet werden müssen. Das schafft Klarheit und Sicherheit für beide Seiten.

Schlechte Planung Eine umfangreiche Planung für Kundenaufträge ist zeitaufwendig, aber sehr sinnvoll. Außerdem dient diese nicht nur dazu, eine gute und realistische Kostenkalkulation für das Angebot zu machen, sondern erleichtert Ihnen auch alle nachfolgenden Schritte. Sie wissen, was wann zu tun ist, und können eingreifen, wenn Probleme auftreten. Ein zu sorglos geplantes Projekt wird länger dauern, als Sie kalkuliert haben. Dass Designaufträge schneller als geplant fertig sind, passiert eher nicht. Auch wenn Sie sich das immer wieder wünschen.

Schätzungen sind keine verlässliche Grundlage Ideenfindung folgt ihren eigenen Regeln. Mal haben Sie sehr schnell eine gute Idee, mal lassen sich passende Ansätze nur mit langwierigen Bemühungen erarbeiten. Wie sollen Sie da einschätzen, wie lange Sie für das Design brauchen? Kalkulieren Sie zu wenig Zeit, Ressourcen oder Fähigkeiten ein, bleiben Sie hinter Ihren Möglichkeiten zurück. Überschätzen Sie Ihre freien Kapazitäten oder Ihr Know-how, müssen Sie mehr Arbeit bewältigen, als von Ihnen veranschlagt und im Angebot berechnet wurde. Beide Fälle sind schlecht für Sie. Viel verlässlicher sind da Ihre Erkenntnisse aus vorhergehenden Aufträgen oder die Zeiterfassungen, die Sie für vergleichbare Projekte gemacht haben.

Die Teamgröße ist unpassend Wenn es nur einen Kreativen und nur einen Auftraggeber gibt, werden alle Absprachen direkt untereinander getroffen. Das ist praktisch und gut. Beide Seiten wissen, was verabredet wurde und welche Leistungen zu erbringen sind. Anders sieht es aus, wenn die Designprojekte deutlich umfangreicher sind und weitere Mitarbeiter an der Realisierung mitwirken. Dann kommen neben dem Designer vielleicht noch ein Fotograf, ein Texter, ein Programmierer oder ein Marketer dazu. Schnell ist da die optimale Teamgröße verpasst. Sind zu viele Personen in ein Projekt involviert, entstehen mehr Probleme, als gelöst werden. Ist die Anzahl der Teammitglieder jedoch zu klein, wird die anfallende Arbeit nicht bewältigt. In jedem Fall leidet das Designprojekt, wenn die Teamgröße unpassend ist.

Kommunikationsprobleme In jedem Designprojekt müssen die einzelnen Schritte und Meilensteine präsentiert und besprochen werden. Effektiv ist das aber nur, wenn alle Beteiligten wissen, was zu tun ist und wer für welche Aufgaben die Verantwortung trägt. Dann greifen alle Puzzleteile sauber ineinander. Kommunikationsprobleme verhindern das. Wird unter den Teammitgliedern zu wenig kommuniziert, dann wissen die einzelnen Beteiligten nicht, was aktuell gemacht wird und wo die eigenen Ergebnisse eingebracht werden müssen. Zu viel Kommunikation in Form von ständigen E-Mails, Anrufen, Meetings und Nachfragen hingegen blockiert den Designauftrag in anderer Richtung, weil alle Teammitglieder kommunizieren und keiner mehr dazu kommt, seiner Arbeit nachzugehen. Hier können offen einsehbare Projektmanagement-Techniken wie Kanban oder Scrum (vgl. Kapitel 4, »Projekte managen: Heute dürfen Sie wieder machen, was Sie wollen«) für Abhilfe sorgen.

Keine konsequente Umsetzung bis zum Schluss Sie kennen sich und Ihre Arbeitsweise. Den größten Teil eines Designauftrags erledigen Sie effizient und nach Plan. Doch dann, kurz vor der finalen Übergabe, kommen Sie ins Stocken. Gerade für die letzten Änderungen und Anpassungen müssen Sie sich besonders motivieren. Und das, obwohl diese finalen Arbeiten in der Regel weder besonders kompliziert noch anstrengend sind. Das Problem ist, dass in Ihrem Kopf die Grafik schon abgeschlossen ist, obwohl noch eine Handvoll kleiner Textanpassungen offen ist. Das Design bleibt unfertig und wird immer wieder nach hinten verschoben, weil andere Designaufträge dringender erscheinen und vorrangig behandelt werden. Das fast fertige Design wartet viel zu lange auf seinen finalen Abschluss.

Das gleiche Phänomen kennen Sie auch aus anderen Bereichen Ihres täglichen Lebens. Bestes Beispiel hierfür ist die nackte Glühbirne, die noch immer ohne Lampenschirm im Keller oder im Vorflur hängt, obwohl Sie schon vor sechs Monaten eingezogen sind. Daher auch die beliebte Redensart »Nichts hält länger als ein Provisorium«.

Was machen Sie, wenn es Probleme gibt?

Probleme können in jedem Designprojekt auftreten. Genauso wie Fehler. Manchmal redet man trotz guter Vorbereitung aneinander vorbei, oder es ändern sich Abläufe und Rahmenbedingungen während eines Auftrags. In anderen Fällen treffen Sie partout nicht den Geschmack Ihres Auftraggebers, oder Sie stellen erst während der Umsetzung fest, dass sich das Projekt nicht wie gewünscht umsetzen lässt. Was machen Sie dann?

Die Augen zumachen und hoffen, dass sich das Problem von alleine wieder löst, ist keine empfehlenswerte Taktik. Zurückweisungen oder Ausreden auch nicht. Wenn der Fehler auf Ihrer Seite liegt, dann stehen Sie dazu. **Je sauberer und offener Sie auch Schwierigkeiten kommunizieren, desto besser ist das für Ihre aktuelle und zukünftige Zusammenarbeit mit dem Auftraggeber.** Jedem kann ein Fehler unterlaufen, unabhängig davon, ob er auf der Seite des Dienstleisters oder auf der Seite des Auftraggebers ist. Zu einer echten Sackgasse wird ein Hindernis nur dann, wenn es nicht rechtzeitig zur Sprache kommt. Erst wenn alle Beteiligten wissen, wo es Schwierigkeiten gibt, können Sie gemeinsam nach dem geeigneten Lösungsweg suchen.

> *Was vorstellbar ist, ist auch machbar.*
> Albert Einstein

Das Gleiche gilt, wenn Sie bemerken, dass es durch eine Forderung oder eine Vorgabe des Auftraggebers zu Problemen kommt. Zögern Sie nicht, Ihren Kunden darauf aufmerksam zu machen. Erklären Sie ihm Ihre Bedenken und auch, warum dadurch das Projekt gefährdet werden kann. Nicht immer können Auftraggeber die volle Reichweite einzelner Entscheidungen für die Designentwicklung beurteilen und sind darum auf Ihr Expertenwissen und Ihre Beratung angewiesen.

Wenn Sie mit einem Auftraggeber zusammenarbeiten – unabhängig davon, ob Sie dies als Selbstständiger oder im Rahmen einer Festanstellung machen –, sind Sie vor allem eines: zwei gleichwertige Projektbeteiligte. Sie arbeiten zusammen an dem Designauftrag und können gemeinsam über Umfang und den Verlauf der Arbeit bestimmen. Das klingt banal, ist es aber gar nicht. Kreative sehen sich oft eher als Künstler und nicht als Partner auf Augenhöhe. Dies hat zur Folge, dass viele Designer vor allem reagieren und die geforderten Rahmenbedingungen der Kunden unkommentiert umsetzen, statt ebenfalls aktiv den Projektverlauf zu beeinflussen. Wenn Sie stattdessen mit Ihren Kunden sämtliche positiven wie negativen Aspekte offen kommunizieren, wird der Auftrag für beide Seiten effizienter, professioneller und einfacher. Von außen betrachtet kann ein Auftraggeber nur schwer nachvollziehen, wie viele Arbeitsschritte in einem guten Design stecken. Feste Meilensteine erleichtern es beiden Seiten, auftretende Probleme rechtzeitig zu erkennen und zu beheben. Holen Sie alle Projektbeteiligten frühzeitig mit ins Boot, und präsentieren Sie die vereinbarten Zwischenschritte. So haben alle die Möglichkeit, auf Unstimmigkeiten hinzuweisen und Probleme gar nicht erst entstehen zu lassen.

Der Weg zu einem guten Ende

Sie sind ein toller Designer, fachlich versiert, mit viel Erfahrung und kreativen Ideen. Sie wissen das auch und sind mit Herzblut bei jedem Design dabei. Das ist großartig und die beste Voraussetzung, um mit Ihrer Kreativität erfolgreich und glücklich zu sein. Doch die kreative Arbeit ist nur eine Seite der Medaille, denn Sie arbeiten nicht alleine. Unabhängig davon, wie Ihre Arbeitssituation aussieht, gibt es immer mindestens zwei Seiten. Und die müssen miteinander koordiniert werden. Wenn Sie für eine Agentur in einem festen Grafikteam arbeiten und Kundenaufträge gestalten, sind die verschiedenen Seiten und Anforderungen offensichtlich. Doch auch Selbstständige, die in erster Linie ihre eigenen Kreativprojekte umsetzen, arbeiten nicht losgelöst von äußeren Einflüssen. Auch sie möchten ihre Designs an Endkunden verkaufen und müssen darum auf deren Bedürfnisse und Besonderheiten eingehen.

Um gute Designs zu entwickeln, müssen Sie verstehen, was genau Ihr Auftraggeber braucht, welche Anforderungen die Endkunden an das Produkt oder die Dienstleistung stellen und wie Sie das Designprojekt intern in

Ihrem Team organisieren. Dafür brauchen Sie nicht nur Ihre fachlichen, sondern auch zwischenmenschliche Fähigkeiten. Gute Kommunikationsfähigkeiten zu Kunden und Kollegen sind da unerlässlich. Aber auch Ihre eigenen Ziele müssen Sie während eines Auftrags gut kommunizieren können, wenn Sie Ihr Design zu einem guten Ende bringen möchten.

Setzen Sie sich durch!

Kreativität ist großartig, doch was nützen Ihnen die besten Ideen, wenn Sie keine Argumente haben, um diese zu präsentieren und vor Vorgesetzten oder Auftraggebern durchzusetzen? Wenn Ihre Konzepte im Meeting nicht gehört werden? Oder wenn regelmäßig Kollegen mit weniger Fachkompetenz die Leitung für anstehende Kreativprojekt übertragen bekommen, die Sie so gerne gehabt hätten? Hier hilft Ihnen die Fähigkeit sich durchzusetzen.

> *Man löst keine Probleme, indem man sie auf Eis legt.*
> Winston Churchill

Durchsetzungskraft kann viele verschiedene Gesichter haben: Die unangenehmen, bei denen Sie mit Ellenbogen und Rücksichtslosigkeit alles daransetzen, Ihre eigenen Ziele voranzubringen. Ein Weg, bei dem Sie das Wohl und die Bedürfnisse Ihrer Mitmenschen bewusst übergehen und so immer Gefahr laufen, nur kurzfristige Siege zu erringen. Positive Durchsetzungskraft hat ein ganz anderes Gesicht. Wenn Sie souverän auftreten, sich Herausforderungen mit Wissen, Schlagfertigkeit und Humor stellen und Ihren Kunden und Kollegen mit ehrlichem Interesse zuhören, können Sie viel mehr für Ihre eigenen Ziele erreichen, als Sie jetzt noch denken.

Selbst erfüllende Prophezeiungen

In einem Unternehmen können Sie viele Dinge nicht selbst bestimmen. Auch die Besonderheiten und Anforderungen, die Ihre Kunden vorgeben, können Sie nicht beeinflussen. Die Art und Weise, wie Sie auf diese Situationen reagieren, aber sehr wohl. Wenn Sie sich vorstellen, dass Ihr Designkonzept schon wieder nicht ausgewählt wird, tragen Sie unbewusst durch Ihr Verhalten und Ihr Auftreten dazu bei, dass Ihre Befürchtung tatsächlich eintritt. **Ihre Gedanken und die eigene Selbstwahrnehmung beeinflussen, wie Sie sich vor Kunden oder Kollegen präsentieren. Im positiven und im negativen Sinne.** Denn Sie können genau diesen Effekt der sich selbst erfüllenden Prophezeiung auch umkehren und sich für Ihre Vorhaben zunutze machen. Stellen Sie sich bildhaft vor, wie Sie den Kunden von Ihrem Design begeistern und wie sehr Sie sich darüber freuen werden, dass Sie sich durchsetzen konnten. Nehmen Sie diese positive Einstellung mit, wenn Sie in die Präsentation gehen.

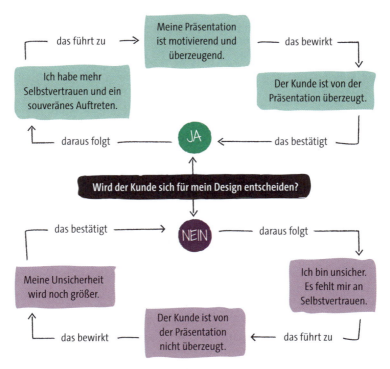

Die sich selbst erfüllende Prophezeiung – die Erwartungshaltung, mit der Sie an ein Projekt herantreten, beeinflusst Ihre Handlungen und damit auch das Ergebnis. Es kommt so, wie Sie es schon zu Beginn vorhergesagt haben. Ein Muster, das Sie sich gut zunutze machen können, indem Sie sich selbst positiv beeinflussen.

Indem Sie ein bestimmtes Ergebnis erwarten, beeinflussen Sie unbewusst Ihr eigenes Handeln und Denken, was sich wiederum auf Ihre Mitmenschen überträgt und dazu führt, dass Ihr gewünschtes Ergebnis tatsächlich eintritt. Der amerikanische Soziologe Robert K. Merton hat dieses Phänomen 1948 unter dem Begriff »self-fulfilling prophecy«, also der sich selbst erfüllenden Prophezeiung bekannt gemacht.

Bescheidenheit ist eine Zier – aber wenig hilfreich, wenn Sie sich mit Ihrer Kreativität durchsetzen möchten. **Nur wer die eigenen Ziele klar kommunizieren kann, bekommt die Chance, die eigenen Ideen umzusetzen, und kann den Kunden plausibel machen, warum der eigene Entwurf gut und passend ist.** Überlegen Sie sich daher schon vor einem Gespräch oder einem Meeting genau, welches Bild Sie von sich zeigen wollen und wo Ihre Stärken liegen. *Welche Ihrer Erfahrungen sind für das geplante Projekt vorteilhaft? Was können Sie mit einbringen, was Sie von anderen Designern unterscheidet?* Nennen Sie dabei konkrete Beispiele, damit Kunden oder Vorgesetzte sich eine Vorstellung von Ihren Qualitäten machen können.

Seien Sie lösungsorientiert

Die innere Haltung, neue Herausforderungen anzunehmen und positiv zu meistern, hat weitere Vorteile für Sie. Statt sich weiterhin an Dingen aufzureiben und sich über die entstandenen Probleme zu ärgern, können Sie neue Wege aus dieser Situation herausfinden. Denken Sie lösungsorientiert.

Natürlich ist es schwer, mit einem Teammitglied oder Auftraggeber zu arbeiten, der sich wiederholt nicht an die Absprachen hält und so das gesamte Design verzögert. Sie können sich darüber ärgern oder die Konfrontation suchen, also problemorientiert reagieren. Doch wird Ihnen das nicht weiterhelfen. Stattdessen werden Sie noch mehr Zeit und Energie auf einen Sachverhalt verwenden, der Sie sowieso schon so lange belastet. Sehr viel effektiver ist es, wenn Sie nach anderen Wegen suchen und eine Lösung für das Dilemma finden.

- Was können Sie tun, damit sich die Situation verändert?
- Was muss sich verändern, damit Sie und das Designprojekt nicht mehr unter dem Fehlverhalten der anderen leiden?
- Wie würden Sie lieber arbeiten und was müssen Sie dafür machen?
- Wie kann eine Lösung für das Problem aussehen?

Im oben genannten Fall können Sie beispielsweise zu einer für alle sichtbaren Projektvisualisierung an einem Whiteboard wechseln. So fallen nicht eingehaltene Zusagen viel schneller auf, und der Kollege hat nicht mehr die Möglichkeit, seine Verzögerungen unbemerkt fortzuführen. Ist es Ihr Kunde, der nicht wie zuvor abgesprochen liefert, so können Sie in einem Gespräch darauf hinweisen, dass Sie nur dann fristgerecht Ihren Teil der Designarbeit abliefern können, wenn die Informationen bis zum festgelegtem Datum X vorliegen. Das ändert vielleicht nichts daran, dass die Deadline platzt, befreit Sie aber von der Last, den Termin nicht halten zu können.

Mit Motivation und Achtsamkeit führen Sie Ihr Projekt zum Erfolg

Wie schafft man es, sich selbst, den Kunden und alle Beteiligten auch bei langen Kreativprojekten bei der Stange zu halten? Mit der richtigen Motivation, mit Humor und Wertschätzung.

Motivierte Menschen geben ihr Bestes, sind mit Herzblut dabei und finden auch für schwierige Designaufträge kreative Lösungen. Humor hilft Ihnen, auch bei Problemen oder in besonders anstrengenden Phasen ein positives Arbeitsklima zu bewahren. Mit Wertschätzung wiederum können Sie erreichen, was kurzzeitige Boni, Anreize oder übermäßige Härte nicht schaffen, nämlich eine langfristige Bereitschaft zur Mitarbeit aller Beteiligten und den Willen zu einer erfolgreichen Weiterentwicklung des Designprojekts. Im Team ist Motivation und eine gute Stimmung ansteckend, und auch wenn Sie alleine arbeiten, wirkt sich eine positive Grundeinstellung gut auf Ihre Arbeit aus.

DAS GEHEIMNIS DER SELBSTMOTIVATION
Eine kleine Anleitung

Sich selbst immer wieder aufs Neue selbst zu motivieren, ist da schon schwieriger, vor allem, wenn Sie alleine arbeiten. Hier hilft ein kleiner Trick: Das Geheimnis der Selbstmotivation ist, dass Sie den Sinn hinter Ihrer Arbeit kennen und sehen können. Und mit »sehen« ist hier tatsächlich eine Visualisierung gemeint. Überlegen Sie sich, was Sie erreichen, wenn Sie Ihr aktuelles Designprojekt erfolgreich umsetzen.

- Sind Sie mit Ihrer Leistung zufrieden, weil Sie ein kniffliges und herausforderndes Design professionell gestaltet haben?
- Freuen Sie sich darüber, dass Ihr Auftraggeber zufrieden ist, weil er nun sein Produkt besser verkaufen kann?
- Oder ist es vielleicht die Tatsache, dass Sie mit dem Geld, das Sie durch den Auftrag verdienen, endlich in den schon so lange ersehnten Schwedenurlaub fahren können?

Egal, was Sie motiviert, zeichnen, fotografieren oder gestalten Sie ein kleines Bild von Ihrem Ansporn. Stellen Sie sich das Bild wie eine Postkarte auf den Schreibtisch, oder machen Sie einen Desktop-Hintergrund für Ihren Rechner daraus. Packen Sie das Bild in Ihre Schreibtischschublade, wenn es niemand sehen soll, und holen Sie es immer dann heraus, wenn Sie merken, dass Ihnen der richtige Ansporn fehlt. Hauptsache, Sie haben Ihr Ziel ständig vor Augen und können sehen, für welche Belohnung Sie sich gerade engagieren. So fällt es viel leichter, motiviert zu bleiben.

Kommunikation, Feedback und Kritik

Als Designer kommunizieren Sie ununterbrochen. Mal visuell über Ihre Designs, dann wieder direkt im Austausch mit Auftraggebern oder Kollegen und natürlich auch indirekt über Ihre Handlungen, Verhaltensweisen und Reaktionen. Aber was macht gute Kommunikation aus? Wie lassen sich Missverständnisse verhindern? Und wie schaffen Sie es, Ihrem Auftraggeber alle Informationen zu entlocken, die Sie brauchen, um ein funktionierendes und hochwertiges Design zu gestalten?

Die vier Seiten einer Nachricht

Visuelle Kommunikation hat einen ganz entscheidenden Vorteil gegenüber dem gesprochenen oder geschriebenen Wort: Sie ist unmittelbar, und der Betrachter sieht, was gemeint ist. Bei Worten ist das schwerer. Wenn Sie das Wort »Haus« hören, entstehen vor Ihrem inneren Auge ganz andere Bilder von dem, was gemeint ist, als bei Ihrem Gegenüber. Ein Haus kann ein Fachwerkhaus, ein Hochhaus, ein Reihenhaus, ein Einfamilienhaus, eine Villa oder ein Gartenhaus sein. Diese unterschiedlichen Vorstellungen können im Verlauf des Gesprächs zu Verwirrung und unterschiedlichen Annahmen führen. Zeigt Ihnen jedoch Ihr Gesprächspartner ein Foto von einem Bauernhaus, dann sehen Sie während der gesamten Unterhaltung das gleiche Haus wie Ihr Gesprächspartner.

> *Das Wichtigste in einem Gespräch ist zu hören, was nicht gesagt wurde.*
> Peter F. Drucker

Sprache und Kommunikation sind ein breites wissenschaftliches Feld, mit dem sich ein ganzer Zweig der Psychologie und der Linguistik beschäftigt. Deren Ansätze reichen von umfangreichen und komplizierten Prozessanalysen bis hin zu viel einfacheren und praktikableren Kommunikationsmodellen. Ihnen allen gemeinsam ist das Ziel, unsere Kommunikation besser zu verstehen, um Missverständnissen vorzubeugen und herauszufinden, was gesagt und vor allem was damit gemeint wurde.

Ein Punkt, der auch für Ihre tagtägliche Arbeit als Kreativer sehr hilfreich ist. Denn es macht einen sehr großen Unterschied für Ihr Design, zu wissen, was hinter dem Kundenwunsch »Nach unserem Generationswechsel möchten wir ein Redesign für unser Corporate Design« steckt. Bedeutet es, dass nach einem Generationswechsel im Unternehmen weiterhin die alten Werte und Ziele vertreten werden, mit dem Unterschied, dass der neue Geschäftsführer ein moderneres und klareres Design möchte? Oder bedeutet es, dass sich durch den neuen Geschäftsführer auch die Produktpalette, die Zielkunden, die Werte und Visionen des Unternehmens ändern werden? Dann muss auch Ihr Design ganz andere Funktionen erfüllen als im ersten Fall. Der deutsche Kommunikationswissenschaftler Friedemann Schulz von Thun hat dazu ein Modell entwickelt, das unter dem Namen *Vier-Seiten-Modell* oder *Kommunikationsquadrat* bekannt geworden ist. Das Prinzip dahinter ist ganz einfach. Schulz von Thun sagt, dass Menschen auf vier unterschiedlichen Ebenen kommunizieren, wenn sie etwas sagen. Die vier Ebenen sind:

Ebene 1: *Die Sachebene, auf der die Fakten und Daten übermittelt werden. – Worüber informiere ich mein Gegenüber?*
Beispiel: Ich finde, das bestehende Corporate Design ist nicht mehr gut. Darum soll es überarbeitet werden.

Ebene 2: *Die Ebene der Selbstkundgabe, auf der Sie offen oder auch unterbewusst Ihre momentane Stimmung, Ihre Motive und Ihre Gefühle kommunizieren. – Was gebe ich von mir preis? Wie stelle ich mich dar?*
Beispiel: Ich bin mit dem bestehenden Corporate Design unzufrieden. Mir gefällt nicht, wie das Thema bisher im Unternehmen umgesetzt wurde.

Ebene 3: *Die Beziehungsebene, bei der Sie nonverbal durch Gesten oder Ihre Mimik Ihr Verhältnis zu Ihrem Gesprächspartner übermitteln. – Was halte ich von meinem Gegenüber? In welchem Verhältnis stehen wir zueinander?*
Beispiel: Ich denke, dass der Designer weiß, wie man mit einem überarbeiteten Corporate Design die neuen Unternehmensziele kommunizieren kann. Ich traue dem Designer das zu.

Ebene 4: *Über die Appellebene wird der Teil der Nachricht kommuniziert, mit dem etwas erreicht oder umgesetzt werden soll. – Wozu möchte ich mein Gegenüber mit meiner Mitteilung veranlassen?*
Beispiel: Ich will, dass der Designer mir ein neues Corporate Design gestaltet, das meinen neuen Zielen und Ansprüchen entspricht.

Analog dazu kommt auch die Nachricht auf diesen vier Ebenen beim Gesprächspartner an. Erst das Gehirn setzt die vier Einzelinformationen wieder zu einer Nachricht zusammen, bewertet dabei die vier Ebenen aber unterschiedlich stark. Für so eine Interpretation spielen die persönlichen Erfahrungen und Werte eine große Rolle, weswegen es immer wieder zu Fehlinterpretationen und damit zu Missverständnissen kommt.

Was will der Kunde wirklich sagen? Eine Frage, die nicht nur bei einem Briefing zu einem neuen Corporate Design wichtig ist. Dabei kann dieser Satz auf vier unterschiedliche Arten gesendet und auch vom Designer empfangen werden. Gezieltes Nachfragen hilft, Kommunikationsprobleme und Missverständnisse zu verhindern.

Ihnen als Designer fällt im Briefinggespräch mit dem Auftraggeber auf, dass er mit dem bestehenden Corporate Design unzufrieden ist. Für ein Redesign brauchen Sie aber mehr Informationen, um zu wissen, was genau geändert werden soll und welche Ziele und Ansprüche zukünftig kommuniziert werden sollen. Weil Ihr Kunde die Hintergründe nicht kennt, die für ein gutes und funktionierendes Design wichtig sind, müssen Sie ihm gezielt Fragen stellen. Sie wissen das und können entsprechend reagieren und sich vorbereiten.

Kommunikationsinstrumente für Kreative

Sie wissen jetzt, wie wichtig eine gute Kommunikation für Ihre Arbeit als Kreativer ist. Theoretisches Wissen allein hilft Ihnen aber noch nicht dabei, selbst besser zu kommunizieren. Vor allem dann nicht, wenn Sie eher introvertiert sind und lieber Ihre Arbeiten und Designs für sich sprechen lassen, anstatt selbst in den Mittelpunkt zu treten. Nicht jeder ist dazu geboren, sich selbstverständlich, charmant und ohne Scheu vor großem Publikum zu präsentieren. Doch seien Sie unbesorgt – es gibt viele unterschiedliche Mittel und Wege, um Informationen gut zur Sprache zu bringen.

Kommunikationsziel

Bevor Sie sich Gedanken darüber machen, wie Sie Ihre Ziele, Meinungen oder Anliegen am besten kommunizieren, müssen Sie sich darüber klar werden, was Sie denn überhaupt erreichen wollen. Sie müssen Ihr Kommunikationsziel kennen und vor Augen haben, bevor Sie ins Gespräch gehen, um die passende Strategie dafür festzulegen. Diese drei Beispielfragen sind eine Möglichkeit, sich gut auf das kommende Gespräch vorzubereiten.

- Wollen Sie herausfinden, was Ihr Kunde wirklich will und welche Ziele er verfolgt, wenn er ein Design bei Ihnen in Auftrag gibt?

- Wollen Sie Ihren potenziellen Kooperationspartner von sich und Ihren Designs überzeugen, damit Sie einen neuen Geschäftszweig eröffnen können?
- Wollen Sie Ihren Vorgesetzten dazu bewegen, Ihnen die Leitung für das neue Designprojekt zu übergeben?

Perspektivenwechsel

Gerade weil Kommunikation auf vielen Ebenen abläuft, kann es für Sie hilfreich sein, wenn Sie sich vor einem Gespräch in die Sichtweise Ihres Gegenübers hineinversetzen. Passende Fragen können sein:

- Welche Fragen hat ein Neukunde an einen Designer?
- Welche Befürchtungen und Unsicherheiten kann er haben?
- Welche Informationen müssen Sie Ihrem Kunden mitgeben, damit er das Designprojekt bei Ihnen in guten Händen weiß?

Notieren Sie sich die Argumente, Probleme und Verhaltensweisen, die Sie durch den Perspektivenwechsel erkannt haben. Überlegen Sie sich Antworten und Lösungen für die verschiedenen Punkte. Mit deren Hilfe können Sie sich besser auf den nächsten Gesprächstermin vorbereiten und überzeugender handeln.

Bewusstes Zuhören

Als Kreativer müssen Sie Ihrem Auftraggeber zuhören, um herauszufinden, welche Anforderungen er an das geplante Design hat. Das ist logisch und für jeden nachvollziehbar. Trotzdem passieren genau an diesem Punkt viele Kommunikationsfehler, denn es gibt einen großen Unterschied zwischen *einfachem Hinhören* und *bewusstem Zuhören*. Es geht nicht nur darum, festzustellen, was der Kunde möchte, sondern auch darum, an der Art seiner Kommunikation abzulesen, welche Bedürfnisse und Handlungsmotive er hat. Indem Sie bewusst und aufmerksam zuhören, erkennen Sie, welche Dinge Ihrem Kunden wichtig sind und warum.

- Sie erkennen, welche Motive Ihr Gesprächspartner wirklich hat.
- Sie erkennen nonverbale Informationen und können die Mimik und Gestik Ihres Gegenübers miteinbeziehen.
- Indem Sie gezielt Fragen stellen, können Sie weiterführende Informationen bekommen, die wichtig für den Designauftrag sind.
- Bewusstes Zuhören signalisiert Wertschätzung und schafft einen positiven Rahmen für die weitere Zusammenarbeit.

Nicht immer wissen Kunden schon genau, was sie brauchen und welche Form der Visualisierung für ihre Zwecke die geeignetste ist. Als Designer begleiten Sie Ihren Kunden durch diesen Klärungsprozess. Indem Sie bewusst und unvoreingenommen zuhören und gezielt Fragen stellen, gewinnen Sie wertvolle Informationen, die Ihnen bei der Beratung und der späteren Ideenfindung weiterhelfen.

Gezielte Fragen

Mit Hilfe von Fragen können Sie Gespräche steuern und strukturieren. Nicht umsonst sagt man im allgemeinen Sprachgebrauch: *Wer fragt, der führt.* Fragen helfen Ihnen auch dabei, sicherzustellen, dass Sie die Informationen Ihres Gesprächspartners richtig verstanden haben. Fragen Sie nach, wenn Sie unsicher sind oder es mehrere Interpretationsmöglichkeiten gibt. Fragen sind ein sehr nützliches Kommunikationsinstrument. Doch Vorsicht – die Schwelle zwischen echtem Interesse und unangenehmem Ausfragen ist schnell überschritten und wird je nach Mentalität und Persönlichkeit unterschiedlich empfunden. Machen Sie Ihrem Gesprächspartner deutlich, warum Sie fragen und welches Ziel Sie damit verfolgen. Das fördert seine Antwortbereitschaft.

Vor allem, wenn bei einem Designauftrag nicht offensichtlich ist, welche Hintergrundmotive der Auftraggeber verfolgt, oder der Kunde diese nicht klar definieren kann, können Sie mit der richtigen Fragetechnik hilfreiche Informationen bekommen. Sie können dabei ganz unterschiedliche Fragearten nutzen – je nachdem, welche Wirkung Sie erzielen wollen.

Geschlossene Fragen, die einfach mit »Ja« oder »Nein« zu beantworten sind, bringen das Gespräch schneller voran, übermitteln jedoch weniger Informationen. Offene Fragen lassen viel Raum für Informationen und Inhalte, können aber langatmig und zeitintensiv sein.

FRAGEN FÜHREN ZU ANTWORTEN
Eine kleine Anleitung

Die nachfolgenden Fragen sind Beispiele dafür, wie Sie gezielt weiterführende Informationen von Ihrem Gesprächspartner einholen können. Ausgangspunkt für diese Kommunikationsmethode ist wieder die folgende Kundenanfrage: »Bitte überarbeiten Sie unser bestehendes Corporate Design, weil wir nach unserem Generationswechsel im Unternehmen ein Redesign möchten.«

Geschlossene Frage: »Haben Sie konkrete Vorstellungen vom neuen Corporate Design?«
Wann nutzen: Da es hier nur die Antwort »Ja« oder »Nein« gibt, eignet sich diese Frageform besonders zur Informationsabfrage oder um eine Entscheidung zu treffen.

Offene Frage: »Welche Teile des bestehenden Designs empfinden Sie als veraltet?«
Wann nutzen: Da der Befragte hier frei antworten und berichten kann, können Sie viele Informationen über seine Sichtweise und Einstellung bekommen.

Offene Fragen lassen sich noch weiter differenzieren. Hier eine Auswahl an Möglichkeiten:

Alternativfragen: »Wollen Sie Ihre Hausfarben beibehalten oder sollen sie ebenfalls angepasst werden?«
Wann nutzen: Hier kann zwischen zwei vorgegebenen Antworten gewählt werden. Darum eignet sich diese Frage immer dann, wenn Sie Ihren Gesprächspartner um eine Entscheidung bitten möchten.

Aufforderungsfrage: »Was können Sie mir über die geplante Neuausrichtung in Ihrem Unternehmen erzählen?«
Wann nutzen: Durch eine solche Frage können Sie Ihren Kunden direkt dazu auffordern, Sie gezielt über ein bestimmtes Thema zu informieren.

Gegenfrage: »Wie meinen Sie das genau?«
Wann nutzen: Indem Sie eine Gegenfrage stellen, fordern Sie Ihr Gegenüber auf, seine Antwort zu präzisieren und konkret zu werden.

Informationsfrage: »Welche Bestandteile des Corporate Designs sollen überarbeitet werden?«
Wann nutzen: Informationsfragen eignen sich besonders gut, um Sachinformationen zu erfragen.

Initialfrage: »Was ist der wichtigste Punkt, den Sie in diesem Briefinggespräch klären möchten?«
Wann nutzen: Mit dieser Frage können Sie herausfinden, was Ihren Gesprächspartner zu diesem Gespräch motiviert hat und wo für ihn der Schwerpunkt liegt. Die Initialfrage ist damit besonders für den Beginn eines Gesprächs geeignet.

Kontrollfrage: »Habe ich Sie richtig verstanden und es wird nach der Neuausrichtung nur noch um den Handel im B2B-Bereich (Business to Business) gehen?
Wann nutzen: Fakten, Daten oder Zahlen können Sie mit Kontrollfragen reflektieren.

Feedback und Kritik

Die eigene Meinung durchzusetzen, schwierige Entscheidungen zu treffen oder auch die eigenen Fehler zuzugeben, erfordert Mut. Die Kritiken anderer anzunehmen und selbst konstruktive Rückmeldungen zu geben ebenso. Das ist nicht einfach. Trotzdem sind Kritik und Feedback gut und wichtig, weil Sie durch die Rückmeldung von Außenstehenden Ihre eigenen Fähigkeiten ausbauen können und neue Impulse bekommen. Für Ihre Designs und Entwürfe gilt das ebenso wie für Ihre persönliche Entwicklung.

Das funktioniert aber nur, wenn Sie auch um eine Einschätzung gebeten haben oder in einer Situation sind, in der Sie wissen, dass Sie Feedback oder Kritik bekommen. Bei Präsentationen, Mitarbeitergesprächen oder wenn Sie direkt nachfragen, ist das der Fall. Hier nehmen Sie bewusst in Kauf, dass Sie möglicherweise eine Kritik bekommen, mit der Sie nicht gerechnet haben und die Ihnen nicht gefällt. Sie haben sich darauf emotional und gedanklich vorbereitet und sind bereit, diese aufzunehmen. Die Rückmeldung anderer Kreativer kann Sie motivieren, Ihnen neue Sichtweisen aufzeigen oder aufdecken, wo Sie sich verrannt haben. Willkommenes Feedback ist sehr hilfreich für Ihre Entwicklung.

> KRITIK IST AUCH EINE ART VON INTERESSE.
> LOTHAR HÜTHER

Unfreiwillige Kritiken oder Rückmeldungen, vielleicht auch von Personen, die Sie gar nicht kennen und über deren Hintergründe, Ambitionen oder Fachwissen Sie nichts wissen, sind hingegen fragwürdig. Hier können auch Missgunst, die Anonymität des Internets und die eigenen Ängste oder Befürchtungen des Kritikgebers eine große Rolle spielen.

So gehen Sie mit destruktiver und schlechter Kritik um

Doch wie gehen Sie mit einer Rückmeldung um, die trotz aller Vorbereitungen nicht konstruktiv, sondern unreflektiert oder undifferenziert ausfällt? Die vielleicht auch verletzend, unsachlich und unangemessen ist? Was können Sie machen, wenn Sie durch die Worte Ihres Gegenübers so sehr getroffen sind, dass Ihnen dadurch die Motivation verloren geht, überhaupt mit dem Design weiterzumachen? Der Ratschlag »Seien Sie souverän und nehmen Sie es nicht persönlich« ist hier wenig hilfreich. Einfach verdrängen lässt sich so eine Kritik auch nicht.

Ganz wichtig in diesen Situationen: Verteidigen Sie sich nicht. Egal, was Sie sagen, es wird nichts besser machen. Selbst für gute und stichhaltige Argumente ist Ihr Gegenüber in so einer Situation nicht zugänglich. Und mit Wut oder Zorn gießen Sie nur mehr Öl ins Feuer. Sparen Sie sich diese Energie, und beenden Sie besser das Gespräch so schnell wie möglich. Das soll aber nicht heißen, dass Sie Ihren Emotionen keinen Raum geben sollen. Ganz im Gegenteil. Sie sind wütend, verletzt oder aufgebracht? Dann geben Sie diesen Emotionen Raum – raus müssen sie in jedem Fall, wenn sie Sie nicht blockieren und negativ beeinflussen sollen.

Überlegen Sie danach, wenn die Emotionen ein wenig abgeebbt sind, ob die Kritik in dieser Form überhaupt an Sie gerichtet war. Der Vorwurf »Ihre Designs sind sowieso immer langweilig und altbacken« sagt sehr viel mehr über den Kritiker als über Ihre Designs aus. Fragen Sie sich, was die Motive Ihres Kritikers sind.

- Will sich Ihr Gegenüber auf Ihre Kosten profilieren?
- Versucht er seinen eigenen Ärger und seine eigene Unzufriedenheit loszuwerden?
- Will er Ihre Designs bewusst schlechtmachen, um sich selbst besser darzustellen?
- Versucht Ihr Kritiker, eigene Schwächen auf diesem Weg zu überspielen?
- Ist der Kritiker überhaupt eine Person, die für Sie und Ihre Arbeit von Bedeutung ist?

Indem Sie erkennen, dass die Motive für die schlechte Kritik vielleicht gar nicht bei Ihnen liegen, gewinnen Sie mehr Abstand zu den Worten und ihrer Bedeutung für Sie. **Bei jeder Kritik ist es an Ihnen, diese anzunehmen oder eben auch nicht. Sie entscheiden selbst, ob und welche Konsequenzen Sie aus den erhaltenen Informationen ziehen.**

Diese Form der destruktiven Kritik aber grundsätzlich als unbedeutend abzutun, bringt Sie allerdings auch nicht weiter. Dass Sie so eine starke emotionale Reaktion auf die Worte Ihres Kritikers empfinden, sagt auch etwas über Sie aus. Hätte es keine Bedeutung für Sie, so hätte das Feedback Sie nicht verunsichert, verletzt oder wütend gemacht, oder? Manchmal ist es nur die Tatsache, dass Sie nicht auf Ihr Bauchgefühl gehört haben und wider besseres Wissen diese Person um Rückmeldung gebeten haben. Oder Sie ärgern sich über die Art und Weise, wie das Feedback gegeben wurde. In manchen Fällen steckt hinter der destruktiven Kritik aber auch ein kleiner konstruktiver Kern. Vielleicht haben Sie sich für dieses Design zu wenig Zeit genommen und sind selbst mit Ihrer Arbeit nicht völlig zufrieden? Das kann auch ein Grund sein, warum Sie Kritik, dass Ihr Design langweilig und altbacken ist, getroffen hat. Falls das so ist, können Sie zumindest diesen kleinen konstruktiven Kern aufgreifen und zu etwas Nützlichem umwandeln, von dem Sie trotz alledem profitieren.

FEEDBACK UND KRITIKGESPRÄCHE
Eine kleine Anleitung

- Vereinbaren Sie einen Termin, an dem Sie ungestört und ohne Zeitdruck miteinander sprechen können.
- Fallen Sie nicht mit der Tür ins Haus, sondern nehmen Sie sich Zeit, um eine ruhige, offene Atmosphäre zu schaffen.
- Verallgemeinern Sie die eigene Kritik nicht, sondern sprechen Sie in der Ich-Form. Kritik und Feedback sind immer subjektiv. »Ich habe den Eindruck, dass Ihnen die Umsetzung der Entwürfe Schwierigkeiten gemacht hat ...« statt »Immer gibt es Schwierigkeiten, wenn Sie die Entwürfe umsetzen sollen ...«
- Geben Sie Ihrem Gesprächspartner die Möglichkeit, sich zu Ihren Eindrücken zu äußern: »Wie sehen Sie diesen Fall?« Fragen Sie nach, falls Unstimmigkeiten auftreten, und hören Sie bewusst zu.
- Bleiben Sie ganz konkret bei einem bestimmten Sachverhalt. Pauschale Aussagen helfen nicht weiter.
- Erarbeiten Sie gemeinsam eine Lösung oder einen Änderungsvorschlag.
- Bleiben Sie neutral und sachlich. Emotionale Vorwürfe haben in einem Kritikgespräch nichts zu suchen.
- Fassen Sie zum Schluss alle Punkte und Ergebnisse zusammen, damit beide Seiten wissen, wie der Stand der Dinge ist und welche Schritte folgen.

Feedback und Kritik auf die richtige Weise geben

Gutes Feedback hat immer etwas mit Wertschätzung zu tun. Sie wollen Ihr Gegenüber dazu motivieren, sein Verhalten zu überdenken oder sich persönlich und fachlich weiterzuentwickeln. Es geht nie darum, den anderen in eine bestimmte Rolle zu drängen, die er vielleicht gar nicht innehaben will. Überlegen Sie sich vorab, wie Sie selbst Feedback bekommen möchten und welche Kommunikationswege Ihnen unangenehm sind. Sie möchten Ihren Gesprächspartner mit Ihrem Feedback konstruktiv unterstützen, nicht zurechtweisen oder unrealistische Forderungen an ihn stellen.

Feedback und Kritik souverän annehmen

Kritik und Feedback anzunehmen und für sich selbst nutzen zu können, ist schwieriger, als selbst Rückmeldung zu geben. Niemand mag es, wenn die eigenen Designs oder Arbeitsweisen kritisiert werden. Sie fühlen sich in die Enge gedrängt und möchten am liebsten mit Rechtfertigungen, Entschuldigungen oder Schuldzuweisungen auf diese emotionale Belastung reagieren.

Es gehört Erfahrung und Souveränität dazu, auch in diesen Situationen ruhig zu bleiben und einen klaren Kopf zu bewahren. Denken Sie auch daran, dass jeder Fehler macht, ganz unabhängig davon, in welcher Position oder Funktion er arbeitet. Stehen Sie zu Ihren Fehlern, und lernen Sie, sich auch die Kritik daran bis zum Ende anzuhören. Selbst wenn es schwerfällt. Die Rückmeldung von außen zeigt Ihnen Bereiche auf, in denen Sie sich verändern können. **Nehmen Sie die Kritikpunkte auf, versuchen Sie nachzuvollziehen, was Ihr gegenüber Ihnen damit sagen möchte, aber kommentieren Sie das Gesagte nicht.** Sie müssen sich auch nicht rechtfertigen. Feedback und Kritik sind immer subjektiv und stellen nur die individuelle Sichtweise des Kritikgebers dar. Im Nachhinein haben Sie Zeit, diese Argumente zu reflektieren, für sich zu bewerten und gegebenenfalls Veränderungen daraus abzuleiten.

Jeder Mensch sieht und bewertet den gleichen Sachverhalt verschieden. Feedback und Kritik resultieren immer aus dieser individuellen Sichtweise. Darum sollten Sie Kritik auch nicht kommentieren, sondern annehmen, durchdenken, Ihre eigenen Schlüsse aus dem Gesagten ziehen und Entscheidungen treffen.

Nach dem Projekt ist vor dem Projekt

Geschafft! Das Design ist fertig, der Kunde zufrieden und die Rechnung geschrieben. Doch halt, stopp! Nur weil das Projekt nach außen freigegeben ist, sind Sie noch nicht fertig. Designaufträge haben die Eigenheit, selten geradlinig zu verlaufen. Ideen werden entwickelt und präsentiert, vom Kunden verworfen, später dann doch wieder aufgegriffen und in veränderter Form weiterverwendet. Dazu kommen unzählige E-Mails, Gesprächsprotokolle oder Vereinbarungen zwischen Ihnen, Ihren Kollegen, externen Dienstleistern und dem Auftraggeber. Jetzt wissen Sie noch genau, wie diese Entwicklung stattgefunden hat und in welcher zeitlichen Reihenfolge die einzelnen Dateien aufeinander aufbauen. Aber können Sie das auch in zwei Jahren noch nachvollziehen, wenn der Kunde an den Auftrag anknüpfen möchte und Ihnen einen Folgeauftrag gibt?

Projekte sauber abschließen

Die eigenen Dateien am Ende jedes Auftrags aufzuräumen und sinnvoll zu dokumentieren, ist der letzte Arbeitsschritt, mit dem Sie jedes Designprojekt abschließen sollten. Dafür gibt es gleich mehrere wichtige Gründe.

Der offensichtlichste Grund ist Ihre eigene Arbeitserleichterung. Während eines Designprojekts häufen sich eine Vielzahl unterschiedlichster Entwürfe, Daten und Informationen an. Nicht nur auf Ihrem Rechner, sondern auch bei allen anderen Projektbeteiligten. Dazu kommen handschriftliche Unterlagen, Spesenabrechnungen und eine lange E-Mail-Korrespondenz. Indem Sie diesen Berg an Informationen sammeln, sichten und logisch dokumentieren, bringen Sie alle Inhalte an einem Ort zusammen. Jetzt können Sie den Auftrag auch nach Jahren noch rekonstruieren und die Designentwicklung nachvollziehen. Außerdem schützt eine saubere Ablage vor möglichen Problemen und Forderungen des Kunden, wenn es zum Streitfall kommt.

> DIE BASIS JEDER GESUNDEN ORDNUNG IST DER PAPIERKORB.
> KURT TUCHOLSKY

Die gesetzliche Vorgabe, dass alle geschäftlich relevanten Unterlagen zehn Jahre lang aufbewahrt werden müssen, ist der Hauptgrund, warum eine Dokumentation am Ende jedes Designauftrags Pflicht ist. Neben den eigentlichen Designdateien sollten Sie außerdem immer das Angebot, die Auftragsbestätigung, eine Rechnungskopie, den Zahlungseingang und Belege für Fremdkosten, Spesen oder Stundenzettel archivieren. Auch Ihr Steuerberater oder die Buchhaltungsabteilung sind Ihnen sehr dankbar, wenn Sie von vornherein zu jedem Auftrag die relevanten Unterlagen und Belege ablegen.

Viele tolle Designs verschwinden nach dem Projektende einfach in der Schublade. Nicht, weil Sie Ihre Arbeiten nicht zeigen möchten, sondern vielmehr, weil Sie sich im Alltag nicht die Zeit nehmen, Ihre schönen Designs für das Portfolio oder Ihre Website aufzubereiten. Das ist schade. Denn auch die großartigsten Kreativprojekte bringen Ihnen keine neuen Aufträge, wenn sie niemand sieht. Machen Sie es sich zur Gewohnheit, am

Projektende auch Ihr Portfolio zu aktualisieren. Zeigen Sie Ihre Arbeiten in Ihren Social-Media-Kanälen, oder fügen Sie das neue Design auf Ihrer Website hinzu.

Schlussstriche zelebrieren, Erfolge feiern und Misserfolge nutzen

Das alte Design loslassen, sich von den Überlegungen dazu freimachen und Raum schaffen, um neu durchzustarten – auch das gehört zu einem Projektabschluss dazu. Indem Sie alle Informationen zu einem Projekt aus den verschiedenen Ordnern, Programmen und Rechnern zusammensuchen und gebündelt archivieren, schließen Sie auch emotional mit dem Projekt ab. Jede gelöschte E-Mail und jede aussortierte Datei fühlt sich gut an. Es ist der gleiche Effekt, den Sie auch vom Durchstreichen Ihrer Aufgaben auf einer To-do-Liste kennen. Sie erleben noch einmal, was Sie alles geschafft und erreicht haben. **Seien Sie stolz auf sich selbst und auf Ihre Leistungen. Gerade bei umfangreichen oder schwierigen Projekten sollten Sie nicht einfach zum nächsten Punkt auf der Liste übergehen, wenn Sie ein Design beendet haben.** Zelebrieren Sie Schlussstriche, gönnen Sie sich etwas, was Sie sonst nicht machen, und freuen Sie sich über Ihren Erfolg. Sie haben es sich verdient.

Doch auch Misserfolge und gescheiterte Projekte können Sie voranbringen. Auch wenn das natürlich viel mehr Arbeit und Reflexion von Ihnen fordert. Gewinnen Sie zuerst einmal Abstand zum Misserfolg, und machen Sie eine Pause, bevor Sie sich neu sortieren. Es ist immer eine bestimmte Zeit nötig, um sich Fehler einzugestehen und daraus zu lernen. Was hätten Sie anders machen können? Wo liegen Ihre Potenziale und Fähigkeiten und wo sind Ihre Grenzen? Unabhängig davon, ob Sie selbst für das Scheitern verantwortlich sind oder unverschuldet einen Fehler erleben. Viel entscheidender als das Scheitern an sich ist nämlich, dass Sie aus den Misserfolgen Konsequenzen ziehen und nach Wegen suchen, damit sich die Probleme nicht wiederholen. Sehen Sie Ihr Scheitern nicht als Schwäche, sondern als Chance auf eine Weiterentwicklung oder Neuausrichtung Ihrer Kreativität.

DER PROJEKTABSCHLUSS
Eine kleine Checkliste

Projektdaten
- Sind Angebot, Rechnung und Zahlungseingänge dokumentiert?
- Haben Sie Ihre Projektplanung archiviert, um sie als Vorlage für einen ähnlichen Auftrag nutzen zu können?
- Ist die Zeiterfassung abgelegt und ausgewertet? Haben Ihre geplanten Zeiten in den unterschiedlichen Projektabschnitten mit den tatsächlichen übereingestimmt?

Designdaten
- Sind alle Materialien, Entwürfe, Konzepte, finalen Designs und die an den Kunden übergebenen Dateien, die zu dem Projekt gehören, in einem Ordner gesammelt?
- Sind die finalen Dateien aufgeräumt (ausgeblendete Ebenen gelöscht, ungenutzte Farben und Objekte außerhalb der Arbeitsfläche entfernt, zusammengehörige Ebenen gruppiert und sinnvoll benannt ...)?
- Sind die Dateien nach Projekt und Datum sortiert?
- Gibt es eine Markierung oder einen besonderen Ordner für die Daten, die an den Kunden gegangen sind, damit Sie auch nach Jahren noch wissen, welches die finale Version war?

Korrespondenz
- Haben Sie die wichtigsten E-Mails archiviert – sowohl die von Ihnen, von Ihrem Auftraggeber als auch von den anderen Projektbeteiligten?
- Sind alle Gesprächsprotokolle vorhanden?

Datensicherung
- Werden die dokumentierten Projektdaten automatisch und regelmäßig in einem Backup gesichert? Funktioniert diese Datenaufbewahrung die geforderten zehn Jahre lang?
- Sind die Informationen so abgelegt und benannt, dass im Vertretungsfall auch ein anderer Designer das Projekt nachvollziehen kann?
- Haben Sie die nicht mehr benötigten Daten aus Ihrem Posteingang, dem Auftragsordner und der Ablage gelöscht?

Eigene Ziele erreichen und festhalten

Kreativität zeigt sich in vielen Dingen, nicht nur in den Designprojekten, die Sie für Auftraggeber und Kunden umsetzen. Vielmehr zeigt sie sich in der Art, wie Sie die Welt wahrnehmen und interpretieren. Seitenprojekte, Hobbys, Ziele und Vorlieben – das alles sind Teile Ihrer kreativen Persönlichkeit.

Vielleicht brauchen Sie den schnellen Austausch und das Gemeinschaftsgefühl, das Sie im Teamsport erleben, um auf der anderen Seite Ihrer kreativen Arbeit nachgehen zu können, bei der Sie am liebsten alleine sind und ohne Ablenkung Ideen entwickeln. Oder Sie verbringen Ihre Freizeit und Ihre Urlaube gerne in der Ruhe und Abgeschiedenheit ferner Orte, obwohl Sie Designaufträge bevorzugt in großen Teams und in enger Zusammenarbeit mit anderen Kreativen gestalten. Alle diese Teile und eigenen Projekte sind wichtig. Sie geben Ihnen neue Impulse, beeinflussen sich untereinander, motivieren Sie und zeigen Ihnen, wie unterschiedlich man an Situationen herantreten kann.

Gleichzeitig spielen Wünsche und Ziele eine große Rolle für Ihre kreative Weiterentwicklung. Welche Designs, Techniken oder Methoden möchten Sie gerne einmal ausprobieren? Was reizt Sie und spornt Ihre Kreativität an – ganz unabhängig davon, was Sie beruflich für Auftraggeber umsetzen? Was sind Ihre persönlichen Ziele?

Die eigenen Ziele erreichen

Alleine dass Sie ein Ziel haben, reicht aber noch nicht aus, um es auch tatsächlich zu erreichen. Sie müssen sich auch Gedanken darüber machen, wie Sie es erreichen können. Ziele müssen klar definiert sein und nicht nur ein nebulöser Gedanke. »Ich möchte mit meiner handgefertigten Hochzeitspapeterie erfolgreich sein« ist zwar ein Ziel, doch können Sie weder genau sagen, was das Ziel im Detail umfasst, noch feststellen, wann

Sie es erreicht haben. Vage und ungenaue Ziele wie dieses erleiden in der Regel alle das gleiche Schicksal. Aus dem »Wenn ich mal mehr Zeit habe, möchte ich ...« wird ein »Irgendwann einmal ...« und dann nur noch ein »Eigentlich wollte ich das schon immer, aber jetzt ist es zu spät, um ...«.

Der beste Weg, dieser Aufschieberitis vorzubeugen, ist ein gut eingeteilter Plan. **Niemand erreicht seine Ziele und Wünsche von heute auf morgen – vor allem nicht, wenn die Ziele groß und umfangreich sind.** Teilziele hingegen lassen sich viel schneller und besser umsetzen. Ihre Ziele müssen auch nicht automatisch Projekte im Designbereich sein. Auch die Erfüllung von Wünschen in ganz anderen Bereichen belebt Ihre Kreativität. Sie geben Ihnen neue Eindrücke und Einflüsse, die Sie inspirieren und begeistern. Egal, ob Sie um die Welt reisen wollen, Gitarre spielen lernen oder fotorealistische Tierillustrationen machen möchten – jedes Ziel besteht aus vielen kleinen Teilzielen, die Sie Schritt für Schritt dem Erfolg näher bringen.

Meilensteine für Ihren Erfolg

Meilensteine kennen Sie durch Ihre Arbeit an Kundenprojekten. Ganz selbstverständlich teilen Sie hier den gesamten Designprozess in mehrere gut handhabbare Teilschritte ein. Das ist praktisch, strukturiert auch komplizierte Projekte und zeigt schnell und einfach, wie weit Sie bereits im Projekt vorangekommen sind. Doch warum nutzen Sie die gleiche Technik nicht auch bei Ihren eigenen Zielen? Gerade bei persönlichen Zielen, bei denen es ja keine Bestätigung von außen gibt, ist ein erreichter Meilenstein etwas Besonderes, was Sie bewusst wahrnehmen sollten und worauf Sie stolz sein können.

Wertvolle Ziele verlängern das Leben.
Alfred Selacher

Langfristige Planung ist ein sehr nützliches Werkzeug für die Umsetzung Ihrer persönlichen Ziele. Auch wenn sie nicht bei allen beliebt ist. Es gibt Kreative, die gerne Zeit in eine ausführliche Planung investieren, weil es ihnen dabei hilft, ihre Gedanken zu sortieren, den Fahrplan festzulegen, und sie so mehr Freiräume für ihre kreative Arbeit gewinnen. Anderen

Kreativen setzt genau diese Herangehensweise zu. Sie brauchen mehr Raum für Spontanität und die eigene Entwicklung. Diese Menschen tun sich keinen Gefallen, wenn sie auch ihre persönlichen Ziele zu detailliert planen. **Wie auch in vielen anderen Bereichen des kreativen Lebens gilt hier: So viel wie nötig, so wenig wie möglich.**

Eine grundsätzliche Planung ist jedoch für alle Kreativen sinnvoll, wenn sie ihre Ziele erfolgreich erreichen möchten. Setzen Sie sich Meilensteine, eingeteilt nach Jahren, Monaten und Wochen und so detailliert, wie es für Ihre Persönlichkeit sinnvoll ist.

Die Jahresplanung Ein Jahr ist lang und es passieren viele Dinge, an die Sie sich am Ende der zwölf Monate gar nicht mehr erinnern. Sie bemerken im Alltag nicht, wie viel Sie schon erreicht und erlebt haben. Nehmen Sie sich darum erst einmal Zeit, bewusst zurückzudenken, was alles im letzten Jahr passiert ist.

- Welche Aufträge haben Sie umgesetzt?
- Wie vielfältig waren die Designs, die Sie gemacht haben?
- Welche persönlichen und beruflichen Herausforderungen haben Sie erlebt und gemeistert?
- Welche Wünsche haben sich erfüllt?
- Welche Ziele sind noch unerreicht?

Mit diesem Rückblick im Kopf gucken Sie nun auf die kommenden zwölf Monate. Formulieren Sie Ihre Ziele so genau und messbar wie möglich. Tipps dazu finden Sie auch in Kapitel 2.

- Wie lautet Ihr Ziel?
- Was wollen Sie im Detail schaffen?
- Was müssen Sie für Ihr Ziel machen?
- Was fehlt Ihnen noch?
- Wie sehen die einzelnen Meilensteine für Ihr Ziel aus?

Die Monatsplanung Mit dem großen Ziel vor Augen gilt es nun, die einzelnen Meilensteine sinnvoll und in umsetzbaren Teilstücken auf die Monate zu verteilen. Gehen Sie ruhig von hinten nach vorne vor, wenn Ihnen die Planung so leichter fällt. Seien Sie dabei so genau wie nötig, aber nicht genauer. Finden Sie selbst heraus, wie viel Planung gut für Sie ist. Aber unterschätzen Sie dabei nie die Kraft, die in einem guten Plan liegt. Vor allem, weil es bei persönlichen Zielen keine Auftraggeber oder Mitstreiter gibt, die Sie motivieren und Sie davon abhalten, auf halber Strecke aufzugeben. Erreichte Meilensteine sind da eine große Hilfe, weil sie Ihnen bewusst machen, wie viel Sie schon geschafft haben.

EINE REALISTISCHE ZEITPLANUNG
Eine kleine Anleitung

Stopmotion-Videos haben Ihnen schon immer gut gefallen. Bis heute haben Sie aber weder eines gemacht noch sich damit beschäftigt, wie man diese Videos erstellt. Doch das soll sich jetzt ändern. Ihr Ziel für das nächste Jahr lautet: »Ich werde in einem Jahr professionelle Stopmotion-Videos anbieten und an meine Auftraggeber verkaufen.« Da Sie festgelegt haben, bis wann Sie Ihr Ziel erreichen möchten, gehen Sie bei der Planung von hinten nach vorne vor:

- In 12 Monaten setzen Sie regelmäßig professionelle Stopmotion-Videos für Auftraggeber um.
- In 9 Monaten werden Sie das erste Mal für ein Stopmotion-Video bezahlt.
- In 6 Monaten haben Sie ein komplettes Stopmotion-Video von Anfang bis Ende für ein eigenes Projekt umgesetzt.
- In 3 Monaten haben Sie einen guten Überblick über die technischen Voraussetzungen und Programme erhalten, die man für Stopmotion-Videos braucht. Außerdem haben Sie sich für ein Programm entschieden, das Sie verwenden wollen.
- In 4 Wochen haben Sie recherchiert und verstanden, wie man Stopmotion-Videos macht.
- In 1 Woche haben Sie einen Überblick darüber, wie vielfältig Stopmotion-Videos sein können, und wissen, welche Mitbewerber diese Videos in welcher Form professionell anbieten.

Diese Zeitplanung ist realistisch und so großzügig geplant, dass sie sich auch neben dem Beruf umsetzen lässt. Das macht es Ihnen leichter, die einzelnen Meilensteine zu erreichen und motiviert zu bleiben.

Die Wochenplanung Sie müssen nicht am Anfang des Jahres schon jede Woche durchplanen. Das wäre auch unrealistisch. Vielmehr geht es bei der Wochenplanung darum, sich einmal 30 Minuten Zeit zu nehmen, um einen groben Überblick über die Woche zu bekommen.

- Wie weit sind Sie vom nächsten Meilenstein entfernt?
- Wie viel Zeit haben Sie, um in der nächsten Woche an Ihren persönlichen Zielen zu arbeiten?
- Stehen Kindergeburtstage, Arztbesuche oder sonstige Verpflichtungen an, die zeitintensiv sind?
- Was soll am Ende der Woche fertig sein?

Auch wenn Sie vermeintlich nur wenig Zeit für Ihre eigenen Ziele haben, können Sie auf ein Jahr betrachtet viel erreichen. Eine Skizze pro Tag ist nicht viel, wenn Sie eine neue Zeichentechnik erlernen wollen. Nach 365 Tagen reichte es trotzdem schon zu einem ganzen Buch und einer deutlich sichtbaren Verbesserung. Sie haben in vielen kleinen Schritten erreicht, was Ihnen zu Beginn noch schwer umsetzbar erschien. Und dass Sie so Ihr Ziel erreicht haben, ist, worauf es unter dem Strich ankommt.

Das gute Ende

Wie lassen sich Kreativprojekte planen, koordinieren und erfolgreich umsetzen? Und was machen Sie, wenn es Probleme gibt? Das sind Fragen, die sich jeder Kreative stellt. Denn Aufträge für Kunden, Präsentationen, Meetings und Projektplanungen sind regelmäßiger Bestandteil kreativer Arbeit. Und wie immer, wenn es um die komplexe Kommunikation zwischen mehreren Beteiligten geht, können Fehler und Missverständnisse auftreten. Klare Regeln, ein genaues Briefing und ein intensiver Austausch zwischen Auftraggeber und Designer helfen, diese zu verhindern. Sollte es trotzdem einmal zu Schwierigkeiten kommen, dann sitzen Sie diese in keinem Fall aus. Nichts wird besser, nur weil Sie warten. Sobald sich Probleme abzeichnen oder es zu Verzögerungen kommt, sollten Sie diese offen und klar kommunizieren. Auch Kritik und Feedback gehören einfach dazu. Sie möchten ja von Ihrem Gegenüber auf Augenhöhe wahrgenommen werden, und das geht nur, wenn Sie sich ebenfalls entsprechend verhalten.

Um herauszufinden, was Ihr Auftraggeber wirklich von Ihnen und dem Design erwartet, müssen Sie zuhören, Fragen stellen und Unklarheiten sofort ansprechen. Kommunikation birgt immer das Risiko, missverstanden zu werden, aber sie bietet auch viele Chancen. Versetzen Sie sich in Ihren Gesprächspartner hinein, und führen Sie Ihre Kreativprojekte mit Motivation, Achtsamkeit und ehrlichem Interesse zum Erfolg. Denn auch Ihre persönliche Einstellung trägt viel zum Gelingen der Projekte bei.

Ist der Auftrag beendet, sind Sie aber noch nicht fertig. Unterlagen, Daten, Dateien und auch alle unternehmensrelevanten Dokumente müssen aufbewahrt und archiviert werden. Feiern Sie anschließend Ihre Erfolge, und ziehen Sie einen sauberen Schlussstrich unter beendete Designs. So schaffen Sie den notwendigen Raum für neue Ideen.

Doch nicht nur Designprojekte müssen erfolgreich abgeschlossen werden. Auch Ihre persönlichen Ziele sind wichtig für Ihre Kreativität. Definieren Sie Ihre Wünsche, auch wenn sich nicht alles von heute auf morgen erreichen lässt. Indem Sie konsequent an Ihren Träumen arbeiten, Meilensteine festlegen und Erfolge feiern, können Sie selbst die kreativen Ziele erreichen, die Ihnen heute noch unerreichbar erscheinen.

KAPITEL 6
Zündstoff: Damit Ihre Ideen wieder fließen

Weiß, leer und so viele Möglichkeiten. So unglaublich viele Möglichkeiten. Jeder Kreative kennt ihn und hat ihn schon einmal erlebt: den Respekt vor dem weißen Blatt. Was sollen Sie zeichnen? Wie sollen Sie anfangen? Wo soll das Design hinführen? Welche Idee ist die richtige? Wenig ist für Kreative so beunruhigend wie dieser kurze Moment zwischen Auftragserteilung und den ersten Ideen und Skizzen, die das leere Blatt oder den grellen, hellen Desktop füllen.

Kreativität gehört zu den besten und wunderbarsten Eigenschaften, die wir Menschen haben. Weil wir Menschen schneller, besser und weiter reisen wollten, haben wir die Eisenbahn, das Auto und die Flugzeuge erfunden. Die Unzufriedenheit mit den vorhandenen Kommunikationswegen hat dazu geführt, dass Sie sich heute via Smartphone, Tablet und Internet mit jedem Ort dieser Welt verbinden können, wenn Sie wollen. Und das alles nur, weil ein kreativer Kopf den ersten Schritt gemacht hat und das leere Blatt mit seinen Ideen und Visionen gefüllt hat.

Jetzt ist es an Ihnen, eigene Lösungen und Designs zu finden. Aber Kreativität ist nichts, was Ihnen zufällig und ohne Zutun in den Schoß fällt. Auch Talent alleine bringt noch keinen garantierten Erfolg. Glücklicherweise gibt es Mittel und Techniken, mit denen Sie selbst dafür sorgen können, dass Ihnen die Ideen nicht ausgehen.

Alles eine Frage der richtigen Einstellung?

Es gibt Tage, da läuft Ihnen die Arbeit nur so aus der Hand. Die guten Ideen fallen Ihnen zu, Skizzen sind schon beim ersten Versuch super, der Kunde hat kaum Änderungswünsche und ist von Ihrer Kreativität begeistert. Und es gibt die anderen Tage. Die Tage, an denen einfach nichts klappen will. Doch gerade dann, wenn Sie kreative Ideen am dringendsten brauchen, machen sie sich rar.

Was können Sie tun? Der größte Nachteil, den Sie in solchen Situationen haben, wenn Sie Ihre Kreativität zum Beruf gemacht haben, ist, dass die Antwort »Kein Problem, wenn es heute nicht läuft, dann verschiebe ich meinen Designauftrag eben auf morgen« nicht funktioniert. Natürlich können Sie sich Ihre Aufgaben bis zu einem gewissen Grad einteilen, aber wenn eine Deadline immer näher rückt, müssen Sie handeln.

Jetzt können Sie den unzähligen Tipps und Ratgebern folgen, die es auf dem Markt gibt. Sie reichen von gesunder Ernährung über ausreichend Schlaf bis hin zu produktiver Musik und dem Rat, regelmäßige Pausen einzuhalten. Keine Frage, diese Tipps sind wertvoll und beeinflussen Ihre Arbeitssituation positiv. Aber Sie helfen Ihnen nicht, wenn Sie nur noch einen Tag haben, um die ersten Designentwürfe beim Kunden vorzustellen. Da brauchen Sie andere Lösungsansätze, die praxisnäher sind.

Ihr Denken beeinflusst Ihr Handeln und damit auch Ihre Kreativität

Das Besondere und Einzigartige an Ihrer Kreativität ist, dass die Ideen, die Sie entwickeln, Ihre ganz persönliche Handschrift tragen. Selbst wenn man zwei Designern mit vergleichbarer Ausbildung und Erfahrung den gleichen Designauftrag gibt, werden die Ergebnisse ganz verschieden sein. **Gutes Design spiegelt immer auch die Emotionen, Erfahrungen und die Persönlichkeit des Kreativen wider.** Natürlich können Sie ein Buch auch ohne Herzblut layouten, und wenn Sie dabei die gestalterischen Grundregeln beachten, wird das Ergebnis ein grundsolides Design werden. Mehr aber nicht. Man sieht es Designs an, wenn sie ohne Herzblut entstanden sind. Und was noch viel schlimmer ist, *Sie* sehen es Ihren Designs an.

Ihre Denkweise und Ihre innere Einstellung tragen sehr stark dazu bei, wie Sie an neue Designs herantreten. Vor allem dann, wenn Ihnen die Ideenfindung für ein Projekt schwerfällt. Sorgen, nicht rechtzeitig genug eine gute Idee zu entwickeln, oder die Befürchtungen, dass der Entwurf vom Kunden abgelehnt wird, wirken sich negativ auf Ihre Kreativität aus. Vor allem unter Druck ist das wenig hilfreich für die Ideenfindung. Arbeiten Sie dem bewusst entgegen. Trauen Sie sich selbst mehr zu. **Gehen Sie**

Wer arbeitet, macht Fehler. Wer viel arbeitet, macht mehr Fehler. Nur wer die Hände in den Schoß legt, macht gar keine Fehler.

Friedrich Alfred Krupp

auch große Projekte voller Zuversicht an, und machen Sie Ihren Kopf frei von unnötigen Vorbehalten. Ja, es ist ein großes Stück Arbeit, die Entwürfe noch rechtzeitig für die Präsentation fertigzubekommen, aber Sie können das schaffen. Und wenn Sie schon an den Entwürfen arbeiten, warum sollen sie dann nicht auch richtig gut und überzeugend sein? Nur Mut – je positiver und vorbehaltloser Sie sich den Herausforderungen stellen, desto größer ist die Wahrscheinlichkeit, dass Sie mit Ihrer Idee den Nagel auf den Kopf treffen.

> *Wer andauernd begreift, was er tut, bleibt unter seinem Niveau.*
>
> Martin Walser

Dass Glück und eine positive Einstellung Ihre Arbeitsweise und Produktivität positiv beeinflussen, ist nicht nur ein persönlicher Erfahrungswert. Es ist ein Fakt, der wissenschaftlich untersucht wurde und belegt ist. Wenn Sie in einer positiven Stimmung sind, setzt Ihr Hirn den körpereigenen Botenstoff Dopamin frei, der dann wiederum sämtliche Hirnregionen aktiviert, die für das Lernen verantwortlich sind. Sie können sich ganz anders auf Ihre Umgebung und die Aufgaben einstellen, sind produktiver und erzielen bessere Arbeitsergebnisse. Der amerikanische Forscher, Autor und Berater Shawn Achor geht in seinem Artikel in der Harvard Business Review sogar noch einen Schritt weiter und sagt: *Ein positiv denkendes Gehirn hat einen fast unfairen Vorteil gegenüber demselben Gehirn in einem negativen oder neutralen Zustand. Wenn wir eine positive Einstellung haben, sind wir 31 % leistungsfähiger, haben eine 40 % höhere Wahrscheinlichkeitsquote, befördert zu werden, 23 % weniger stressbedingte Symptome, 37 % höhere Verkaufsraten und die Liste hört hier längst noch nicht auf!*

Ganz so einfach wie in der Theorie ist es in der Praxis natürlich nicht immer. Es gibt gute Tage, normale Tage und leider auch solche, an denen einfach nichts klappen will – auch das positive Denken nicht. Aber das ist okay. Sie müssen nicht jeden Tag motiviert sein und vor Ideen sprühen. Das kann keiner. Indem Sie aber versuchen, sich insgesamt diese positive und optimistische Grundhaltung zu bewahren, haben Sie einen guten Ansatz für Ihre kreativen Projekte und Aufgaben.[7]

---

[7] *https://www.wrike.com/de/blog/streben-nach-einem-positiven-arbeitsumfeld-interview-mit-gluecks-experte-shawn-achor/*

Gute Ideen brauchen Grenzen

Tatsächlich ist es ein Trugschluss, zu glauben, dass Designideen umso besser werden, je mehr Freiheiten Sie haben. Auch wenn das im ersten Moment paradox klingt. Vielmehr ist es so, dass die Ideen besser und passender werden, je klarer und genauer die Grenzen definiert sind, in denen die Ideen entwickelt werden sollen. Das hat gleich mehrere Gründe. Zum einen müssen Sie immer bedenken, dass Sie Ideen für jemanden oder etwas entwickeln. Das kann eine bestimmte Zielgruppe sein, eine Dienstleistung oder ein Produkt. Anders als in der freien Kunst sind Sie im Design nicht frei von Rahmenbedingungen und Anforderungen. Eine Illustration ist an einen Inhalt gebunden, ein Verpackungsdesign an die Größen und Maße des Produkts und ein Webdesign muss passend für die Zielgruppe gestaltet werden, die es ansprechen soll. Zum anderen müssen Designer immer auch den Geschmack und die Vorgaben des Auftraggebers beachten. Indem Sie Einschränkungen von vornherein berücksichtigen, finden Sie Lösungsansätze, auf die Sie sonst vielleicht nicht gekommen wären. **Wer mit seiner Idee den Nagel auf den Kopf treffen will, muss wissen, was der Kunde wirklich braucht.**

Wenn ich eine neue Idee habe, frage ich meine Freunde, wenn sie antworten, ‚du spinnst‘, dann entwickle ich den Prototypen.

Arthur Ergen

Dabei stellen diese Einschränkungen keine Hindernisse, sondern vielmehr eine Bereicherung für Ihr Designprojekt dar. Sie können hunderte Ideen für ein Design entwickeln, wenn Sie genug Zeit investieren. Das sagt aber nichts über die Qualität der Ideen aus. Um von einer Vielzahl von Ideen zu der einen zu kommen, die genau richtig ist, müssen Sie die Auswahl immer weiter verdichten, unpassende wegstreichen oder bestehende Ideen verändern. Die Rahmenbedingungen aus dem Briefing und die Vorgaben des Auftraggebers helfen Ihnen dabei. Aber auch der direkte Austausch mit dem Auftraggeber oder das Feedback Ihrer Kollegen kann zu einer positiven Verdichtung der Ideen führen. Impulse von Außen sind für das kreative Arbeiten immer wichtig und wertvoll.

- Gibt es ein Corporate Design, das Sie beachten müssen?
- Warum wird das neue Design gebraucht?
- Wie ist die Marktsituation für das geplante Produkt oder die Leistung, die Sie gestalten?
- Welche technischen und inhaltlichen Vorgaben gibt es?
- Welches Problem soll durch das neue Design gelöst werden (z. B. durch ein moderneres Design eine jüngere Zielgruppe ansprechen)?
- Gibt es persönliche Vorlieben des Auftraggebers, die Sie beachten müssen?

Zum Schluss dieser Auswertung bleibt eine kleine Anzahl von Vorschlägen, aus denen Sie zusammen mit Ihrem Kunden die eine Designidee herausarbeiten, die am besten zum Projekt passt.

Vorgaben und Grenzen helfen Ihnen dabei, die passende Idee zu finden.

Aufschieberitis adé – nichts wird besser, nur weil Sie warten

Gerade unter Zeitdruck ist es entscheidend, dass Sie sich nicht unnötig lange mit den Vorbereitungen aufhalten. Es gibt Tage, an denen die kreativen Ideen Sie einfach nicht von selbst erreichen werden. Und dann haben Sie zwei Möglichkeiten. Entweder Sie geben sich weiter der Aufschieberitis hin und halten sich mit der Hoffnung auf, dass die Motivation Sie schon noch ereilen wird. Was nur in den allerseltensten Fällen passiert.

Oder Sie packen das Thema bei den Hörnern und fangen einfach an. Schließen Sie dafür zuerst alle Programme am Rechner, die Sie nicht unbedingt brauchen. Stellen Sie sämtliche Benachrichtigungen für E-Mails, Messenger, Slack oder Ihren Kalender aus oder auf lautlos. Das gilt dann übrigens auch für Ihr Smartphone und das Tablet.

Bitten Sie auch Kollegen darum, nicht zu stören, oder ziehen Sie sich in einen Raum zurück, in dem Sie unterbrechungsfrei arbeiten können. Wenn Sie sich nicht zurückziehen können, weil Sie beispielsweise in einem Großraumbüro arbeiten, dann versuchen Sie trotzdem, sich von den restlichen Kollegen und dem Umfeld abzuschotten. Gute Kopfhörer, die Umgebungsgeräusche weitestgehend ausblenden, können in diesen Fällen eine echte Rettung sein. **Kurzum: Machen Sie sich Ihre Arbeitsumgebung so langweilig, ablenkungsfrei und produktiv wie irgend möglich.**

Verschaffen Sie sich im nächsten Schritt einen Überblick über die Aufgaben, und wählen Sie aus, welche Aufgaben sowohl dringend als auch wichtig sind (vgl. Eisenhower-Matrix auf Seite 50). Jetzt haben Sie ein klares Ziel vor Augen, und der Berg an Aufgaben, die Sie in diesem Augenblick erledigen müssen, ist durch die Kategorisierung schon viel kleiner geworden.

> MEIN JOB IST ES NICHT, ES DEN LEUTEN BESONDERS LEICHT ZU MACHEN. MEIN JOB IST ES, SIE BESSER ZU MACHEN.
>
> STEVE JOBS

Und dann fangen Sie an – ohne Ausreden und ohne weitere Verzögerung. Vielleicht wird der erste Entwurf, den Sie auf diese Weise entwickeln, noch nicht Ihr Bester sein. Erfahrungsgemäß entstehen unter Druck sogar nur selten sofort gute Ideen. Aber das ist kein Problem. Wichtig ist nur, dass Sie angefangen haben, sich mit dem Thema auseinanderzusetzen. Bringen Sie erste Ideen zu Papier, sammeln Sie Skizzen und Vorschläge und arbeiten Sie sich auf diesem Weg schrittweise an den passenden Entwurf heran. Und seien Sie in dieser Phase nicht zu kritisch mit sich selbst, sondern lassen Sie Ihren Einfällen und Ideen erst einmal freien Lauf. Unnötiger Perfektionismus ist Ihr schlechtester Begleiter, wenn die Zeit drängt.

MEIN ERSTE-HILFE-KONZEPT FÜR MOTIVATIONSLÖCHER UND AUFSCHIEBERITIS
Aus eigener Erfahrung

Mir geht es wie Ihnen. Es gibt einfach Tage und Momente, in denen ich mich nur schwer motivieren kann, mit der kreativen Ideenfindung anzufangen. In den leichteren Fällen hilft mir dann schon frischer Kaffee, ein prüfender Blick auf meine nahende Deadline und ein gutes Hörbuch, um mich zu fokussieren.

Aber es gibt auch die schweren Fälle, in denen meine üblichen Hilfsmittel völlig wirkungslos scheinen. Da ich selbstständig bin und alleine in meinem Büro arbeite, gibt es auch keine Kollegen oder Vorgesetzten, die mir von außen Druck geben oder mich anweisen, endlich anzufangen. Nein, ich muss mich alleine motivieren. Im Laufe der Jahre hat sich dabei der folgende 8-Punkte-Plan bewährt:

— 1. —

Platz schaffen: Alles muss weg, was nicht zu dem Designauftrag gehört, an dem ich arbeiten muss. Das heißt, den Schreibtisch freiräumen, alle Programme ausschalten, die nicht gebraucht werden, und keine Musik oder Hörbücher.

— 2. —

Alles Nötige bereitlegen: Nur zu gerne sabotiere ich mich selbst, weil ich noch anderes Papier brauche, mir der passende Marker fehlt oder mein Getränk alle ist. Das weiß ich auch. Darum lege ich mir vorab alles zurecht, was ich benötige.

— 3. —

Überblick gewinnen: Im nächsten Schritt sammele ich sämtliche Unterlagen, Informationen und Telefonmitschriften, die ich für den Designauftrag brauche.

— 4. —

Priorisieren: Um mich nicht in den unwichtigen Nebenthemen zu verzetteln, sortiere ich alle anfallenden Aufgaben und Ziele nach ihrer Wichtigkeit.

— 5. —

Reihenfolge festlegen: Danach entscheide ich, ob ich mich von wichtig zu unwichtig vorarbeite oder andersherum. Das hängt auch davon ab, wie gut ich mich mit dem Thema der Grafik auskenne. Bei einer Infografik über Nachbarschaftshilfe kann ich direkt mit der Ideenfindung beginnen. Geht es hingegen um die Visualisierung technischer Prozesse, dann muss ich erst verstehen, wie diese funktionieren. Also beschäftige ich mich vorab mit Recherchearbeiten, die für die eigentliche Gestaltung der Infografik noch nicht wichtig sind.

— 6. —

Auswahl treffen: Nichts ist unmotivierender als ein Riesenberg mit unerfüllten Aufgaben. Darum wähle ich immer nur eine kleine Zahl von bis zu drei Aufgaben aus, die ich als Nächstes erledigen will.

— 7. —

Zeitlimit setzen: Die Pomodoro-Technik ist mein Retter in der Not (vgl. Seite 136). Egal, wie unmotiviert ich bin, 25 Minuten lang kann ich mich immer und unter allen Umständen zusammennehmen und fokussieren. In der Zeit setze ich die drei Aufgaben um, die ich mir vorgenommen habe.

— 8. —

Wiederholung: Auf 25 Minuten konzentriertes Arbeiten folgen 5 Minuten Pause. Zeit genug, um doch vergessenes Material zu besorgen, mich neu zu fokussieren und vor allem, um mir zu überlegen, ob ich jetzt weitermachen will oder nicht.

Erfahrungsgemäß mache ich dann weiter, bis ich mit den Ergebnissen meiner Arbeit zufrieden bin. Immerhin habe ich gerade alle Informationen beieinander, bin in das Thema eingearbeitet und habe im besten Fall schon einen guten Zugang zu dem Designauftrag und den Ideen gefunden. Damit ist dann auch das größte Motivationsloch erfolgreich überwunden.

Mit Kreativitätstechniken zu neuen Ideen

»Heureka!« – Die besten Ideen treffen Sie immer unmittelbar und in den Momenten, in denen Sie gar nicht mit ihnen gerechnet haben? Beim Duschen, beim Bügeln oder wenn Sie gerade mit etwas ganz Unkreativem beschäftigt sind? Großartig, Sie können sich glücklich schätzen. Denn die Fälle, in denen die guten Ideen Sie ohne größeres Zutun treffen, sind sehr selten. Kreativitätstechniken und Methoden für die Ideenfindung wollen da Abhilfe schaffen. Dabei verfolgen die verschiedenen Methoden ganz unterschiedliche Wege, immer angepasst an die vielfältigen Fragestellungen, mit denen sich Kreative beschäftigen.

Die Analogietechnik
Finden Sie verwandte Situationen

Ziel der Analogietechnik ist es, eine Idee zu finden, indem Sie nach verwandten Situationen suchen. Indem Sie Personen, Objekte, Situationen oder Sachverhalte finden, die mit dem eigentlichen Thema wenigstens einen Punkt gemeinsam haben, betrachten Sie das Thema von einer anderen Perspektive. Sie verschieben das eigentliche Thema in einen anderen Bereich und ändern so Ihre Sicht auf die Dinge, alte Denkstrukturen brechen auf, und Sie finden neue Ansätze. Diese Technik ist leicht anzuwenden und eignet sich vor allem für Menschen, die gerne logisch denken. Da sie schrittweise aufeinander aufbaut, können Sie die einzelnen Ideen sehr gut sammeln und jederzeit zu einem früheren Punkt zurückkehren, um eventuell einen weiteren Ansatz zu finden. Die Analogietechnik funktioniert alleine oder im Team.

Auftrag
»Wir sind eine Praxisgemeinschaft von drei Betriebsärzten. Bitte entwickeln Sie ein gemeinsames Logo für unsere Praxis.«

Umsetzung

Nehmen Sie sich einen Aspekt des Auftrags heraus, und finden Sie Analogien zu diesem Punkt. Die Ideenfindung könnte dann so verlaufen:

Frage: »*Was ist ein besonderes Merkmal von Betriebsärzten?*«
Antwort: »Sie sind für den Arbeitsschutz in Unternehmen und Behörden zuständig.«

Frage: »*Welche anderen Abteilungen oder Personen betreuen ebenfalls die Arbeitsumgebung der Mitarbeiter?*«
Antwort: »Die Technik, Handwerker oder der Hausmeister.«

Frage: »*Welche Merkmale sind für die Technik typisch?*«
Antwort: »Werkzeuge, Maschinenelemente oder Baustoffe.«

Frage: »*Wie kann man das auf das Thema Betriebsärzte übertragen?*«
Antwort: »Man kann ein Zahnrad mit dem Äskulapstab kombinieren und hat so ein Bildelement für das Logo.«

Die 6-3-5-Methode
Denken Sie eine fremde Idee weiter

Wie findet man im Team schnell eine Vielzahl unterschiedlicher Ideen? Ganz einfach, indem man ohne Begrenzung die Ideen aller Teilnehmer weiterdenkt. Die 6-3-5-Methode ist einfach und schnell, was ihr großer Vorteil ist. Im Idealfall bilden Sie ein Team von sechs Teilnehmern. Jeder Teilnehmer bekommt ein Blatt, auf dem oben das Thema steht, gefolgt von drei Spalten. In jede dieser Spalten tragen Sie eine Idee ein. Nach einer festgelegten Zeit, z. B. 5–10 Minuten, geben Sie das Blatt im Uhrzeigersinn an Ihren Nachbarn weiter. Jetzt haben Sie wieder 5–10 Minuten, um die drei Ideen Ihres Sitznachbarn weiterzudenken, sie zu verbessern oder zu ergänzen. Ihre drei weiterentwickelten Ideen tragen Sie dann in die nächste Zeile auf dem Arbeitsblatt ein. Nach fünf Runden ist die Ideensammlung beendet, und die Ergebnisse werden ausgewertet und vorgestellt. Im besten Fall haben Sie jetzt 18 gut durchdachte Ideen, aus denen Sie die passende auswählen können.

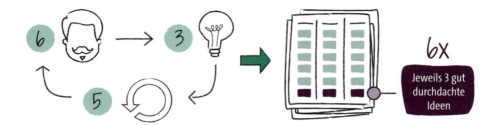

Der Name 6-3-5-Methode ergibt sich aus der Vorgehensweise: Sechs Teilnehmer finden jeweils drei Ideen, die dann in fünf Durchgängen weitergedacht werden.

Die Kopfstandtechnik
Was wäre der schlechteste Fall?

Warum durchdenken Sie nicht auch mal das ganze Thema von der anderen Seite? Zu wissen, wie Sie genau das Gegenteil Ihrer Ziele erreichen, kann sehr hilfreich sein, weil Sie dann erkannt haben, welche Themen, Ideen oder Vorgehensweisen in keinem Fall funktionieren. Analysieren Sie im Nachhinein alle Wege, die Sie auf keinen Fall gehen wollen. So bleibt ein kleiner Bereich zurück, der sich sehr gut für die Umsetzung des Auftrags eignet. Die Kopfstandtechnik können Sie sehr gut alleine anwenden oder auch in ungeübten Teams. Da es keine falschen oder unpassenden Antworten gibt, ist die Stimmung unter den Teilnehmern unkompliziert und entspannt. Das fördert ungewöhnliche Ideen und kreative Einfälle.

Auftrag
»Wir wollen unsere Firma auf der Verbrauchermesse präsentieren. Es werden auch viele Mitbewerber als direkte Standnachbarn vertreten sein. Bitte gestalten Sie einen Aussteller und die Messewand neu, weil wir auf diesem Weg unser neues Produkt vorstellen möchten.«

Umsetzung
Der Kunde möchte bei den Messebesuchern auffallen und sein neues Produkt präsentieren. Das Schlechteste wäre demnach, dass er in der breiten

Masse seiner Mitbewerber untergeht. Demnach ist die Frage für Sie nach der Kopfstandtechnik:

Frage: »Was müssen Sie machen, damit der neu gestaltete Messeauftritt so wenig wie möglich auffällt?«
Antwort 1: »Das gleiche Design und Auftreten haben wie die Mitbewerber.«
Antwort 2: »Aussteller und Werbemittel nutzen, die die Messebesucher bereits kennen.«
Antwort 3: »Nur mit technischen und theoretischen Argumenten werben.«
Antwort 4: »Keine praktische Anwendung oder Vorstellung vor Ort bieten.«
Antwort 5: »Keinen zentralen Blickfänger haben, der die Aufmerksamkeit auf sich zieht.«

Die Flow-Technik
Tauchen Sie völlig in das Thema ein

Assoziationen sind ständige Begleiter für Kreative. Sie sind vielseitig, schaffen Bilder vor ihrem inneren Auge und lassen sich sehr gut nutzen, um Dinge und Informationen zu kommunizieren. Darum werden sie auch so gerne im Designbereich genutzt. Ein Icon in Form eines Baums ist in erster Linie nur ein Baum. Durch Ihr Vorwissen und Ihre Erfahrungen assoziieren Sie aber viele weitere Themengebiete wie Natur, Umweltschutz, Grün, Recycling, Garten, Papierherstellung, Regenwald, Tropenhölzer ... – die Liste können Sie beliebig fortführen.

Diese besondere Fähigkeit zur Assoziation ist es, die Sie sich bei der Flow-Technik zunutze machen. Sie geben Ihrem Kopf ein Wort oder eine Aufgabe und lassen ihn dann einfach frei passende Assoziationen, Verbindungen, Wörter und Ideen finden. Visualisieren Sie Ihre Assoziationen skizzenhaft, oder halten Sie sie in kurzen Stichpunkten fest – hier geht es nicht darum, gute Illustrationen zu machen, sondern darum, schnelle und unmittelbare Ideen festzuhalten. Um zu verhindern, dass Sie dabei Ihre ursprüngliche Fragestellung aus den Augen verlieren, überprüfen Sie regelmäßig, dass Sie nicht abschweifen. Am Ende haben Sie eine umfangreiche Sammlung von Vorschlägen, die Sie im nächsten Schritt konkretisieren können. Da die Flow-Technik ein Gedankenspiel im eigenen Kopf ist, eignet sie sich sehr gut, wenn Sie alleine auf Ideenfindung gehen.

Auftrag

»Jährlich werden die neuen Kennzahlen und Statistiken zum Thema Industriespionage veröffentlicht. Diese sollen in einer Infografik illustrativ und ansprechend visualisiert werden.«

Umsetzung

Assoziationen brauchen Freiraum. Suchen Sie sich darum einen ruhigen Platz, an dem Sie entspannt und ungestört arbeiten können. Halten Sie schriftlich oder in kleinen Skizzen Ihre ersten Ideen und Gedanken fest. Damit Sie den Fokus nicht verlieren, sollten Sie vorab auch die Aufgabenstellung in einem Satz kurz festhalten. Dann beginnt das freie Spielen, Denken und Rumspinnen. Jede Assoziation wird ungebremst und ungefiltert festgehalten. Ein richtig oder falsch gibt es beim Assoziieren nicht.

Schritt 1: »*Assoziieren Sie erste Bilder zum Thema Industriespionage.*«
Antwort 1: »Unternehmen, Firma, Agenten, Hacker, Datendiebstahl, Server, Industrieanlagen, Wettbewerbsvorteil, Feindschaft, Trenchcoat mit hochgeschlagenem Kragen, Sonnenbrille, tiefsitzender Hut, Fernglas ...

Schritt 2: »*Querdenken – lassen sich zwei bisher getrennte Begriffe miteinander verbinden?*«
Antwort 2: »Datenschutz oder Passwort – diese Begriffe passen ebenfalls zur Industriespionage. Die Silhouette einer Industrieanlage kann mit einem offenen Vorhängeschloss kombiniert werden. Das verbindet beide Begriffe und Bedeutungen.«

Schritt 3: »*Fokussieren Sie sich immer wieder auf Ihren Auftrag, damit die Assoziationen relevant bleiben.*«
Antwort 3: »Trenchcoat mit hochgeschlagenem Kragen, Sonnenbrille, tiefsitzender Hut, Fernglas – das alles sind Bilder, wie man

sie aus alten Agentenfilmen kennt. Diese passen nicht zu aktuellen Kennzeichen in der modernen Industriespionage. Darum werden diese Assoziationen nicht weiterverfolgt.«

Schritt 4: *»Treffen Sie eine Auswahl der besten Ergebnisse, und nutzen Sie diese als Basis für weitere Assoziationen (zurück zu Schritt 1).«*

Die Osborn-Checkliste
Wie können Sie das Design verändern?

Diese Technik ist vielmehr eine Anleitung, die der Werbefachmann Alex Osborn 1957 veröffentlicht hat. Osborn schlägt vor, ein geplantes oder bestehendes Design auf zehn Arten zu verändern, um neue Ideen und Ansätze für die Verbesserung zu finden. Die zehn Eigenschaften sind: anders verwenden, anpassen, verändern, vergrößern, verkleinern, ersetzen, neu ordnen, umkehren, kombinieren und verwandeln. Diese Checkliste funktioniert im Team oder auch alleine.

Auftrag
»Unser Unternehmen erstellt Postkarten. Wie können wir unsere Karten verändern, um neue Zielgruppen anzusprechen?«

Umsetzung
Gehen Sie schrittweise die zehn Eigenschaften der Osborn-Checkliste durch, um zu neuen Ideen zu kommen.

1. **Anders verwenden:** Postkarten werden nicht nur verschickt, sondern auch als Dekorationsartikel verwendet. Wie können die Postkarten für diesen Einsatz besser aufbereitet werden?
2. **Anpassen:** Gibt es Wege, um die Käufer besser einzubeziehen? Vielleicht indem die Postkarten individualisiert und mit Namen versehen werden können?

3. **Verändern:** Sprechen erlesene Postkarten aus deutlich dickerem und hochwertigerem Papier eine neue Zielgruppe an?
4. **Vergrößern:** Es könnte eine Sonderedition geben, die auf die verschiedenen Fotogrößen abgestimmt ist, damit die Postkarten sich leichter rahmen lassen.
5. **Verkleinern:** Beliebte Postkarten könnten im Format von Smartphones gedruckt werden, so dass die Nutzer sie in die Schutztaschen ihrer Smartphones packen können.
6. **Ersetzen:** Sind digitale Postkarten ein sinnvolles Format?
7. **Neu ordnen:** Das Design von Postkarten kann auch auf Leinwände gedruckt werden, so dass ein neues Produkt entsteht.
8. **Umkehren:** Statt der beschreibbaren Rückseite könnten Postkarten auch ein beidseitiges Design bekommen, das inhaltlich sinnvoll ist (morgens – abends, Erfolg – Misserfolg, Glück – Pech …).
9. **Kombinieren:** Notizbücher, Laptophüllen oder ähnliche Produkte können mit dem Postkartenmotiv bedruckt werden und sind dann eine Kombination aus beidem.
10. **Verwandeln:** Postkarten haben in der Regel ein vorgefertigtes Design. Wie wäre es da zum Beispiel, halbfertige Kritzelbilder auf die Postkarten zu drucken, so dass der Käufer sie selbst beenden kann?

Edison-Technik
Machen Sie Gutes besser

Dem Erfinder Thomas Alva Edison verdanken wir eine Vielzahl von Erfindungen, vor allem auf dem Gebiet der Elektrizität und Elektrotechnik. Dass er dabei so erfolgreich und vielseitig war, lag auch daran, dass Edison eine ganz besondere Herangehensweise hatte, wenn er neuen Erfindungen nachging. Statt alle nötigen Grundlagen alleine zu erforschen, hat Edison immer mit einer umfangreichen Recherche begonnen und sich sämtliche Informationen zu einem Thema angeeignet, die er finden konnte.

Von dieser Grundhaltung können Sie auch heute noch mit der Edison-Technik profitieren. Beginnen Sie eine neue Ideenfindung immer mit einer ausgiebigen Analyse, und recherchieren Sie die vorhandenen Hintergründe und Informationen genau. Versuchen Sie schon während dieser Arbeit, verschenktes Potenzial, Schwachstellen oder ungenutzte Möglichkeiten zu finden. Diese sind dann die Ausgangslage für Ihre Verbesserungen und Ihre Ideenfindung. Designs, Produkte und Ideen müssen nicht zwingend Innovationen sein, um Erfolg zu haben. Es gab auch schon Mobiltelefone vor dem iPhone, trotzdem wurde es durch sein leichtes, hochwertiges und intuitives Design zu einem durchschlagenden Erfolg, der seine Mitbewerber in den Schatten gestellt hat.

Auftrag
»Bitte gestalten Sie das Layout für unser Garten-Fachbuch.«

Umsetzung
Verschaffen Sie sich einen Überblick über aktuelle und auch vergangene Gartenbücher, die sich erfolgreich am Markt behauptet haben. Finden Sie Lücken und Verbesserungspotenzial, das Sie als Grundlage für Ihr Design nutzen können.

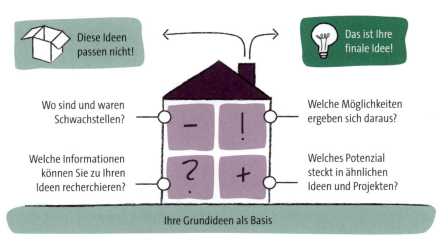

Sie müssen Ideen nicht komplett neu erfinden, wenn Sie an Designprojekten arbeiten. Machen Sie es wie der Erfinder Edison, und bauen Sie auf den Erfahrungen und Erkenntnissen früherer Kreativer auf.

Folgende Fragen helfen Ihnen bei der Suche nach ungenutztem Potenzial:

Frage 1: »Was haben alle Gartenbücher gemeinsam, die sich gut und erfolgreich verkaufen?«
Frage 2: »Worin unterscheiden sich die erfolgreichen Bücher?«
Frage 3: »Was zeichnet das Layout von Büchern aus, die sich nicht gut verkauft haben?«
Frage 4: »Wo sehen Sie Potenzial, das Sie für Ihr Layout nutzen können? Zum Beispiel in der Qualität der Materialien oder der Art, wie mit Visualisierungen gearbeitet wird?«
Frage 5: »Wo wurden gute Ansätze nicht weiterverfolgt? Wie können Sie das für Ihr Layout nutzen?«
Frage 6: »Wie würden Sie die bestehenden Erfolgsbücher verbessern? Wie können Sie diesen Ansatz auf Ihr Design übertragen?«

Ein Hoch auf den Fehler

Nein, mit Fehlern zu arbeiten ist keine Kreativitätstechnik im eigentlichen Sinne. Hilfreich kann die bewusste Inkaufnahme von Fehlern, Ecken und Unperfektheiten trotzdem sein. Vor allem, wenn Sie bei Ihrer kreativen Arbeit an einem Punkt angekommen sind, an dem Sie auf den gewohnten Wegen nicht weiterkommen. Wenn Sie für ein Kinderbuch eine Figur entwickeln möchten, die anders ist und nicht den bekannten Sehgewohnheiten entspricht, dann kann es hinderlich sein, dass Ihr Kopf genau weiß, wie es richtig geht. Zufälle und Fehler helfen Ihnen, wenn gewollte und gezielte Abstraktion nicht funktioniert.

> FEHLER SIND DAS TOR ZU NEUEN ENTDECKUNGEN.
> JAMES JOYCE

Denken Sie um die Ecke, zeichnen Sie mit der Hand, die Sie normalerweise nicht nutzen, oder schließen Sie beim Skizzieren die Augen. Machen Sie etwas, was Sie aus Ihrer gewohnten Komfortzone herausbringt und Ihren Kopf die gewohnten Bahnen verlassen lässt. Indem Sie ungewöhnliche Wege gehen, bekommen Sie Ideen, mit denen Sie zuvor nicht gerechnet haben.

Lernen, üben, ausprobieren

Kreative lassen sich gerne für neue Wege, Techniken und Materialien begeistern. Das ist auch gut so. Denn es gibt keine bessere Schatzkiste für Ihre Ideen, als Bildung und Neugierde. Ganz unabhängig davon, ob Sie Ihr gestalterisches Grundwissen autodidaktisch erlernt oder es sich im Studium beziehungsweise der Ausbildung angeeignet haben. **Erst wenn Sie verstanden und verinnerlicht haben, wie Gestaltung funktioniert, wie Farbe wirkt und wie Sie durch die passende Auswahl der Schrift eine Emotion beim Leser erzeugen können, haben Sie das Rüstzeug, das Sie brauchen, um vom Endnutzer verstanden zu werden.**

Auch ganz neue Ideen werden mit alten Werten aufgebaut.
Ernst R. Hauschka

Das betrifft sowohl den Designbereich, in dem Sie arbeiten, als auch alle anderen kreativen Disziplinen. Selbstverständlich ist Design bis zu einem bestimmten Grad Geschmackssache. Es gibt immer Entwürfe und Gestaltungen, die handwerklich und inhaltlich sehr gut gemacht sind und Ihnen persönlich trotzdem nicht gefallen. Das ändert jedoch nichts daran, dass es sich um gutes Design handelt, das dem Endnutzer genau die Botschaft vermittelt, die es kommunizieren soll.

Sich intensiv mit den Grundregeln der Gestaltung auseinanderzusetzen, dieses immer wieder zu üben und auszuprobieren, hat gleich mehrere Vorteile für Ihre tägliche Arbeit.

Gestaltungsregeln geben Ihnen Sicherheit Gerade die Vielzahl an Möglichkeiten macht die Ideenfindung so umfangreich. Indem Sie wissen, wie Design wirkt und welche Resultate Sie mit welchen Gestaltungsregeln erzeugen können, haben Sie eine gut funktionierende Basis, die Ihnen Sicherheit gibt.

Sie können Ihre Designs besser präsentieren Jeder Designauftrag ist verschieden, und jeder Auftraggeber hat andere Vorgaben für die Gestaltung. Da ist es keine Seltenheit, dass Auftraggeber die Ideen hinterfragen, die Sie vorstellen. Fundierte Argumente, mit denen Sie belegen können, warum Sie sich für dieses oder jenes Design entschieden haben, können Gold wert sein, wenn Sie Ihre Entwürfe bei Kunden präsentieren.

Das Wissen um Regeln macht Sie schneller Wissen hilft da weiter, wo Ihnen die Erfahrung noch fehlt. Im Laufe der Jahre entwickeln Sie ein geschultes Auge und können auf die Erkenntnisse zurückgreifen, die Sie gemacht haben. Zu Beginn Ihrer Karriere oder bei einem komplett neuen Designprojekt haben Sie diese vielleicht noch nicht. Ausprobieren, Fehler machen und verbessern ist ein Weg, zu einem guten Design zu gelangen, aber das ist sehr zeitaufwendig. Deutlich schneller geht es, wenn Sie sich die bekannten Gestaltungsregeln zunutze machen und das Design darauf aufbauen.

Wer die Regeln beherrscht, kann sie brechen Nicht immer erreichen Sie das beste Design, wenn Sie sich stur an alle Regeln halten. Manchmal haben Sie alle Richtlinien beachtet und sind trotzdem nicht mit dem Ergebnis zufrieden. Hier braucht es Ihren Mut zur Lücke. Brechen Sie die Regeln ganz bewusst, wenn es nötig ist, um die Gestaltung zu verbessern.

Design ist keine Insel

Auch von anderen Kreativbereichen können Sie viel lernen. Haben Sie schon einmal zugesehen, wie ein Tischler eine filigrane Kommode baut? Oder wie ein Goldschmied mit viel Feingefühl und Präzision ein Schmuckstück herstellt? Wie ein Buchbinder die einzelnen Papierbögen bindet, dann den Buchrücken und den Einband aneinander anpasst und zu einem Buch verleimt?

Das Handwerk hat auf Kreative schon immer eine große Faszination ausgeübt. Kein Wunder, denn es gibt viele Parallelen zum Design und zur kreativen Arbeit. Sowohl im Handwerk als auch im Design entsteht aus einer Idee ein Werkstück, das dann einen bestimmten Zweck erfüllen soll. Wie dieses Werkstück aussieht, ist abhängig von demjenigen, der dieses Produkt oder Objekt gestaltet, und den Anforderungen, die der Auftraggeber an das Werkstück gestellt hat. Die enge Verflechtung von Handwerk und Kunst war es auch, die Walter Gropius 1919 dazu inspirierte, das Staatliche Bauhaus als Kunstschule in Weimar zu gründen.

> *Innovationen sind Gewohnheitsbrecher*
>
> Hans-Jürgen Quadbeck-Seeger

Es sollte eine neue Baukunst entstehen, in der sich die Qualitäten und Vorzüge aus Kunst und Handwerk vereinen. Funktionalität, Nützlichkeit und die klare Ästhetik eines Produkts waren für die Vertreter des Bauhauses oberstes Ziel. Ein zu dieser Zeit völlig neuer Ansatz, der im deutlichen Gegensatz zu dem vorherrschenden Kunstverständnis stand. Berühmte Vertreter des Bauhauses wie Wassily Kandinsky, Paul Klee, Johannes Itten oder Lyonel Feininger haben dabei bis heute unser Gesamtverständnis von Gestaltung und Design nachhaltig verändert.

Wenn Sie auf der Suche nach neuen Ideen sind, sollten Sie immer bestrebt sein, sich das Wissen und die Vorzüge aller kreativen Disziplinen zunutze zu machen. Sie können nur profitieren, wenn Sie sich mit den Techniken, Materialien und dem Handwerkszeug anderer Kreativer befassen. **Indem Sie verstehen, wie Ihre Vorbilder gearbeitet haben, eignen Sie sich neues Wissen an, das Sie dann in Ihre eigenen Ideen und Designs einbringen können.**

- Arbeiten Sie einmal ganz bewusst mit einem Material, das Sie normalerweise nicht verwenden.
- Lassen Sie sich von dem Aufbau einer Kurzgeschichte inspirieren, wenn Sie auf der Suche nach einer Bildidee für eine Illustration sind.
- Versuchen Sie nachzuvollziehen, wie ein Maler ein Thema abstrahiert, und interpretieren Sie diesen Weg für Ihr Layout neu.
- Lernen Sie, mit einer Kalligrafiefeder zu schreiben, und nutzen Sie dann dieses Wissen um Feinheiten, Freiräume und Haptik, um das Design Ihrer Fotografien feiner und mit mehr Zwischentönen umzusetzen.

Ideen sind nie völlig neu

Es gibt nur wenige Dinge, mit denen sich Kreative so regelmäßig herumquälen wie mit der Suche nach der passenden Idee. Und das nicht nur, weil es immer wieder eine große Herausforderung ist, eine passende und kreative Idee zu finden. Nein, es ist vor allem der Wunsch, etwas völlig Neues und noch nie Dagewesenes zu erschaffen, der Kreative umtreibt.

- Wie drücken Sie sich am besten aus?
- Welche Ideen verfolgen Sie weiter?
- Und gab es genau das nicht schon etliche Male in dieser Art?

So zu denken ist nicht nur frustrierend, es bewirkt auch genau das Gegenteil – Sie kriegen gar keine neuen Ideen, und Ihre Blockade wird stärker und stärker.

Als Designer üben Sie oft viel zu viel Druck auf sich selbst aus, wenn Sie an neuen Designs und Projekten tüfteln. Der eigene Anspruch an Ihre Arbeit ist hoch: Die Designs sollen hochwertig und kreativ sein, sie sollen die richtige Botschaft kommunizieren und gleichzeitig ganz individuell und in Ihrem persönlichen, unverkennbaren Stil sein. Doch bewirkt diese Herangehensweise nicht, dass Ihre Ideen besser werden. Ganz im Gegenteil. **Je mehr Druck Sie auf sich selbst ausüben, desto schneller und sicherer geht die Leichtigkeit und die Freude an der kreativen Arbeit verloren.** Was dann noch bleibt, ist ein verkrampftes Ringen um gute Ideen und die ständige Sorge, einen anderen Kreativen zu kopieren. So zu arbeiten ist auf die Dauer nicht nur stressig, sondern macht Sie auch unzufrieden. Wenn Sie sich ständig vergleichen, engt Sie das unnötig ein und nimmt Ihnen die Kreativität.

> *Die einzige Kunst, mit der ich mich beschäftige, ist die, bei der ich klauen kann.*
>
> David Bowie

Dabei ist das gar nicht nötig. Wenn Sie Ihr Umfeld bewusst und mit offenen Augen angucken, werden Sie feststellen, dass alles schon einmal da war und es nichts gibt, was komplett neu ist. Aktuelle Musik greift Themen und Melodien auf, die schon vor Jahrzehnten erfolgreich waren. In der Mode erleben die Schnitte und Silhouetten der 1980er Jahre ein Comeback, nachdem zuvor die Hippiekleider oder Karomuster wieder gern gesehene Gäste auf den Laufstegen und Bürgersteigen waren. Auch im Design und in der Kunst finden Sie diese Zitate und Neuinterpretationen bereits vorhandener Erfolgsmodelle. Alle großen Meister haben sich schon immer an dem bedient, was ihre Vorgänger ihnen hinterlassen hatten – unabhängig davon, in welchem Bereich sie gearbeitet haben. Die Art, mit Farbe umzugehen, wurde von diesem Vorbild entliehen, die Aufteilung der Flächen von jenem und die Art, wie die Typografie verwendet wird, von einem dritten. Und das ist auch gut so. Ideen sind nie wirklich komplett neu. Vielmehr sind sie eine gute Mischung aus alten Ideen, die vorher schon da waren. Erst durch deren Kombination und Interpretation entsteht etwas Neues. **Sie müssen diese Hürde aus Ihrem Kopf rauskriegen, dass Ihre Ideen komplett originell sein müssen. Machen Sie es sich nicht unnötig schwer.**

Gehen Sie auf Entdeckungstour bei Ihren Vorbildern

Der amerikanische Künstler und Autor Austin Kleon hat zu diesem Thema 2012 das kleine, aber ganz wunderbare Buch »Steal like an Artist« geschrieben, das innerhalb weniger Jahre in mehr als 18 Sprachen übersetzt wurde und heute seinen festen Platz auf der Bestsellerliste der New York Times hat. *Niemand wird mit einem Stil oder einer Stimme geboren. Wir kommen nicht auf die Welt und wissen gleich, wer wir sind. Am Anfang lernen wir, indem wir so tun, als wären wir unsere Helden. Wir lernen, indem wir kopieren.* So Kleon, und er hat damit völlig recht.

Wenn Sie nur warten, werden Sie nie Ihren persönlichen Weg und Ihre eigenen Ideen finden. Untersuchen Sie Designs, die Ihnen gefallen, forschen Sie, und finden Sie heraus, was Sie an den Arbeiten Ihrer Vorbilder so begeistert. Versuchen Sie zu verstehen, wie der jeweilige Designer zu diesem Ergebnis gekommen ist. Welche Techniken, Materialien oder Methoden hat der Kreative verwendet, um genau diesen Effekt hinzubekommen?

Dabei geht es nicht darum, den Stil oder die Designs Ihrer Vorbilder ungefiltert zu kopieren. Vielmehr müssen Sie verstehen, wie und warum Ihr Vorbild so gehandelt hat. Indem Sie sich nach und nach die Aspekte aneignen, die Ihnen an den verschiedenen Designern, Künstlern oder Kreativen besonders gut gefallen, machen Sie sie zu einem Teil Ihrer eigenen Handschrift. Diese Vielzahl von Einflüssen, Überschneidungen und deren Neuinterpretation ist es, die Sie Schritt für Schritt zu Ihrem eigenen, persönlichen Stil bringt.

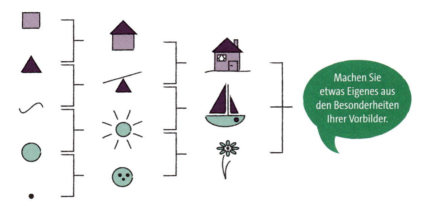

Ihr eigener Stil ergibt sich auch aus den Dingen, die Sie inspirieren und begeistern. Indem Sie sich diese zu eigen machen und neu kombinieren, entwickeln Sie neue Ideen und Designs, die nur Ihre eigene Handschrift tragen.

Inspiration ist überall

Wann haben Sie das letzte Mal etwas nur für sich gemacht? Einfach so, weil Sie Spaß daran haben, Ihrer Kreativität freien Lauf zu lassen? Ohne dass es ein Auftrag ist oder ein Thema, auf das Sie sich für ein geplantes Projekt vorbereiten? Ist eine Weile her, oder? Das ist naturgemäß ein Nachteil, wenn Sie Ihre Liebe zur Gestaltung zum Beruf gemacht haben. Ein Thema, das nicht nur Designer kennen, sondern alle anderen Kreativen auch. Ein Autor, der den ganzen Tag über hauptberuflich Texte für Unternehmen geschrieben hat, kommt auch nicht nach Hause und denkt: »Jetzt bin ich hochmotiviert und werde mich sofort an meinen eigenen Roman setzen.«

Sie wissen aus eigener Erfahrung, dass Kreativität von Abwechslung und vielfältiger Inspiration profitiert. Wer immer nur den vertrauten und gut eingeübten Wegen folgt, bekommt auch nur Designs, die nach den gleichen und bekannten Regeln funktionieren. Nehmen Sie sich die Zeit, neue Wege auszuprobieren, eigenen freien Projekten nachzugehen und einfach mal das zu machen, woran Sie Spaß haben. Egal, was am Ende dabei herauskommt. Das Schöne an der Kreativität ist ja, dass sie nur größer wird, wenn man sie trainiert. Man kann sie nicht abnutzen oder verbrauchen.

> *Kreativität ist 1% Inspiration und 99% Transpiration.*
> Thomas A. Edison

Kreativität ist ein Muskel – also los, trainieren Sie ihn und haben Sie Spaß dabei

Was ist also die beste Methode, um viele unterschiedliche Ideen zu haben? Richtig, ständiges Üben und das uneingeschränkte Festhalten auch der verrücktesten Einfälle. Kreativität ist wie ein Muskel, den Sie trainieren können. Nicht nur im Bezug auf Ihre Arbeit als Designer. **Überall können Sie auf Dinge stoßen, die Sie ansprechen, die Ihnen gefallen und die Ihre Aufmerksamkeit fesseln** – online, bei der Recherche, in den sozialen Medien, in Büchern, beim Spaziergang, in Tutorials oder weil Sie zufällig die falsche Abzweigung genommen haben und nun in einer Straße mit kleinen Cafés und Läden gelandet sind, die Ihnen noch nie zuvor aufgefallen waren. Je umfangreicher Ihr Input ist und je mehr Eindrücke Sie sammeln, desto vielfältiger sind die Ideen, die Sie bekommen.

Versuchen Sie mal etwas ganz anderes In Ihrem Beruf sind Sie auf einen bestimmten Designschwerpunkt spezialisiert. Ihre Aufträge, Ideen und Designs haben demnach auch einen ganz klaren Fokus. Für Ihre privaten Projekte spielt das jedoch überhaupt keine Rolle. Ganz im Gegenteil. Probieren Sie bewusst Techniken, Methoden und Materialien aus, mit denen Sie sonst nicht arbeiten. Schließen Sie sich einer Urban-Sketching-Gruppe an, und erfahren Sie Ihre Stadt mit schnellen, unmittelbaren Strichen neu, wenn Sie normalerweise sehr strukturiert an Webdesign-Aufträgen arbeiten. Malen Sie ein Ölbild, wenn Sie sonst nur am Rechner gestalten, oder lernen Sie, wie man kreative Texte schreibt. Verlassen Sie Ihre Komfortzone, und machen Sie einfach mal, wozu Sie Lust haben und wozu Sie sonst nie kommen. Es gibt mehr als einen Weg, die eigene Kreativität auszuleben.

Wechseln Sie die Umgebung Immer in der gleichen Arbeitsumgebung zu gestalten, kann genauso eintönig sein, wie immer die gleichen Designs zu entwickeln. Ein Wechsel bewirkt da wahre Wunder. Statt als Selbstständiger jeden Tag im Büro alleine zu verbringen, können Sie sich in einem Coworking-Space mit anderen Kreativen verabreden. Der direkte Austausch mit anderen gibt Ihnen neuen Input, und Sie bekommen einen ganz anderen Blick auf Ihre Projekte. Oder Sie verabreden mit Ihrem Vorgesetzten einen Tag Homeoffice, wenn Sie eine Festanstellung haben, und genießen die Ruhe und Abgeschiedenheit, die Ihnen sonst im Büro fehlt.

Geben Sie Ihr Wissen weiter Haben Sie schon einmal versucht, Ihr Wissen und Ihre Erfahrungen an andere Kreative weiterzugeben? Indem Sie Workshops geben, Tutorials erstellen oder an Bildungseinrichtungen unterrichten, lernen Sie sehr viel über sich selbst und Ihre eigene Arbeit. Plötzlich müssen Sie Ihr Thema viel strukturierter, deutlicher und nachvollziehbarer aufbereiten und sich auf neue Weise intensiv mit den Inhalten auseinandersetzen. Zu erleben, wie die Teilnehmer von Ihrem Wissen profitieren, es annehmen und daraus begeistert eigene Ideen entwickeln, ist auch für Ihre eigene Arbeit sehr inspirierend.

Besuchen Sie Konferenzen und Veranstaltungen Meet-ups, Konferenzen, Barcamps und Veranstaltungen werden das ganze Jahr über angeboten. Die Palette reicht von kleinen, sehr themengebundenen Veranstaltungen bis hin zu internationalen, mehrtägigen Veranstaltungen, die inhaltlich breit gefächert sind. Hier lohnt es sich, nach interessanten Events und Terminen Ausschau zu halten – auch über den eigenen Designbereich hinaus. Denn der beste Input kommt nicht zwingend von anderen Kreativen, sondern auch mal aus ganz anderen Ecken.

Kreativität wird besser, wenn man sie teilt Es tut keinem Designer gut, wenn er ständig nur mit sich selbst und ohne Rückmeldung von außen arbeitet. Dank der sozialen Medien ist es heute so einfach wie nie zuvor, sich weltweit mit Gleichgesinnten zu verbinden und auszutauschen. Nutzen Sie die Chancen, die in diesem Austausch liegen. Regelmäßig werden beispielsweise Zeichen-Challenges veranstaltet, bei denen die Teilnehmer über einen festen Zeitraum hinweg täglich eine Zeichnung zu einem zuvor vorgegebenen Thema veröffentlichen. Zu sehen und zu erleben, wie unterschiedlich andere Kreative die gleiche Aufgabe umgesetzt haben, ist sehr inspirierend und gibt Ihnen neue Impulse. Und wer guckt anderen Kreativen nicht gerne über die Schulter?

EICHHÖRNCHEN UND IDEENSUCHER
Eine kleine Anleitung

Wissen Sie, was Eichhörnchen mit Ideensuchern gemeinsam haben? Beide sammeln ständig Dinge ein, die ihnen wertvoll erscheinen und die sie später vielleicht noch gebrauchen können. So haben sie einen großen Vorrat an nützlichen Ressourcen, die ihnen dann weiterhelfen, wenn es ihnen an Nüssen oder in Ihrem Fall an Ideen mangelt.

Gute, besondere, hochwertige oder vielleicht auch einfach nur verrückte Ideen können Sie immer und überall erreichen. Machen Sie es sich zur Angewohnheit, diese immer gleich festzuhalten und aufzuschreiben. Das kann in einem Skizzenbuch sein, als Sprachmemo auf dem Smartphone, mit einem Post-it auf dem Whiteboard oder einfach in Ihrer Notizen-App.

Unterscheiden Sie dabei auch nicht zwischen realistischen und absurden Einfällen, es kommt bei dieser Sammlung nicht darauf an, dass Sie jeden Vorschlag sofort umsetzen können. Vielmehr ist es Ihre ganz persönliche Ideen-Schatzkiste, aus der Sie nach Herzenslust schöpfen können, wenn Sie nach Inspirationen für ein neues Projekt Ausschau halten.

Gar kein Design Sosehr Sie Ihren Job und Ihre Projekte auch lieben, es tut Ihnen gut, auch mal etwas ganz anderes zu machen, was gar nichts mit Design zu tun hat. Gerade wenn sich die Arbeit häuft und Sie einen richtigen Knoten im Kopf haben. Gehen Sie spazieren, melden Sie sich zu dem Schwimmkurs an, den Sie schon so lange machen wollten, oder lernen Sie vielleicht, Klavier zu spielen. Oder wie es die schwedische Kinderbuchautorin Astrid Lindgren so passend auf den Punkt gebracht hat: *Und dann muss man ja auch noch Zeit haben, einfach dazusitzen und vor sich hin zu schauen.* Ruhe und Ausgleich sind gut für die Kreativität. Und Astrid Lindgren wusste genau, was sie sagte, denn sie hat weit über 70 wunderbare Bücher geschrieben.

Der Anspruch, immer kreativ sein zu müssen

Wir wollen unsere Kunden richtig begeistern, mitreißen und von unserem Angebot überzeugen. Können Sie uns dazu eine Idee und ein Konzept entwickeln – am besten schon bis heute Abend, dann können wir das besprechen und morgen früh in großer Runde vorstellen? – Kommt Ihnen das bekannt vor?

Dem Anspruch, auf Knopfdruck kreativ sein zu müssen, begegnen Sie als Designer immer wieder. Aber so funktioniert Kreativität nicht. Und das hat gleich mehrere Gründe. Zum einen brauchen Sie für ein gutes und durchdachtes Design alle notwendigen Hintergrundinformationen, wie die Anforderungen, Grenzen und Funktionen, die für das geplante Projekt gelten sollen. Alleine das abzusprechen, nachzufragen und zusammenzutragen braucht Zeit. Dazu kommt, dass Ideen und Entwürfe sich nicht einfach auswerfen lassen wie Ergebnisse in einer Excel-Tabelle. Das Prinzip: Man gibt einfach alle Rahmeninformationen in den kreativen Kopf ein und kann erwarten, dass automatisch eine passende Idee dabei herauskommt. Das funktioniert nicht.

Aber es gibt andere Hilfestellungen, mit denen Sie Ideen und Konzepte entwickeln und gestalten können. Kreativitätstechniken, bei denen Sie Analogien, gezielte Fragestellungen, Recherchen oder die gemeinsame Ideenfindung in der Gruppe nutzen, sind da sehr hilfreich. Auch Fehler, neue Inspirationsquellen oder bewusste Pausen unterstützen Sie dabei, Designs und Projekte neu und kreativ anzugehen. Bewahren Sie sich den Spaß, das Spielen und die Freude an Ihrem kreativen Potenzial – vor allem dann, wenn die Zeit drängt. Wenn es mit der Ideenfindung nicht klappt, sind aber nicht automatisch die äußeren Umstände der Grund dafür. Es gibt einfach Tage, an denen Sie trotz bester Vorsätze unmotiviert sind und an denen nichts klappt. Auch Emotionen sind ein elementarer Teil Ihrer Kreativität. Dass Sie sich jetzt noch mehr Druck machen und Ihre Erwartungen an sich selbst erhöhen, ist wenig hilfreich. Das Letzte, was Sie in diesen Situationen gebrauchen können, ist noch mehr Belastung. Versuchen Sie stattdessen, Ihre Projekte in kleine Teilschritte zu unterteilen. Diese lassen sich einfacher umsetzen, und die Erfolgserlebnisse zusammen mit der passenden Kreativtechnik helfen Ihnen gezielt aus dem Motivationstief.

Hartnäckig sein zahlt sich aus, sagt man. Und auch, dass es gut ist, niemals aufzugeben. Aber stimmt das denn überhaupt? Erreichen Sie wirklich immer am besten Ihre Ziele, wenn Sie ohne Pause und Innehalten Ihren eingeschlagenen Weg verfolgen? Wohl kaum. Aber nicht nur zu viel Arbeit beeinträchtigt Ihre Kreativität. Schaffenskrisen und kreative Blockaden zählen ebenfalls zu den wiederkehrenden Herausforderungen für Designer.

KAPITEL 7

Blockaden und Schaffenskrisen: Wer besser designen will, muss seine Seele einladen

Wenn die kreative Energie und Leidenschaft erlahmt, kann das viele Gründe und Ursachen haben. Und auch die Symptome sind bei jedem Designer anders. Angefangen bei kleineren Blockaden, bei denen Sie einfach keine guten Ideen zu Papier bringen, über mehrtägige Schaffenskrisen, unter denen nicht nur Ihre Kreativität, sondern auch Ihre gesamte Einstellung leidet, bis hin zu einem Burnout, der im schlimmsten Fall Ihre Arbeits- und Lebensqualität nachhaltig und über Jahre hinweg stark einschränkt.

Doch so weit muss es nicht kommen. Indem Sie achtsam mit sich selbst, Ihren kreativen Ressourcen und Ihren Bedürfnissen umgehen, schaffen Sie es auch, die hartnäckigsten Herausforderungen und Probleme erfolgreich zu überwinden und sich die Freude an der kreativen Arbeit zu erhalten.

Arbeiten Sie zu viel?

Die Tickets sind gebucht, und der Koffer ist gepackt. Endlich beginnt der Urlaub, auf den Sie sich schon so lange gefreut haben. Alles, was jetzt noch fehlt, sind der Laptop und die Unterlagen zum aktuellen Designauftrag. Und das, obwohl eigentlich alle Kunden und Kollegen wissen, dass Sie verreisen. Sicher ist sicher, außerdem können ja immer mal Rückfragen sein.

Kommt Ihnen dieser Gedankengang bekannt vor? Wahrscheinlich schon, auch wenn es nicht immer ein Urlaub sein muss, der Sie daran erinnert, dass da noch viele halb fertige Projekte auf Sie warten.

Wenn Sie ständig Ihr E-Mail-Postfach kontrollieren, direkt nach dem Aufstehen als Erstes Ihre Nachrichteneingänge prüfen und sich Ihre Gedanken ständig um die Arbeit drehen, sind das typische Anzeichen dafür, dass Ihnen der gesunde Abstand zur Arbeit verloren gegangen ist. Keine Frage, es gibt Momente im Verlauf von Designprojekten, in denen es wichtig ist, dass Sie schnell für Informationen und Anfragen zur Verfügung stehen. Kurzzeitig können Sie so gut arbeiten, ohne dass es negative Auswirkungen hat. Entwickelt sich dies jedoch zu einem Dauerzustand, werden Ihre Zufriedenheit und Kreativität darunter leiden.

Warnsignale – Achten Sie auf Ihre eigenen Ressourcen?

Gerade bei kreativen Projekten, die Ihnen wichtig sind und bei denen Sie mit Herzblut dabei sind, besteht immer die Gefahr, dass Sie nicht rechtzeitig genug aufhören. »Nur noch das eine Projekt.« – »Ja, das Angebot nehme ich auch noch an.« Und wieder ist es später Abend, bevor Sie den Rechner ausschalten und aus dem Büro nach Hause kommen. Termindruck, ein hohes Auftragspensum und die ständige Erreichbarkeit tun ihr Übriges und machen Ihnen immer stärker zu schaffen. Auf die Dauer ist das nicht nur schlecht für Ihre Gesundheit, sondern auch für Ihre Familie und Ihre sozialen Kontakte. Wenn keiner Ihrer Freunde Sie mehr zu einer Geburtstagsfeier einlädt, weil Sie sowieso nie Zeit finden, zu kommen, sollten Sie dringend etwas ändern.

> RICHTE DEIN GESICHT IMMER ZUR SONNE UND DIE SCHATTEN WERDEN HINTER DICH FALLEN.
> WALT WHITMAN

Es gibt eine Reihe klassischer Warnzeichen, die zeigen, dass Sie überarbeitet sind und momentan mehr Zeit und Energie in Ihre Aufgaben investieren, als gut für Ihre Gesundheit ist. Die meisten Warnzeichen treten nicht von heute auf morgen auf, sondern häufen sich über einen längeren Zeitraum an. Sie werden immer unmotivierter und reizbarer, die Unzufriedenheit steigt, und die Freude an Ihrer kreativen Arbeit geht jeden Tag ein bisschen mehr verloren. **Dieser Zustand ständiger Unzufriedenheit hinterlässt nicht nur in der Qualität Ihrer Designs Spuren, sondern vor allem an Ihrer Seele.**

Wenn die Leidenschaft für das Gestalten verloren geht und die Schaffenskraft versiegt, leiden Kreative besonders stark. Denn sie verlieren in diesem Moment nicht nur eine Arbeit, die ihnen sehr wichtig ist, sondern auch die bevorzugte Möglichkeit, den eigenen Gedanken Ausdruck zu verleihen. Im schlimmsten Fall werden sie sogar ihrer finanziellen Erwerbsgrundlage beraubt.

Merkmale dafür, dass Sie zu viel arbeiten, können sein:

Anhaltende Erschöpfung und Schlafstörungen Wenn Sie das Gefühl haben, nicht mehr zur Ruhe zu kommen, trotz Schlaf immer erschöpft sind und sich mit dunklen Ringen unter den Augen jeden Tag ins Büro schleppen, kann Überarbeitung dahinterstecken.

Fehlende Motivation Obwohl die Deadline kurz bevorsteht, können Sie sich einfach nicht aufraffen? Egal, was Sie versuchen, nichts hilft Ihnen dabei, sich zu motivieren? Wenn Ihnen auch Routinetätigkeiten schwerfallen und selbst leichte Aufgaben Sie ausbremsen, kann das ein Hinweis darauf sein, dass Sie zu viel von sich verlangen und darum nicht mehr klar und effektiv denken und handeln können.

Gereiztheit, selbst bei Kleinigkeiten Jeder hat einmal einen schlechten Tag. Vielleicht auch zwei oder drei nacheinander. Übermäßige Gereiztheit und steigende Ungeduld, die über einen längeren Zeitraum anhalten, können hingegen Zeichen für Überforderung sein. Der Stress, dem Sie ausgesetzt sind, ruft uralte Mechanismen in Ihnen wach: Entweder Sie fliehen und verlassen so die unangenehme Situation, was auf der Arbeit in der Regel nicht möglich ist, oder Sie gehen zum Kampf und Streit über.

Kreativität macht keinen Spaß mehr Eigentlich haben Sie diese Art von Designs immer sehr gerne gemacht – jetzt nicht mehr. Wenn die Freude an der kreativen Arbeit versiegt, ist es Zeit, eine Pause zu machen und mit Abstand auf Ihre Ressourcen und Ihre Arbeitssituation zu gucken.

Angstgefühle und Existenzängste Obwohl Sie den ganzen Tag, jeden Abend und oft auch noch am Wochenende vor dem Rechner sitzen, bleibt kaum etwas am Monatsende übrig. Egal, wie viel Sie arbeiten, Ihre Einnahmen bleiben deutlich hinter Ihren Erwartungen zurück. Diese ständigen Angstgefühle oder Existenzängste versetzen Ihr Hirn in einen permanenten Stresszustand und belasten Sie stark.

Keine Zeit für Sport, Freizeit und Hobbys Vor allem zu Beginn einer neuen Anstellung oder direkt nach der Gründung gibt es sehr viel zu tun, und Sie nehmen sich kaum noch Zeit für Sport, Ihre Hobbys und Freizeitaktivitäten. Das ist normal und pendelt sich in der Regel auf ein vernünftiges Maß ein, wenn Sie in der neuen Situation angekommen sind.

Anders verhält es sich, wenn das Fehlen von Ausgleichszeiten zum Dauerzustand wird. Wenn Sie täglich nach der Arbeit viel zu erschöpft sind, um etwas zu unternehmen, sollten Sie Ihre Arbeitssituation überdenken. Sie müssen nicht jeden Abend frei haben, aber Sie brauchen regelmäßige Auszeiten von der Arbeit. **Kreativität braucht Muße, vielfältige Impulse und Freude am Leben, keinen permanenten Druck.**

Schmerzen in Gelenken, Muskeln oder dem Kopf Nicht nur Ihre Psyche leidet unter übermäßiger Arbeit. Auch Ihrem Körper macht diese Situation zu schaffen. Er reagiert mit Gelenkschmerzen, Muskelverspannungen oder hartnäckigem Kopfschmerz.

Darüber hinaus gibt es noch eine ganze Reihe anderer Warnsignale, bei denen Sie hellhörig werden sollten. Eine Auffälligkeit für sich kann viele Ursachen haben, treten negative Warnsignale jedoch gehäuft auf, sollten Sie handeln, um sich die Freude an Ihrer Kreativität zu erhalten. Denn niemand mag das Gefühl, nur noch zu funktionieren, keine Kontrolle zu haben und in dieser unangenehmen Situation gefangen zu sein.

Ursachenforschung: Warum ist Ihre Arbeitsbelastung so hoch?

Probleme werden nicht kleiner, indem man abwartet. Sie haben erkannt, dass Sie mit Ihrer aktuellen Arbeitssituation unzufrieden sind? Sie möchten so nicht weitermachen? Dann ist jetzt genau der richtige Moment, sich mit den Ursachen Ihrer Arbeitsbelastung auseinanderzusetzen. **Wenn Sie wissen, wo die Ursache für Ihr Problem liegt, können Sie es gezielt beheben.** Aber wo liegt die Grenze zwischen positivem Ehrgeiz, der Sie zielstrebig Ihren Wünschen näher bringt, und einer übertriebenen und ungesunden Arbeitsweise?

Die Antwort ist so vielseitig wie die Menschen, die diese Grenze suchen. Was für den einen eine angenehme und fördernde Arbeitssituation ist, kann für einen anderen schon belastend sein. Hier gibt es kein allgemeingültiges Rezept. Selbstreflexion ist hier ein gutes Mittel, um mehr Klarheit zu erlangen. Sehen Sie sich Ihr Umfeld einmal bewusst und mit Abstand an, um ein neutraleres Bild zu bekommen. Halten Sie in einem Notizbuch für ein bis zwei Tage aktiv fest, wann und in welchen Situationen Sie sich unwohl und von Ursachen negativ beeinflusst gefühlt haben. Was nimmt Ihnen die Motivation und welche Aufgaben bereiten Ihnen im Gegensatz dazu viel Freude?

> *Nieten sind wichtig, wenn wir das Schiff wieder klar kriegen wollen.*
> Wolfgang Neuss

Um später leichter und schneller eine Verbesserung zu erreichen, ist es hilfreich, wenn Sie zwischen persönlichen Faktoren und Faktoren am Arbeitsplatz unterscheiden. Beide haben einen starken Einfluss auf Ihre Arbeitssituation, brauchen aber andere Strategien, um geändert zu werden. Ihre Situation am Arbeitsplatz können Sie verbessern, indem Sie Methoden und Techniken nutzen, die Ihr Zeitmanagement oder Ihren Umgang mit Projekten verändern. Oder Sie suchen das Gespräch mit Ihren Kollegen und Vorgesetzten, um in Absprache eine Veränderung für das ganze Team zu erreichen.

Bei persönlichen Faktoren liegt es stattdessen an Ihnen alleine, neue und passende Wege zu finden, die sowohl zu Ihrer Persönlichkeit als auch Ihrer bevorzugten Arbeitsweise passen. Sie müssen dabei nicht jedes Hindernis sofort aus dem Weg räumen, um Ihre Situation zu verbessern. Oft reicht schon die Änderung von wenigen Aspekten, um eine starke Verbesserung in Ihrer persönlichen Wahrnehmung zu erreichen (vgl. Pareto-Prinzip auf Seite 56).

Für selbstständige Designer gibt es noch einen weiteren Bereich, der die eigene Arbeitssituation belasten kann – die unternehmerischen Faktoren. Sie müssen kaufmännische Fähigkeiten ausbilden, Ihre Finanzen im Blick haben und alle unternehmerischen Entscheidungen treffen, die Ihr Design-Business betreffen. Das kann zu einer starken Belastung werden. Aber denken Sie immer daran, dass Sie nicht alles alleine machen müssen. Wenn Sie nach Lösungsansätzen suchen, die Sie entlasten, spielt die gezielte Abgabe von Aufgaben eine große Rolle. Das kann ein Steuerberater sein, der Ihnen die ungeliebte Buchhaltung abnimmt, oder eine virtuelle Assistenz, die Sie während der besonders arbeitsintensiven Zeiten unterstützt.

WEGE HINAUS
Eine kleine Anleitung

Sie sind auf der Suche nach einem Weg aus Ihrer aktuellen Arbeitssituation? Diese Beispiele geben Ihnen einen guten Eindruck von typischen Problemen und den möglichen Lösungsansätzen:

Beruflicher Faktor: *Zu viel Zeit geht bei organisatorischen und konzeptionellen Arbeiten verloren. Diese fehlt dann für die kreative Arbeit.*
Lösungsansatz: *Durch eine gut vorbereitete Planung lassen sich die Pflichtaufgaben bei Designaufträgen vereinfachen und besser organisieren (vgl. Kapitel 4, »Projekte managen: Heute dürfen Sie wieder machen, was Sie wollen«).*

Beruflicher Faktor: *Die Menge an Aufgaben, die Sie bewältigen müssen, ist unglaublich hoch. Es ist quasi kaum zu schaffen, hier Erfolgserlebnisse zu haben, weil immer mehr Aufgaben da sind, als Sie erledigen können.*
Lösungsansatz: *Listen Sie alle Aufgaben und auch Teilaufgaben auf. Nutzen Sie dann die Eisenhower-Technik, um die einzelnen Aufgaben zu priorisieren, und erledigen Sie immer zuerst das, was sowohl wichtig als auch dringend ist (vgl. Eisenhower-Technik auf Seite 49).*

Persönlicher Faktor: *Sie sind mit den Ergebnissen Ihrer Arbeit unzufrieden, weil sie Ihnen nicht gut und perfekt genug erscheinen. Darum werden Ihre Designs und Projekte oft nicht rechtzeitig fertig.*

Lösungsansatz: Überzogener Ehrgeiz und Perfektionismus sind wenig hilfreich. Fehler, Eigenheiten, Ecken und Kanten sind ein Teil Ihrer Persönlichkeit – lernen Sie, das zu akzeptieren. Konzentrieren Sie sich lieber auf Ihre Stärken, statt ständig alle Energie darauf zu verwenden, Ihre Fehler zu verstecken oder zu verbessern. Das bringt Sie effektiver voran (vgl. Kapitel 1, »Entdecken Sie Ihr kreatives Potential neu«).

Persönlicher Faktor: Die Informationsflut, die jeden Tag auf Sie einströmt, ist kaum noch zu fassen und zu verarbeiten. Auf jedem sozialen Netzwerk passieren täglich mehr Dinge, als Sie mitverfolgen, kommentieren und bewerten können. Sie haben ständig das Gefühl, überall dabei sein zu müssen, und schaffen es gar nicht mehr, die Inhalte auch zu verwenden und zu filtern.

Lösungsansatz: Input ist gut und wichtig. Input, den Sie nicht mehr durchdenken, analysieren und für Ihre Zwecke neu interpretieren können, hilft Ihnen hingegen überhaupt nicht weiter. Nutzen Sie Tools, Filter und Listen, um die sozialen Medien gezielt nach relevanten Inhalten zu durchsuchen. Automatisieren Sie Vorgänge, soweit es möglich ist, und nehmen Sie sich immer wieder bewusst Zeit für Ihre eigenen Ziele. Egal, was gerade auf anderen Kanälen wichtig ist.

Persönlicher Faktor: Ihnen fehlt Zeit, die Sie nur für sich selbst haben, um Ihren eigenen Hobbys, Freizeitaktivitäten oder Ihrem Sport nachzugehen. Auch für den Austausch mit Kollegen und anderen Kreativen bleiben keine Kapazitäten, weil Sie alle Energie in die Ideenfindung und die Umsetzung von Designaufträgen stecken müssen.

Lösungsansatz: Kreativität braucht Input, Freizeit und den lebendigen Austausch. Nehmen Sie sich daher bewusst Zeit für diese Dinge, vor allem dann, wenn Projekte besonders sperrig sind. Ihre Inspiration wird von diesem Verhalten profitieren, und das führt wiederum dazu, dass Ihnen die Umsetzung der Designaufträge leichter fallen wird.

Hinterfragen Sie, was Sie wirklich stört

Ist alles einfacher, wenn Sie Ihre Kreativität zum Beruf machen? Wohl kaum. Selbst wenn Sie schon viele Jahre im Kreativbereich arbeiten, gibt es immer wieder die Momente, in denen Sie zweifeln und merken, dass irgendwas nicht mehr stimmt. Das Zweifeln, Grübeln, Hadern und Verwerfen der eigenen Ideen und Konzepte gehört zum Leben eines Kreativen einfach dazu. Auch wenn es nicht schön ist und Sie immer wieder an Ihre Grenzen bringt.

Kreativität mit all ihren Vor- und Nachteilen muss man manchmal auch aushalten können und wollen. Vor allem dann, wenn sie massiv an der Basis Ihrer Berufstätigkeit kratzt. Dann zum Beispiel, wenn Sie monatelang darauf hingearbeitet haben, sich einen Namen im Bereich Animationsdesign zu machen, jetzt die Anfragen endlich steigen oder Sie den vermeintlichen Traumjob bekommen haben, Sie bei der Arbeit aber merken, dass Animationen Sie gar nicht mehr zufrieden machen. Wie reagieren Sie am besten, wenn Sie sich eingestehen müssen, dass die Arbeit Sie doch nicht so fordert, wie Sie es sich erhofft hatten. Und dass ein anderer Designbereich inzwischen viel interessanter für Sie geworden ist. Und das trotz all der Mühen und der Arbeit, die Sie in den letzten Wochen und Monaten in Ihre Reputation als Animationsdesigner gesteckt haben. Was machen Sie dann?

Es ist ja auch nicht so, dass Sie von heute auf morgen mit Ihren eingeschlagenen Pfaden unzufrieden sind. Vielmehr ist es ein schleichender Prozess. Aus dem tollen *»Großartig, heute startet ein neues Designprojekt«* wird ein mittleres *»Dann mache ich mich mal an das neue Design«* und dann ein unmotiviertes *»Och, das Design muss ich ja auch noch machen.«* Und dann führt eines zum anderen – Projekte stapeln sich, die Entwürfe sind irgendwie steif und sperrig, und alles dauert doppelt und dreimal so lange wie gewohnt. Außerdem ist Ihre Motivation so weit weg, wie sie es nur sein kann. Spätestens, wenn Sie an dem Punkt angekommen sind, brauchen Sie ganz dringend eine Auszeit, um die Dinge neu zu ordnen.

IMMER GEGEN DIE ZEIT?
Verschobene Prioritäten

Wenn Sie ständig mit Ihren Projekten in Verzug kommen, dann kann es auch daran liegen, dass Sie eigentlich keine Lust mehr auf diese Art von Designs haben. Es steht ein Wandel in Ihrer kreativen Arbeit an. Denn bei genauerem Hinsehen wird deutlich, dass der falsche Designschwerpunkt der Grund dafür ist, dass Sie Ihren Fokus nicht bei den aktuellen Projekten haben. Verschobene Prioritäten sind der eigentliche Grund, weswegen Ihre Designs ständig überfällig sind.

Wege aus dem Tief

Dass Sie ins Stocken kommen und Ihr Handeln hinterfragen, ist gut. Auch wenn das im ersten Moment paradox klingt. Denn es macht etwas ganz Wichtiges mit Ihnen: Es warnt Sie rechtzeitig und gibt Ihnen so die Möglichkeit, neue Wege zu suchen und Ihre Prioritäten zu überdenken. Darum lohnt es sich, wenn Sie sich die Zeit nehmen, die Sie brauchen, um herauszufinden, warum Sie mit Ihrem aktuellen Ist-Zustand unzufrieden sind.

Dieses Beispiel zeigt sehr schön, warum Sie bei der Analyse nicht nur an der Oberfläche bleiben sollten. Eine Änderung Ihrer Projektabläufe oder die Verbesserung Ihres Zeitmanagements führen dazu, dass Sie besser und effektiver arbeiten. Es ändert sich aber nichts daran, dass Sie eigentlich viel lieber in einem ganz anderen Designbereich gestalten wollen. Was genau stört Sie und nimmt Ihnen die Motivation und Kreativität?

- Ist es der Designschwerpunkt, in dem Sie gerade arbeiten?
- Oder sind es viel eher die Auftraggeber und deren Anforderungen an Ihre Arbeit?
- Würde ein geänderter Designbereich da zu einer Verbesserung führen oder muss der Wandel anders aussehen?
- Möchten Sie vielfältigere und umfassendere Aufgabengebiete? Oder hilft es Ihnen, wenn Sie sich stattdessen viel stärker fokussieren?

- Vielleicht hat es auch weder mit den Designs noch mit den Kunden zu tun, dass Sie sich in einem Tief befinden? Stattdessen sind es die Umstände, unter denen Sie arbeiten, die Sie belasten, und Sie können mit einem Wechsel Ihrer Arbeitsumgebung für frische Impulse sorgen?

Sie können den Sachverhalt auch von der anderen Seite aus durchdenken und sich überlegen, wie die optimale Umgebung für Ihre kreative Arbeit sein sollte.

- Was wäre Ihr Spezialgebiet, wenn Ihnen alles offenstehen würde?
- Wo und in welcher Arbeitsumgebung würden Sie arbeiten?
- Wären Sie alleine oder in einem Team?
- Möchten Sie einen festen Arbeitsplatz oder rund um die Welt reisen und sich spontan und flexibel entscheiden können?

Was genau Sie gerade blockiert und Ihnen die Schaffenskraft nimmt, können nur Sie alleine sagen. **Viel wichtiger ist aber, dass Sie die Kraft nutzen, die hinter diesem unguten Gefühl liegt. Nehmen Sie diese als Motor für Ihre Weiterentwicklung.** Haben Sie den Mut, Ihre neuen Erkenntnisse zu nutzen. Sollten Sie am Ende Ihrer Selbstreflexion feststellen, dass Sie Ihre Arbeiten grundsätzlich sehr gerne machen und einfach nur im Moment genervt und überlastet sind, dann können schon ein paar Urlaubstage sehr hilfreich sein, um den Kopf wieder frei zu bekommen. Sind es die Arbeitsumstände, unter denen Sie leiden, dann versuchen Sie, diese aktiv zu verbessern. Im anstrengenderen Fall sind die Gründe umfassender und weitreichender, und Sie müssen sich ernsthaft fragen, wie es in Zukunft mit Ihrer kreativen Arbeit weitergehen soll.

- Was müssen Sie ändern, weglassen oder beginnen, damit Sie wieder zufriedener werden können?
- Wie sehen die konkreten Schritte aus?
- Müssen Sie diesen Schritt langfristig vorbereiten, weil Ihre finanziellen Mittel noch nicht ausreichen oder Sie sich vorab gezielt neues Wissen aneignen müssen?

Seien Sie dabei ehrlich zu sich selbst, und suchen Sie nach dem bestmöglichen Weg, damit Sie wieder kreativ und glücklich sein können.

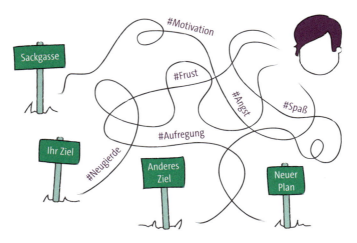

Es gibt viele Möglichkeiten, die Sie an Ihr persönliches Ziel bringen. Und es sind nicht immer die einfachen und geradlinigen Wege, die zum Erfolg führen.

Zufrieden aufhören, wenn es nicht mehr weitergeht

Aufgeben hat in unserer Wahrnehmung einen schlechten Ruf. Nur wer durchhält, sich durchbeißt und hartnäckig den eingeschlagenen Weg verfolgt, wird zu guter Letzt mit Erfolg belohnt. Der Tellerwäscher, der es dann doch zum Millionär schafft, oder die Autorin, die nach fünf erfolglosen Romanen endlich den großen Bestseller schreibt – das sind die modernen Geschichten unserer Zeit. Vergessen werden dabei all die Menschen, die sich beharrlich in eine Sache reingekniet haben und trotzdem damit nie erfolgreich geworden sind. Dabei ist das die Mehrheit. Wäre es nicht viel sinnvoller und erfolgsversprechender, wenn diese Menschen aufgehört hätten, ihren Illusionen nachzueifern? Dann hätten sie den frei gewordenen Raum nutzen können, um etwas zu machen, mit dem Sie dann vielleicht wirklich Erfolg gehabt hätten.

Auf Ihre Kreativität und Ihre eigenen Zweifel übertragen, stellt sich dann die Frage, wann für Sie der richtige Zeitpunkt ist, aufzuhören. Natürlich ist es schwer, sich bewusst gegen eine Sache zu entscheiden und diese aufzugeben. Vor allem dann, wenn Sie schon sehr viel Zeit und Herzblut in dieses Projekt gesteckt haben. Aber auch das ist ein Wesenszug, den Kreativität ausmacht. Sie ist nicht immer gleich. Ihre Designs, Ihre Arbeiten und Ihre Vorlieben verändern sich genauso, wie Sie sich selbst im Laufe der Jahre verändern. Wünsche, Ziele und Erwartungen wandeln sich. Das ist ganz normal. **Also warum sollten Sie dann weiter an Dingen festhalten, nur weil Sie sie in den letzten Jahren immer so gemacht haben?**

Kreativität kann man nicht erzwingen. Wenn Sie sich in Ihrer aktuellen Situation unzufrieden fühlen, wenn Sie blockiert sind und in einer Schaffenskrise stecken, dann brauchen Sie eine Pause, um sich in Ruhe Gedanken machen zu können. Konsequenzen und neue Wege brauchen Zeit. Und manchmal steht am Ende dieser Überlegungen die Erkenntnis, dass Sie aufhören sollten, einen Plan zu verfolgen, der Sie nicht mehr glücklich macht. **Dabei steckt hinter einem bewussten Aufgeben kein Versagen. Ganz im Gegenteil.** Es gehört Mut dazu, zu erkennen, wann ein Weg zu Ende ist, und dieses Aufgeben dann auch zufrieden und mit sich selbst im Reinen zu akzeptieren. Sie schaffen damit einen Platz für neue kreative Ideen und Projekte, die Sie sonst vielleicht nie angefangen hätten.

> EINE STOLZ GETRAGENE NIEDERLAGE IST AUCH EIN SIEG.
> MARIE VON EBNER-ESCHENBACH

Das Gute an Fehlern und am Scheitern

Geschichten von Erfolgen sind schnell und gerne erzählt. Die vom Scheitern erzählt Ihnen kaum einer. Schade eigentlich. Dabei liegt es doch auf der Hand, dass nicht jedes angefangene Projekt, nicht jede Idee und auch nicht jedes Design erfolgreich sein kann. Wer Sachen ausprobiert und neue Wege geht, macht Fehler. Das liegt in der Natur der Dinge.

Statt sich darauf zu konzentrieren, dass Ihnen ein Fehler unterlaufen ist, sollten Sie lieber Ihre ganze Energie darauf verwenden, dass sich der gemachte Fehler nicht wiederholt. Das ist deutlich effektiver und gewinnbringender für Ihre kreative Arbeit. Auch wenn das natürlich im ersten Moment nach dem Scheitern schwerfällt. Lassen Sie sich nicht von Misserfolgen entmutigen. Fehler und auch ein Scheitern zeigen Ihnen nur auf, welche Wege nicht funktionieren, um zu einem guten Ergebnis zu kommen. Wichtiger ist, dass Sie weitermachen und mit Disziplin, Mut und dem Glauben an die eigene Arbeit Ihre Ziele verfolgen.

FUCKUP NIGHTS
Geschichten des Scheiterns

Dass Geschichten über das Scheitern auch sehr motivierend und lehrreich sein können, zeigt sich an dem weltweiten Erfolg der »Fuckup Nights«.

Es war ein Freitagabend im Jahr 2012 irgendwo in Mexico City, als fünf Freunde in ausgelassener Atmosphäre beschlossen, dass sie genug über tolle Erfolgsgeschichten gehört hatten. Stattdessen erzählten sie sich gegenseitig von den Projekten, mit denen sie gescheitert waren. Die Unterhaltung war dabei für die fünf so inspirierend, dass sie beschlossen, sich nur zwei Wochen später erneut zu treffen – diesmal aber in größerer Runde und mit mehr Freunden. Die erste Fuckup Night war geboren und wurde ein riesiger Erfolg.

Heute gibt es Fuckup Nights auf der ganzen Welt (in Deutschland zum Beispiel in Stuttgart und Frankfurt). Das Prinzip hat sich trotzdem nicht geändert – drei oder vier gescheiterte Gründer erzählen dem Publikum in sieben Minuten nacheinander von ihren Misserfolgen. Danach gibt es eine Fragerunde und Zeit für den kreativen und motivierenden Austausch.

Keine Angst vorm Scheitern

Haben Sie sich schon einmal ganz bewusst auf Ihr Scheitern vorbereitet? Auf den absolut schlechtesten Fall, der passieren kann? Auf den Fall, dass es mit Ihrer beruflichen Kreativität nicht klappt und Sie aufgeben müssen? Nein? Sollten Sie aber, denn Scheitern und Erfolg liegen sehr viel näher beieinander, als viele Kreative glauben.

Die Gründe sind so einfach wie nachvollziehbar. Wenn Sie beispielsweise häufig Aufträge annehmen, die objektiv betrachtet zu schlecht bezahlt sind, oder Sie in einem Unternehmen arbeiten, das Ihre Fähigkeiten nicht wertschätzt, sind Frust und Blockaden vorprogrammiert. Aus Angst, sonst vielleicht nicht Ihre Kosten decken zu können, oder weil Sie sich mit der Situation arrangiert haben, bleiben Sie hinter Ihren Möglichkeiten zurück. Statt neue Wege zu gehen und sich weiterzuentwickeln, bleiben Sie auf den vertrauten, aber durchschnittlichen Pfaden hängen.

Zum Schluss arbeiten Sie in einem Beruf, der grundsätzlich okay ist, weil er funktioniert, aber auch nicht mehr. Statt neuer und innovativer Ideen, spannender Kooperationen oder Designaufträge, die Sie fordern und inspirieren, stecken Sie im Alltagstrott fest. **Immer die sichere Variante zu wählen, funktioniert, ist aber langweilig. Ihre Angst vorm Scheitern bremst Sie aus und bringt Sie so um Ihren Erfolg.**

> *Um ein Leben voller Kreativität zu leben, müssen wir unsere Angst vor dem Versagen ablegen.*
>
> Joseph Pierce

Dabei sind die Risiken in den meisten Fällen überschaubar, wenn Sie sich die Zeit nehmen, sie in Ruhe zu betrachten. Was kann passieren, wenn Sie etwas Neues ausprobieren oder etwas Bestehendes verändern? Was ist der allerschlimmste Fall, der eintreten kann? Wovor fürchten Sie sich am meisten? Ist es die Sorge, dass Sie Ihre Miete nicht mehr zahlen können, dass die Kreditraten für das Auto überfällig sind oder dass Ihnen nicht genug Mittel für die Rente oder zukünftige Projekte zur Verfügung stehen? Vielleicht ist es auch die Angst, dass Ihre Familie oder Ihre Freunde von Ihnen enttäuscht sind, wenn Sie scheitern?

Indem Sie Ihre Befürchtungen bewusst benennen, nehmen Sie viel Druck und Angst aus diesen Überlegungen heraus. Ein Problem, das Sie gezielt durchdenken und für das Sie nach Lösungen suchen, ist keine unkalkulierbare Bedrohung mehr.

Das Schlimme an Fehlern und Misserfolgen ist nicht das Scheitern an sich. Es kann immer passieren, dass Sie eine tolle Idee haben, es aber keinen passenden Markt dafür gibt. Dann ist es an Ihnen, zu handeln, die Idee zu variieren und es noch einmal zu probieren. Das ist völlig normal und kommt so jeden Tag vor. **Problematisch ist es, wenn Sie die unbestimmte Angst vor dem Scheitern davon abhält, es überhaupt zu versuchen.** Also lassen Sie das gar nicht erst zu, sondern bereiten Sie sich bewusst auf die beängstigenden Probleme vor, die im schlechtesten Fall eintreten können. Sie sind mutiger und sicherer, wenn Sie wissen, dass Sie einen doppelten Boden haben und auf eventuelle Misserfolge gut vorbereitet sind.

Geld und Karriere oder einfach das Leben leben?

In unserer Leistungsgesellschaft gilt die Formel »Mehr ist besser« – mehr Karriere, mehr Geld, mehr Erfolge. Mit einem großen Haus, dem teuren Auto, exklusiven Urlauben zeigen Sie sich und Ihrem Umfeld, dass Sie erfolgreich sind. Wir sind es gewohnt, zu konsumieren, kaputte Sachen jederzeit sofort zu ersetzen und uns über das zu definieren, was wir besitzen. Eine Einstellung, die Sie nicht nur viel Geld, sondern auch viel Platz und Energie kostet. Denn über alles, was Sie besitzen, mussten Sie sich vor dem Kauf Gedanken machen, Sie müssen es aufbewahren, pflegen, sauber halten und später dann entsorgen, wenn es kaputt ist oder nicht mehr benötigt wird. Es liegt an Ihnen alleine, zu entscheiden, ob Ihnen die Dinge in Ihrem Umfeld diesen Aufwand wert sind.

EINE KATASTROPHE BÄNDIGEN
Eine kleine Anleitung

Machen Sie sich eine Liste mit allen Furcht einflößenden und katastrophalen Fällen, die passieren können, wenn Sie mit Ihrer Idee oder Ihrem geplanten Projekt scheitern. Seien Sie dabei ehrlich zu sich selbst. Den Zettel bekommt niemand anderes zu Gesicht. Er ist nur für Sie, und da ist jeder Punkt wichtig und erlaubt. Und dann bereiten Sie sich auf alle diese kleinen und großen Katastrophen vor. Überlegen Sie, was Sie im Detail tun müssen, um die Folgen eines möglichen Scheiterns abzumildern.

Befürchtung: Sie können Ihre Miete / laufende Kosten nicht zahlen.
Vorbereitung darauf: Rechnen Sie einmal zusammen, wie viel Geld Sie mindestens brauchen, um zwei oder drei schlechte Monate zu überstehen. Sparen Sie sich diese Summe an, und lassen Sie das Geld unangetastet auf Ihrem Konto liegen. Das ist Ihre Sicherheitssumme für echte Notfälle.

Befürchtung: Sie schaffen es nicht, etwas Neues anzufangen, weil Ihnen die Mittel oder das Wissen dazu fehlen.
Vorbereitung darauf: Anfangen kann man immer. Niemand verlangt von Ihnen, sofort und mit vollem Einsatz zu 100 Prozent eine neue Idee anzupacken. Unterteilen Sie sich Ihr Ziel im mehrere kleine Teilziele, die sich viel leichter umsetzen lassen. Sie werden nicht von heute auf morgen erfolgreich Design-Templates für Wordpress programmieren. Aber Sie können sich das Know-how dafür schrittweise aneignen. Jeden Tag eine Stunde oder vielleicht einmal kompakt, wenn Sie Urlaub haben. Das bringt Sie schrittweise Ihrem Ziel näher und minimiert die Risiken zu scheitern spürbar.

Befürchtung: Sie möchten sich selbstständig machen und Ihre Festanstellung aufgeben. Doch was passiert, wenn die Selbstständigkeit scheitert?
Vorbereitung darauf: Es gibt nicht nur Schwarz oder Weiß. Sprechen Sie mit Ihrem Vorgesetzten, vielleicht können Sie Ihre Stunden reduzieren und sich so an einem oder zwei Tagen in der Woche dem Aufbau Ihrer Selbstständigkeit widmen, ohne gleich alles auf eine Karte setzen zu müssen.

Wenn Sie sich mit Ihrem Karrierestreben wohlfühlen und Ihnen Ihre beruflichen Erfolge Zufriedenheit geben, dann ist das großartig. Oder gibt es vielleicht auch andere Dinge, die Sie an Ihrem Leben und Ihrer Arbeit mehr wertschätzen? Wo liegen Ihre Prioritäten? Ist es ein toller und kreativer Beruf, bei dem Sie Ihre Leidenschaft für das Gestalten ausleben können? Möchten Sie viel Zeit für Ihre Familie haben oder zeitintensiv einem erfüllenden Hobby nachgehen? Ist es Ihr Ziel, möglichst weit auf der Karriereleiter nach oben zu gelangen und viel Geld zu verdienen? Alle diese Ziele sind gut und haben ihre Berechtigung, weil sie das widerspiegeln, was Ihnen persönlich wichtig ist.

> HÄUFIG LEIDET MAN DARAN, DASS MAN ZWAR VIEL ARBEIT, ABER KEINE AUFGABE HAT.
> HELMUT WALTERS

Es muss Ihnen nur klar sein, dass Sie diese nicht alle gleichzeitig umsetzen können, ohne dafür irgendwann den Preis zu bezahlen. Viele Menschen holen sich ihre Selbstbestätigung über den Beruf oder die vorzeigbaren Erfolge. Doch was passiert, wenn die gewohnten Erfolge wegbrechen, wenn Sie ausgebrannt auf der Strecke bleiben und nichts mehr von den Dingen übrig ist, die Ihre Selbstwertschätzung ausgemacht haben? Wollen Sie wirklich so leben?

Sich auf das Wichtige zu beschränken, zeigt Ihnen neue Qualitäten auf

Doch es gibt auch eine immer stärker werdende Gegenbewegung zu dem Credo »Mehr ist besser«. Die einen nennen es Minimalismus, die anderen einfach Fokussieren, Rückbesinnung oder bewussten Konsumverzicht. **Dahinter steckt für viele Kreative der tiefe Wunsch, dem vorgegebenen Hamsterrad zu entkommen und mit mehr Achtsamkeit und Fokus die Dinge zu verfolgen, die sie glücklich und zufrieden machen.** Was nützt es, wenn Sie einen sehr gut bezahlten Job in der Werbebranche haben und Kampagnen für große Lebensmittelkonzerne entwickeln, die Sie persönlich ablehnen? Sie gestalten mit viel Fantasie und Herzblut Werbemittel, um möglichst viele Verbraucher von etwas zu überzeugen, was Sie falsch finden. Der Wechsel in einen anderen Designbereich oder in die Selbstständigkeit kann bedeuten, dass Sie deutlich zufriedener werden. Sie gewinnen mehr Lebensqualität zurück, weil Sie sich auf das konzentrieren, was wichtig ist und einen hohen Stellenwert für Sie hat – trotz des möglicherweise niedrigeren Gehalts oder anderer Nachteile.

Die Frage ist also nicht, ob Sie sich zwischen Geld und Karriere auf der einen Seite und einem erfüllten Leben nach eigenen Regeln auf der anderen Seite entscheiden müssen. Hier gibt es kein Schwarz oder Weiß. Die Wahrheit liegt wie so oft irgendwo in der Mitte. Sie können einen gut bezahlten Job aufgeben, ohne es als Verlust zu empfinden, weil sich Ihre Prioritäten geändert haben. Sie können Ihr komplettes Arbeitsumfeld digitalisieren und ortsungebunden arbeiten, wenn das für Sie richtig ist. Sie können sich entscheiden, einen auf den ersten Blick langweilig erscheinenden Brotjob anzunehmen, wenn Ihnen dadurch die Mittel zur Verfügung stehen, die Sie brauchen, um Ihre eigenen Ideen umzusetzen. Sie können jeden Weg einschlagen, solange er Ihren Zielen und Wünschen förderlich ist. Gerade kreative Arbeit profitiert sehr davon, dass Sie zufrieden sind.

Seien Sie gut zu sich selbst

Nicht immer sind es tiefe Blockaden und große Dramen, die Sie dazu bringen, über Ihre Kreativität, Ihre Arbeit und Ihre Wünsche nachzudenken. Oft ist es vielmehr ein unbestimmtes Gefühl, dass da eigentlich mehr sein sollte als das, was Sie jeden Tag erleben. Sie möchten nicht nur funktionieren und sich in einem wohlgeordneten und organisierten Alltag wiederfinden – Sie möchten *mehr*. Wobei dieses »mehr« nicht automatisch mehr Geld, mehr Erfolg und mehr Karriere bedeutet. Es können stattdessen auch mehr Pausen, mehr Zufriedenheit, mehr Freude und mehr Glück im Kleinen sein. Sie selbst wissen am besten, was Ihnen guttut.

Auf das eigene Wohlbefinden zu achten und gut zu sich selbst zu sein, kommt im Alltag häufig zu kurz. Designaufträge, Kundenanfragen, Termindruck, aber auch die privaten Verpflichtungen, die Familie, Kinder und der Alltag fordern Ihnen viel ab. Es fällt schwer, sich da bewusst rauszunehmen und Zeit für die eigenen Bedürfnisse abzuzwacken. **Dabei ist das so wichtig für Sie! Sie selbst sind Ihr wertvollstes Gut** – Sie sind der Ideengeber, Erfinder, Gestalter, Umsetzer, Kritiker und Organisator für Ihre kreativen Designs in einer Person. Geht es Ihnen nicht gut und werden Sie krank, leidet nicht nur Ihre Kreativität, Sie verlieren im schlechtesten Fall auch Ihre Geschäftsgrundlage.

> *Denke immer daran, dass es nur eine wichtige Zeit gibt: Heute. Hier. Jetzt.*
>
> Leo Tolstoi

Das menschliche Gehirn hat im Laufe der Evolution Wege und Strategien entwickelt, die Ihnen dabei helfen, routiniert und ohne größere Katastrophen durch den Alltag zu kommen. Sie erleben etwas, machen Ihre Erfahrungen und lernen, dass Ihnen bestimmte Reaktionen dabei helfen, wiederkehrende Situationen erfolgreich zu überstehen. Diese Muster unterstützen Sie dabei, in vertrauter Art und Weise auf Ereignisse zu reagieren. Sie müssen nicht bei jeder roten Ampel erneut überlegen, was das jetzt für Sie bedeutet. Sie haben verinnerlicht, dass Sie stehen bleiben sollten, wenn Sie nicht von einem Auto überfahren werden wollen.

In vielen Alltagssituationen haben Sie Ihren Autopiloten angeschaltet und nehmen sich nicht mehr die Zeit, bewusst zu hinterfragen, ob die Art der emotionalen, mentalen oder körperlichen Reaktion auch die passende ist. Im Fall einer roten Ampel ist dieser Autopilot sehr hilfreich. Doch Sie haben nicht nur gute Automatisierungen verinnerlicht, sondern auch solche, die Ihnen schaden und sich negativ auf Ihr Wohlbefinden auswirken können. »*Das haben wir hier schon immer so gemacht*« heißt ja erfahrungsgemäß nicht immer, dass es auch die beste Lösung ist. Unpassende Automatisierungen können dazu führen, dass Sie sich mit sich selbst nicht mehr wohlfühlen, unter Stress leiden, blockiert sind und körperlich oder seelisch erkranken.

Diesen Prozess können Sie durchbrechen, indem Sie bewusst von einem reinen Reagieren zu einem aufmerksamen Beobachten übergehen.

- Was passiert gerade um Sie herum?
- Was macht das mit Ihnen und welche Gefühle ruft das hervor?
- Warum wirkt sich das Erlebte negativ/positiv auf Sie aus?
- Wie können Sie dieses automatisierte Reagieren durchbrechen?

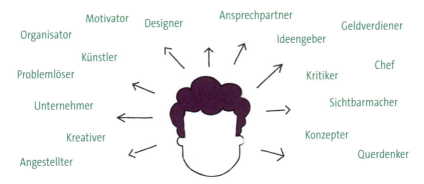

Sie übernehmen in Ihrem Berufsalltag sehr viele unterschiedliche Rollen. Darum ist es entscheidend, dass Sie gut zu sich selbst sind und auf Ihre persönlichen Ressourcen achten. Sie selbst sind Ihr wertvollstes Gut, wenn Sie als Kreativer arbeiten.

Achtsamkeit im kreativen Alltag suchen und finden

Durch diese bewusste Wahrnehmung der eigenen Gedanken, Gefühle und Reaktionen verändert sich der Blick auf Ihr eigenes Verhalten, und es fällt Ihnen leichter, Konsequenzen daraus zu ziehen. Das betrifft ganz unterschiedliche Bereiche Ihres Alltags – persönliche wie berufliche. Beide Bereiche bestimmen Ihren Alltag und haben großen Einfluss auf Ihre Kreativität.

Ihre eigene Einstellung Achtsam mit den eigenen Ressourcen umzugehen, verlangt, dass Sie von sich selbst wissen, wo Ihre Grenzen sind und was Ihnen guttut. Intuitiv wissen Sie schon im ersten Moment, ob Sie mit einer Aufgabe, einem Angebot oder der Anfrage eines Kollegen einverstanden sind und ob Sie sich damit wohlfühlen. Doch häufig ignorieren wir dieses Bauchgefühl und gehen Zusagen und Verbindlichkeiten ein, mit denen wir später unzufrieden sind. Sie müssen ehrlich zu sich selbst sein und sich immer wieder aufs Neue fragen, ob Ihr Selbstbild mit dem übereinstimmt, was Sie nach außen leben und kommunizieren.

- Wer sind Sie?
- Wer wollen Sie sein?
- Was ist gut für Sie und was nicht?
- Wo liegen die Grenzen?
- Was möchten Sie im Leben und was für Konsequenzen ergeben sich daraus für die Anfragen, die Sie tagtäglich erhalten?

Achtsamkeit Ihrem Körper gegenüber Ihr Körper weiß schon, was Ihr Kopf noch nicht verarbeitet, bewertet und entschieden hat. Aufmerksamer sein heißt auch, Ihren Körperempfindungen mehr Raum und Bedeutung beizumessen. In kleinem Ausmaß zeigt sich das schon, wenn Sie mit Bauchweh zu einem Termin gehen. Schlafstörungen, starker und lang anhaltender Kopfschmerz oder Verspannungen zeigen Ihnen schon viel deutlicher, dass Sie über die Grenzen hinweggehen, die gut für Sie, Ihre Kreativität und Ihre Gesundheit sind. Ignorieren Sie diese Warnsignale, endet das in Blockaden oder im schlimmsten Fall in einem Burnout, der Sie langfristig krank macht.

Raus aus dem Hamsterrad Haben Sie das Gefühl, ständig in den gleichen negativen oder ermüdenden Umständen festzuhängen? Tagein, tagaus die gleiche Leier, bei der Ihre Kreativität immer weiter zusammenschrumpft? Statt aktiv Ihren Tag zu bestimmen und zu formen, agieren Sie nur noch und geben Ihr Bestes, um trotzdem zu guten und hochwertigen Ergebnissen zu kommen? Fest steht, dass Langeweile und ermüdende Routinen Gift für Ihre Kreativität sind.

Diesem Hamsterrad können Sie entgegenwirken, indem Sie bewusst wieder selbst die Kontrolle übernehmen. Das geht im ersten Schritt, indem Sie aufmerksam Ihre Lebens- und Arbeitssituation betrachten.

- Wo sind Sie eingespannt und reagieren nur noch?
- Wie können Sie diesen Teil Ihres Lebens zurückgewinnen und wieder mehr Kontrolle über Ihr Leben und Ihre Kreativität bekommen?
- Wollen Sie wirklich rund um die Uhr und jederzeit für Ihre Kunden erreichbar sein? Oder geben Ihnen stattdessen klar kommunizierte Öffnungszeiten die Kontrolle über Ihren Tagesablauf wieder zurück?

Ihr Umgang mit Kritik und Ablehnung Eine stärkere Achtsamkeit und Aufmerksamkeit für die eigenen Bedürfnisse zieht oft auch Konsequenzen und Reaktionen aus dem direkten Umfeld nach sich. Nicht jeder kann gut mit Veränderungen umgehen und sich der Verschiebung Ihrer Werte und Bedürfnisse anpassen. Nichts, was Sie tun, wird daran etwas ändern – eine Einschränkung Ihrer eigenen Bedürfnisse am wenigsten. Ehrlich zu sich selbst zu sein ist wichtig, auch wenn das bedeutet, Nein zu sagen und die eigenen Bedürfnisse über die Anforderungen und Erwartungen der anderen zu stellen. Selbst dann, wenn Sie damit riskieren, einem Kollegen, Freund oder Bekannten möglicherweise auf die Füße zu treten. Hier hilft Ihnen Ehrlichkeit und eine knappe, aber klare und freundliche Absage.

> *Du kannst dein Leben nicht auf den Erwartungen anderer Menschen aufbauen.*
> Stevie Wonder

Machen Sie sich immer wieder klar, dass Sie nicht jedem sympathisch sein müssen. Sie brauchen auch nicht immer nett zu sein, nur um nicht anzuecken. Man kann nicht jedem gefallen, wenn man die eigenen Ziele durchsetzen möchte. Irgendwo sind immer Kritiker und Neider. Die Frage ist nur, ob Sie sich deren Meinung zu Herzen nehmen oder nicht. Und diese Entscheidung wiederum liegt bei Ihnen alleine.

Entscheidungen treffen *Das Angebot ist viel zu gut, um es nicht zu nutzen. Außerdem wird es gerade zu Sonderkonditionen angeboten. – Das mach ich!* Wie oft ist es Ihnen schon passiert, dass Sie aus diesem Gefühl der Dringlichkeit heraus etwas zugesagt, gekauft oder vereinbart haben, was Sie im Nachhinein nicht unbedingt gebraucht haben oder gar nicht so gerne machen wollten?

Schnell sein, spontan reagieren und all die vielen Möglichkeiten wahrnehmen, die sich bieten – das führt zu übereilten Entscheidungen, die Ihnen mit ein wenig Abstand nicht immer guttun. Finanziell können diese spontanen Entscheidungen negativ sein, weil Sie Geld ausgeben für Tools, Programme und Rabatte, die Sie möglicherweise gar nicht brauchen. Aber auch im Umgang mit Kollegen oder Kunden kann das passieren, wenn Sie unüberlegt und viel zu schnell zusagen und dann unter der Last der zugesagten Entscheidungen leiden.

Geben Sie sich selbst mehr Abstand und etwas Zeit, das Angebot zu durchdenken. Verschieben Sie entscheidende Kaufentscheidungen bewusst auf den nächsten Tag, und gucken Sie dann erneut auf das Angebot. Ist es dann noch immer genauso verlockend und wichtig? Nehmen Sie Tempo raus. Auch bei Anfragen von Kollegen. Mit der Antwort »Das klingt interessant, danke. Aber ich muss zunächst einmal nachprüfen, ob das wirklich passt.« gewinnen Sie mehr Zeit, ohne den Fragenden vor den Kopf zu stoßen. Seien Sie bewusst langsamer, damit Ihre Projekte gut durchdacht sind und besser werden, weil mehr Substanz dahinter ist.

Ihre Ziele Wenn Sie nicht wissen, wo Sie in fünf Wochen oder in einem halben Jahr sein wollen, ist es schwer, fokussiert zu sein. Ohne ein Ziel vor Augen können Sie sich Ihre kreativen Ressourcen nicht sinnvoll einteilen. Sie wissen nicht, worauf Sie hinarbeiten. So geht viel Kraft und Kreativität auf Nebenschauplätzen verloren, und Ihre ganze Energie verpufft ungenutzt an falscher Stelle. Machen Sie sich stattdessen ein klares Bild von Ihren Zielen und Wünschen. Ein kleines Foto vom letzten Schwedenurlaub erinnert Sie daran, dass Sie auch in diesem Sommer wieder in den Norden reisen wollen und hilft Ihnen, fokussiert an Ihren Umsätzen zu arbeiten.

Ihre Routinen und Regeln Routinen erscheinen langweilig, machen Ihnen das Leben aber leichter, weil Sie nicht jedes Mal von neuem wiederkehrende Prozesse durchdenken müssen. Legen Sie sich einmal gut durchdachte Vorlagen und Abläufe zurecht, die Sie dann bei weitestgehend gleichen Aufgaben nutzen können. Nicht grundlos wird diese Art von Aufgaben »Routineaufgaben« genannt. Sie können ja trotzdem flexibel sein und Ihre Routinen und Regeln immer wieder an Ihre Bedürfnisse anpassen und mit neuen Methoden und Techniken spielen.

Ähnliches gilt für Regeln, die Sie sich selbst auferlegen. Verstehen Sie diese nicht als Beschränkung, auch wenn es im ersten Moment vielleicht so klingt. Vielmehr können Regeln Ihnen einen Freiraum schaffen, weil sie Ihre Arbeiten bündeln und so effektiver machen. Indem Sie es sich beispielsweise zur Regel machen, jeden ersten Freitag im Monat die Buchhaltung vom Vormonat zu organisieren, haben Sie den Rest des Monats frei und brauchen sich um das ganze Thema nicht zu kümmern. So bleibt mehr Zeit für die Dinge, die Sie sehr viel lieber machen.

GEWOHNHEITEN ÄNDERN
Ein Beispiel

Aus Routine und alter kollegialer Verbundenheit gehen Sie regelmäßig nach Feierabend mit Kollegen zum Italiener um die Ecke. Dabei macht Ihnen dieses Zusammensein schon lange nicht mehr so viel Freude. Nein, vielmehr empfinden Sie es als eine Belastung, weil es Sie davon abhält, an den Plänen und der Umsetzung Ihrer eigenen privaten Designprojekte zu arbeiten. Diese Diskrepanz belastet Sie zunehmend, und Sie möchten das nicht weiter hinnehmen.

Als Sie jedoch Ihren Kollegen mitteilen, dass Sie zukünftig direkt nach der Arbeit nach Hause gehen werden, weil Sie sich ein selbstständiges zweites Standbein aufbauen wollen, reagieren die Kollegen sehr verschieden. Während ein Teil Verständnis zeigt und mit Interesse auf Ihre Weiterentwicklung reagiert, lehnen andere sowohl Ihre zukünftige Abwesenheit als auch Ihre Pläne an sich ab und äußern sich kritisch. Trotz dieser geteilten Reaktion sind Sie zufrieden mit Ihrer Entscheidung und den nun vorhandenen Kapazitäten für Ihre kreativen Nebenprojekte.

Arbeiten Sie rentabel Im besten Fall funktioniert Ihre Arbeitsorganisation so, dass Sie so wenig Zeit wie möglich mit Aufgaben verbringen, die Sie nicht mögen, und so viel Zeit, wie Sie können, mit Dingen, die Sie gerne tun. Neben vielen Tipps für eine bessere und effektivere Arbeitsorganisation (vgl. Kapitel 2 und 4) hilft es Ihnen auch, wenn Sie darauf achten, so rentabel wie möglich zu arbeiten. Rentabel heißt dabei ganz deutlich: Investieren Sie so wenig Zeit, wie Sie können, in Arbeiten, für die Sie kein Geld bekommen oder die Ihnen keine Freude bereiten. Denn je mehr Zeit Ihnen bezahlt wird, desto schneller haben Sie das Geld zusammen, das Sie brauchen. Die verbleibenden Tage und Wochen stehen Ihnen dann für kreative Projekte oder andere Dinge zur Verfügung, die Ihnen Spaß machen.

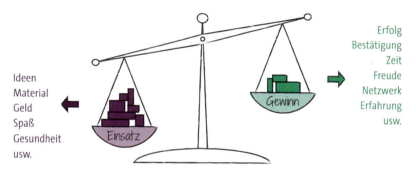

Kreativität braucht Freiraum und Zeit. Versuchen Sie darum, so rentabel wie möglich zu arbeiten und ein gutes Verhältnis zwischen Ihrem Einsatz und Ihrem Gewinn zu wahren.

Ihr soziales Umfeld Was Ihrer Kreativität guttut und Sie fördert, hat viel mit Ihrer Persönlichkeit und Ihrem eigenen Wohlbefinden zu tun. Darauf haben die Menschen, mit denen Sie Ihre Zeit verbringen, einen starken Einfluss, denn Sie schätzen die Meinungen und die Ratschläge Ihrer Freunde, Familienmitglieder, Kollegen und Partner. Menschen, die Sie bestärken, Sie unterstützen und Ihnen Halt geben, fördern Sie und helfen Ihnen auch durch schwierige Zeiten. Leider funktioniert dieses Prinzip auch in die entgegengesetzte Richtung. Vorbehalte, Unsicherheiten und ständige Bedenken übertragen sich in Ihre eigene Wahrnehmung und lassen Sie zögerlich werden. Neue Designs, mutige Entwürfe und vielleicht auch verrückte Ideen, die der Kreativität so förderlich sind, entstehen so in der Regel nicht. Das Gute daran ist, dass Sie selbst für Ihr soziales Umfeld verantwortlich sind. Sie können selbst entscheiden, wen Sie zu welchem Thema um Rat bitten und mit wem Sie Ihre kreativen Projekte besprechen. Schaffen Sie sich darum bewusst ein förderndes Umfeld aus Gleichgesinnten, die mit dem gleichen Herzblut ihre Ziele verfolgen, wie Sie es tun.

Dank sozialer Netzwerke können Sie mit Menschen an jedem Ort dieser Welt Kontakte knüpfen und sind nicht mehr an die unmittelbare Region vor der eigenen Haustür gebunden. Auch Besuche auf Netzwerkveranstaltungen, Workshops oder Konferenzen helfen, auf Kreative zu treffen, die ähnliche Ziele verfolgen.

Ihre Ruhe und Erholung Sie sind den ganzen Tag von Medien umgeben – am Rechner im Büro, im Auto, dann zuhause vor dem Fernseher oder bei Streamingdiensten. Bücherstapel, Zeitungen und Magazine tun ihr Übriges. Immer und überall sind Informationen und Medien, die Ihre Aufmerksamkeit fordern. Doch statt diese Medien bewusst und aufmerksam zu verfolgen, laufen viele nur noch als Grundrauschen nebenher.

Entscheiden Sie sich bewusst dagegen, und gönnen Sie sich in regelmäßigen Abständen eine mediale Auszeit, um Raum für Ihre eigenen Gedanken und Leerzeiten zu haben. Gehen Sie im Wald spazieren. Werfen Sie einen ausgiebigen Blick in den wolkigen Himmel, oder setzen Sie sich auf eine Bank im Park und sehen Sie zu, wie die Sonne in den Blättern nach dem Regen glitzert. Diese Dinge sind wunderbar und bekommen in unserem lauten und schnellen Alltag viel zu wenig Aufmerksamkeit. Dabei hinterlassen gerade diese Momente in Ihnen eine ganz wunderbare Ruhe und Entspannung.

> DIE MEISTEN VERWECHSELN DABEISEIN MIT ERLEBEN.
> MAX FRISCH

Bewusst wahrzunehmen und den eigenen Bedürfnissen nachzugeben, ist wichtig für Ihr Wohlbefinden und den Ausgleich. Nehmen Sie sich wieder selbst wahr, mit allen Gedanken, Gefühlen und Besonderheiten. Verwenden Sie mehr Zeit auf Dinge, die Ihnen guttun, und lassen Sie nicht zu viel Energie bei Dingen, die nichts zu Ihrem Wohlgefühl beitragen.

Veränderungen brauchen Mut

Ist Scheitern immer negativ? Und bedeutet Aufhören immer auch, dass Sie versagt haben? Nein, wohl kaum. Wer neue Ideen und Designs entwickelt, macht selbstverständlich auch Fehler. Ein neuer Weg kann immer auch in eine Sackgasse führen.

Wenn Sie mit kreativen Blockaden und Schaffenskrisen kämpfen, lohnt sich der Blick hinter die Kulissen Ihres Arbeitsalltags. Wie arbeiten Sie? Welche Tätigkeiten belasten Sie und welche machen Ihnen Freude? Wie reagieren Ihr Körper und Ihre Seele auf diese Anforderungen? Die Ursachen, die hinter Blockaden stecken, sind so vielfältig wie die Menschen, die darunter leiden. Pauschale Antworten und Lösungsansätze wie »Sie müssen weniger arbeiten« helfen Ihnen darum auch nicht weiter. Gehen Sie einen Schritt darüber hinaus, und gucken Sie hinter die Symptome und Auswirkungen, wenn Sie Ihre Situation aktiv verbessern möchten. Es gibt nicht nur einen Weg, um Ihre Kreativität auszuleben, sondern sehr viele.

Doch Veränderungen brauchen Mut, Entschlossenheit und manchmal auch langfristige Vorbereitungen. Sie können als Hauptverdiener in Ihrer Familie Ihren Job nicht von heute auf morgen kündigen, auch wenn Sie unzufrieden sind und unter den Arbeitsbedingungen leiden. Sie können aber sehr wohl Bewerbungen schreiben oder sich um ein anderes Arbeitsmodell bemühen, das besser zu Ihnen und Ihren Bedürfnissen passt.

In einigen Fällen reicht das jedoch nicht. Dann ist ein sauberer und ehrlicher Schlussstrich der bessere Weg zu neuer Zufriedenheit. Dass Sie wiederholt scheitern, dazulernen und immer wieder neue Konsequenzen aus Ihren Erfahrungen ziehen, kann auch heißen, dass Sie Ihren richtigen Weg nur noch nicht gefunden haben. Bleiben Sie neugierig – es lohnt sich.

Indem Sie Ihre eigenen Ressourcen, Bedürfnisse und Möglichkeiten wahrnehmen und achtsam zu sich selbst sind, bewahren Sie sich das

Wichtigste, was Sie haben: Ihre Gesundheit, Ihre Zufriedenheit, Ihre Neugierde und Ihre Kreativität. So können Sie nicht nur kreativ sein, sondern es auch noch lange bleiben.

MASTERMIND-GRUPPEN
Aus eigener Erfahrung

Mastermind-Gruppen haben den Ruf, extrem wertvoll und hilfreich zu sein. Völlig zu Recht, wie ich aus eigener Erfahrung sagen kann. Vielleicht auch, weil die Idee dahinter so simpel wie erfolgreich ist. Eine kleine Gruppe von Leuten, die ähnliche Ziele und Wege verfolgen, trifft sich in regelmäßigen Abständen, um sich auszutauschen und von den unterschiedlichen Erfahrungen zu profitieren. Dabei geht es weniger darum, dass alle Mitglieder den gleichen Beruf haben, sondern vielmehr darum, dass die Einstellung und die Denkweise harmonieren.

In meinem Fall sind wir ein kleines Team aus vier selbstständigen Frauen – eine Webdesignerin, eine Social-Media-Managerin, eine Fotografin und ich. Was uns vor allem anderen verbindet, ist die Liebe und Wertschätzung für unsere Arbeit und die Begeisterung für eine selbstständige und eigenverantwortliche Arbeits- und Lebensweise. Bei unseren Treffen besprechen wir unsere Projekte, werten aus, was erfolgreich war und was nicht geklappt hat. Wir stellen uns gegenseitig neue Ideen vor und können dabei sicher sein, dass wir einander ehrliches und konstruktives Feedback geben. Was ungemein wertvoll ist. Dass wir in unterschiedlichen Bereichen und für ganz verschiedene Auftraggeber arbeiten, empfinde ich sogar als Vorteil. Dadurch ergeben sich neue Blickwinkel und Ansätze, auf die wir alleine so nicht unbedingt gekommen wären. Das alles passiert locker und ungezwungen bei einer großen Schale Milchkaffee, und trotzdem sind unsere Mastermind-Treffen immer klar fokussiert und sehr hilfreich.

ANHANG

Tools, die Ihren kreativen Alltag leichter machen

Work smarter not harder – unter diesem Motto lässt sich sehr schön zusammenfassen, was Ihren Arbeitsalltag vereinfacht. Denn statt möglichst viel an einem Tag zu schaffen, gilt es, die richtigen Sachen umzusetzen. Die hier im Buch vorgestellten Techniken und Strategien unterstützen Sie dabei, dass Ihnen so viel Freiraum und Energie wie möglich für Ihre Kreativität und Ihre Ideen bleibt. Zusätzlich dazu gibt es eine ganze Reihe von Tools, Apps und Software, die Sie dabei unterstützt. Das Angebot ist vielfältig und verändert sich ständig. Eine aktuelle Auswahl möchte ich Ihnen hier in alphabetischer Reihenfolge vorstellen.

Aufgabenverwaltung

Haben Sie alle Ihre Aufgaben im Kopf? Oder schwirren überall Notizzettel, Hinweise und Post-its rum, auf denen Sie sich Wichtiges notiert haben? Das ist nicht nur aufwendig, sondern es besteht auch ständig die Gefahr, dass Ihnen wichtige Informationen abhandenkommen. Ein schönes und hochwertiges Notizbuch, das Sie gerne verwenden und mit sich führen, schafft hier Abhilfe.

Digitale Aufgabenverwaltungsprogramme und To-do-Listen haben wiederum den großen Vorteil, dass Sie auch schon weit im Voraus planen können und rechtzeitig und automatisch an Ihre Aufgaben erinnert werden. Das Kundengespräch nächsten Freitag, die Kündigung des Designmagazins in elf Monaten oder die Zusage zum Barcamp nächstes Jahr sind so gut aufgehoben, und Sie haben den Kopf für die Dinge frei, die Ihnen gerade wichtiger sind. Auch Wochen-, Monats- und Jahresziele geraten mit einer guten Aufgabenverwaltung nicht in Vergessenheit. Beispiele:

- Todoist (*todoist.com*)
- Wunderlist (*wunderlist.com/de*)
- Remember the Milk (*rememberthemilk.com*)
- Evernote (*evernote.com*)
- Notizbuch

Auftragsorganisation

Agile Projektmanagement-Methoden, wie zum Beispiel Kanban, eignen sich sehr gut, um auch bei komplexen Designaufträgen die Übersicht zu behalten – sowohl alleine als auch im Team. Kanban können Sie ganz analog mit einem Whiteboard und Post-its umsetzen, oder Sie entscheiden sich für ein digitales Tool. Digitale Anwendungen haben dabei den Vorteil, dass sie auf allen Endgeräten jederzeit für jedes Teammitglied einsehbar sind und man unbegrenzt Änderungen hinzufügen kann, weil es keine Formateinschränkungen gibt. Große Whiteboards kann man natürlich nicht mitnehmen, dafür sind sie im Büro sehr gut zu sehen und sehr viel greifbarer und echter als digitale Tools. Hier kommt es auf Ihre persönlichen Vorlieben an. Beispiele:

- Trello (*trello.com*)
- Asana (*asana.com*)
- MeisterTask (*meistertask.com/de*)
- Whiteboard mit Post-its

Automatisierungen

Es gibt eine ganze Reihe von Aufgaben und Tätigkeiten, die Sie immer wieder und immer auf die gleiche Art und Weise machen. Das ist nicht nur ermüdend, sondern hält Sie auch von Ihrer kreativen Arbeit ab. Automatisierungstools nehmen Ihnen diese Aufgaben ab und erledigen sie entsprechend Ihren zuvor eingerichteten Angaben im Hintergrund. Es gibt eine ganze Reihe von vorgefertigten Automatisierungen, aber Sie können natürlich auch eigene Verknüpfungen erstellen.

Typische Automatisierungen sind beispielsweise: »Immer wenn Sie eine Mail mit einem Dateianhang zugeschickt bekommen, soll der Anhang automatisch auch in Ihrer Dropbox abgespeichert werden.« Oder auch: »Immer wenn Sie einen Auftrag abgeschlossen haben und den Auftrag in ein bestimmtes Google-Drive-Dokument eingetragen haben, wird automatisch eine Mail an die Kollegin aus der Buchhaltung geschickt, die so weiß, dass die Rechnung gestellt werden kann.« Beispiele:

- IFTTT (*ifttt.com*)
- Zapier (*zapier.com*)
- PieSync (*piesync.com*)

Blogartikel und Wissenswertes sammeln und verwalten

Es gibt sehr viele gute und wertvolle Inhalte im Netz und in den sozialen Medien. Da immer den Überblick zu behalten, ist schwer. Zu groß ist die Flut an Informationen. Und gerade wenn Sie einen bestimmten Blogartikel oder ein Tutorial suchen, können Sie es erfahrungsgemäß nicht wiederfinden. Read-me-later-Tools setzen an dieser Stelle an und bringen mehr Struktur in Ihre Lieblingsartikel. Sie können die Links zu den entsprechenden Informationen hier sammeln und so verschlagworten, dass Sie die Artikel schnell wiederfinden. Bespiele:

- Pocket (*getpocket.com*)
- Instapaper (*instapaper.com*)
- FeedMe (*feedme.com*)

Fokus finden und produktiver werden

Wissen Sie eigentlich, wie viel Zeit Sie jeden Tag effektiv arbeiten? Viel zu oft verzetteln Sie sich in den Weiten des Netzes, und aus der effektiven Recherche für ein neues Design wird ein stundenlanges Surfen. Es gibt Tools, die im Hintergrund aufzeichnen, auf welchen Seiten, bei welchen Programmen und wie lange Sie sich mit Ihrem Rechner aufgehalten haben. Oder Sie untersagen sich selbst den Zugang zu bestimmten Seiten, indem Sie diese durch Tools für eine festgelegte Zeit blockieren. Beispiele:

- RescueTime (*rescuetime.com*)
- Freedom (*freedom.to*)
- Toggl Time Tracker (*toggl.com*)

Ideensammlung

Kreative Ideen können Sie zu jeder Zeit und an jedem Ort haben. Damit diese nicht gleich wieder verschwunden sind, gibt es eine Reihe von Tools und Tipps, um Ihre Ideen zu sammeln. Machen Sie es sich zur Angewohnheit, alle Ideen festzuhalten, egal wie abwegig oder verrückt sie erscheinen. Wer weiß, vielleicht haben Sie schon genau die passende Vorlage in Ihrer Sammlung, wenn Sie das nächste Mal auf der Suche nach einem passenden Konzept sind? Beispiele:

- Skizzenbuch
- Sprachmemofunktion des Handys
- Cloud-Speicher
- Evernote (*evernote.com/intl/de*)
- Pinterest für Bildideen (*pinterest.de*)

Zeiterfassung

Wenn Sie wissen, wie lange Sie für die Umsetzung Ihrer Designs brauchen, können Sie nicht nur besser kalkulieren, sondern haben auch einen guten Überblick über die Zeitfresser, die Sie von der kreativen Arbeit abhalten. Falls Sie Ihre Designs stundenweise abrechnen, brauchen Sie natürlich auch Tools für die Zeiterfassung. Beispiele:

- Handystoppuhr und Timer
- Eieruhr
- Toggle (*toggl.com*)

Selbstverständlich ist das hier nur eine kleine Auswahl aus einer Vielzahl von Tools. Oft finden Sie für Ihre gewünschte Funktion gleich mehrere Anbieter – kostenfreie und kostenpflichtige. Prüfen und testen Sie in aller Ruhe, ob und welche Anwendungen Ihren Arbeitsalltag wirklich leichter machen. Erfahrungsgemäß brauchen Sie nicht automatisch das umfangreichste Tool, um Ihr Ziel zu erreichen. Haben Sie jedoch eine gute Anwendung für Ihre Bedürfnisse gefunden, so gewinnen Sie eine echte Erleichterung für Ihren kreativen Alltag.

Index

A

Ablagesystem einrichten 131
Ablenkung 83
   vermeiden 135
Achtsamkeit 151, 227
Aktive Muße 60
Aktivitäten tracken 135
Alleinstellungsmerkmal
   finden 92, 95, 98
   Ihr Warum 20
Alles für alle 25
Alte Gewohnheiten 117
Analogietechnik 186
Andersen, Jon Aarum 67
Angstgefühle 210
Appellebene 154
Arbeit wertschätzen 33
Arbeiten im Team 144
Arbeitsbelastung 211
Arbeitsorganisation
   Aufgabeninventur 55
   Pareto-Prinzip 56
   Ruhepausen 59
Arbeitsort wechseln 61
Arbeitsumgebung
   langweilig 183
Arbeitszeit 44
Asana 238

Aufgaben
   aufschreiben 72
   automatisieren 115
   bündeln 53, 74
   delegieren 114
   planen 58
   priorisieren 52
   sortieren 73
   streichen 113
   Überblick 53, 110
   umsetzen 115
Aufgabenberg 110
Aufgabenchaos 112
Aufgabeninventur 55
Aufgabenliste 110
Aufgabenorganisation
   Eisenhower-Prinzip 49
Aufgabenverwaltung 237
Aufschieberitis 182
   Erste Hilfe 184
Aufträge
   bleiben aus 28
   gewinnen 24
   organisieren 76, 87, 92, 95, 98
   Troubleshooting 142
Auftraggeber 181
   suchen 98
Auftragsorganisation 238
Auftragsumfang 143
Aus Fehlern lernen 167

Ausprobieren 195
Auswahlkriterium 22
  Ihr Warum 23
Auswahl treffen 73
Aziz-Zadeh, Lisa 12

B

Bacon, Francis 17
Bauhaus 197
Belastung zu hoch 211
Berg an Aufgaben 110
Beziehungsebene 154
Blogartikel 239

C

Chaos, kreatives 10, 15
Cirillo, Francesco 136
Coworking-Space 61

D

Das Wertvollste 226
Der schlechteste Fall 188
Design 196
  als Mehrwert 34
Designauftrag 142
  organisieren 76, 87, 92, 95, 98
Designprojekt
  abschließen 166
  managen 147
  typische Probleme 143
  vier Schritte 125

Designschwerpunkt 28
Disney, Walt 10
Drei Aufgaben 58
Druck 198

E

Ebene der Selbstkundgabe 154
Edison-Technik 192
Eichhörnchen 203
Eigene Ressourcen 209
Eigenschaften von Kreativen 10, 13
Eisenhower-Prinzip 49
Ende
  gutes 173
  finden 142
Entrümpeln 130
Entscheidungsverhalten 68
Entscheidung treffen 230
Entspannungzeit 61
Erfolg feiern 167
Erholung 233
Erschöpfung 210
Erwartungshaltung 143
Existenzängste 210

F

Feedback 152, 160
  annehmen 164
  geben 164
Fehler 219
Feist, Gregory 12
Flemming, Alexander 15

Flow-Technik 189
Fragen
   einsetzen 159
   geschlossene 159
   gezielte 158
   offene 159
Fragetypen 159
Freedom 239
Freiräume einplanen 53
Freudlos 210
Fuckup Nights 220

G

Gegen die Zeit 216
Gegenfrage 160
Geld 222
Geld verdienen
   klassisch 30
   online 31
   Workshops 32
Gereiztheit 210
Gestaltungsregeln 195
Golden Circle 22, 23
Gropius, Walter 197
Gut zu sich sein 225

H

Hamsterrad 228
Hinterfragen 215

I

Ideen
   Grenzen 181
   Inspiration 200
   Kreativitätstechniken 186
   neue 198
   Vorbilder 199
   weiterdenken 187
Ideensammlung 240
Ideensucher 203
IFTTT 239
Ihr Warum 20
Immer kreativ sein 204
Input 17
Instapaper 239
Inventur 54

J

Jahresplanung 171

K

Kanban 76, 123
Kapazitätenfresser 65
Karriere 222
Katastrophe bändigen 223
Kaufman, Scott Barry 62
Keine Zeit 48, 210
Klassiche Arbeitsweise 30
Kleon, Austin 199
Kommunikation 106, 152
   Appellebene 154
   Beziehungsebene 154

Instrumente 156
Probleme 145
Sachebene 154
Selbstkundgabe 154
vier Seiten 153
zuhören 157
Kompetenzen erkennen 14
Konkurrenz 20, 95, 98
Kopfstandtechnik 188
Kreativbranche 20
Kreative 62
   Eigenschaften 10
   Persönlichkeit 13, 92, 179
   und Routinen 63
Kreatives Chaos 10, 15
Kreativität 137
   als Muskel 201
   aushalten 215
   der eigene Stil 200
   Einstellung 178
   Fehler 194
   fördern 17
   in der Zukunft 13
   ist Geld wert 33
   Marathon 21
   messen 12
   Muße 59
   schätzen 33
   sich positionieren 26
   Spezialisierung 26
   teilen 203
   und Bewegung 61
   und Emotion 205
   und Freiheit 181
   und Wirtschaft 13
   unter der Dusche 62
   Vorteile 11

Kreativitätsforschung 12
Kreativitätstechnik 186
   6-3-5-Methode 187
   Analogietechnik 186
   Edison-Technik 192
   Flow-Technik 189
   Kopfstandtechnik 188
   Osborn-Checkliste 191
Krisen
   Ursachenforschung 211
Kritik 152, 160
   schlechte 161
Kritikgespräch 163
Kunden
   Erwartungen 106
   Zusammenarbeit mit 106
Kundenbeziehung 106
Kundenbindung 14
Kundenfragen 108
Kundenkommunikation 155
   Wertschätzung 109

L

Leben genießen 222
Lebenszeit 44
Lernen 195

M

Mann, Thomas 10
Mastermind-Gruppe 235
Meetings 84, 87, 92, 95, 98
Meilensteine 83
   persönliche 170

MeisterTask 123, 238
Merton, Robert K. 149
Monatsplanung 171
Motivation 151
   fehlende 210
Motivationslöcher 184
Multitasking 61
Muße 59
   im Alltag 60

N

New Economy 43

O

Onlineplattformen 31
Ordnerstruktur 133
Osborn-Checkliste 191

P

Pareto-Prinzip 56
   anwenden 56
Pareto, Vildfredo 56
Pausen 136
Penicillin 15
Persönliche Ziele 25
Persönlichkeit 92
Perspektivwechsel 157
Pflichtaufgaben 111
Planbarkeit 107
Planungssicherheit 120

Pocket 239
Pomodoro-Technik 19, 136
Positionierung 26
Postfach aufräumen 131
Präsentation 87, 92, 95, 98, 195
   Augenkontakt 88
   fester Stand 89
   Gestik 89
   Lächeln 90
   Stimme 90
   Vorbereitung 88
   Zuhörer 89
Prioritäten 49
Prioritäten festlegen 73
Probleme lösen 145
Projektmanagement
   vier Schritte 125
Projekt
   abschließen 128
   Auftragsumfang 143
   definieren 126
   organisieren 76, 87, 92, 95, 98
   planen 127
   umsetzen 128
Projektabschluss 166
   Checkliste 168
Projekte
   abschließen 165
   managen 147
Projektmanagement 116
   individuelles 119
   Kanban-Modell 123
   Scrum-Modell 121
   To-do-Liste 109
   Wasserfall-Modell 120

Projektschritte
    Abschluss 128
    Definition 126
    Planung 127
    Umsetzung 128
Projetmanagement
    typische Fehler 118

R

Regeln brechen 196
Rentabel sein 232
Rescue Time 55, 135, 239
Roter Faden 21, 92
Routine 63, 231
Ruhe 233
Ruhephasen 60

S

Sachebene 154
Scheitern 219, 221
Schlafstörungen 210
Schlechte Bezahlung 34
Schlussstrich 167
Schwächen 19
    kennen 93
Scrum 121
Selbstausbeutung 35
Selbst erfüllende Prophezeiung 148
Selbstmotivation 152
Selbstständiger Designer 28
Selbstverwirklichung 35

Selbstwahrnehmung 148
Selbstwertgefühl 34
    und Entlohnung 34
Sich abheben 23
Sich Druck machen 198
Sich durchsetzen 148, 150
Sich mit anderen vergleichen 97
Sich positionieren 26
Sich spezialisieren 93
Sinek, Simon 22, 23
SMART-Formel 46, 80
Social Media 98
Soziales Umfeld 232
Spezialisierung 26
Sprint 122
Stärken 19, 66
    hervorheben 93
Steal like an Artist 98, 199
Stil 200

T

Teamgröße 144
To-do-Liste 109
ToDos organisieren 119
Toggle 135, 240
Transparenz 107
Trello 123, 238
Troubleshooting 142

U

Üben 195
Überforderung 44

Umgang mit Fehlern 194
Umgang mit Problemen 145
Umgebung wechseln 202
Unordnung 15
Unzufriedenheit 209
Ursachenforschung 211
User Story 121

V

Veränderung 234
Vorbilder finden 199

W

Warnsignale 209
Warum 20
Wasserfall-Modell 120
Wertschätzung zeigen 109
Wissen teilen 202
Wochenendarbeit 37
Wochenplanung 173
Workflow 129
Work-Life-Balance 42

Z

Zapier 239
Zeit
   für Veränderung 111
   Lebenszeit 44
   sparen 137
Zeiterfassung 134, 240
Zeitfresser 134
Zeitmanagement 133
   Aufgabeninventur 55
   Pareto-Prinzip 56
   Pomodoro-Technik 136
   Ruhepausen 59
Zeitplanung 172
Ziele 66
   definieren 45
   Ihr Warum 25
   im Blick behalten 80, 87, 92, 95, 98
   Meilensteine 83
   persönliche 25, 169
   setzen 45
   SMART 46
   visualisieren 81
Zielgruppe 100
   kennen 95
Zufriedenheit 218
Zuhören 157
Zusammenarbeit
   gute 107
   mit Kunden 106
Zuverlässigkeit 107
Zu viel Arbeit 208